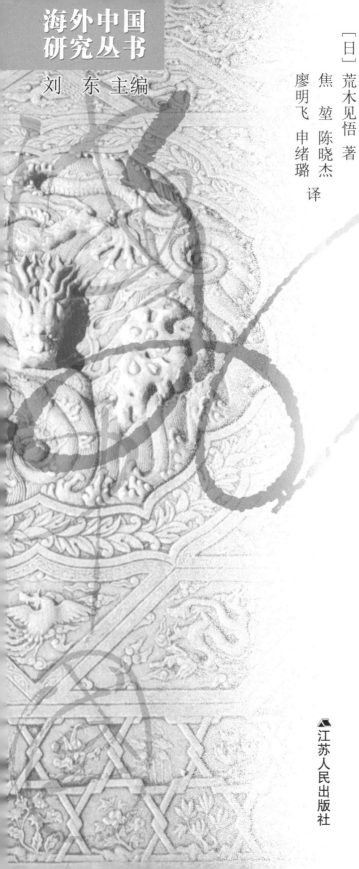

海外中国
研究丛书

刘 东 主编

[日] 荒木见悟 著

焦 堃 陈晓杰
廖明飞 申绪璐
译

陽明学の位相

阳明学的位相

江苏人民出版社

图书在版编目（CIP）数据

阳明学的位相 / （日）荒木见悟著；焦堃等译. --
南京：江苏人民出版社，2022.7（2022.10 重印）
（海外中国研究丛书 / 刘东主编）
书名原文：陽明学の位相
ISBN 978 - 7 - 214 - 26855 - 6

Ⅰ.①阳… Ⅱ.①荒… ②焦… Ⅲ.①王守仁（
1472 - 1528）-哲学思想-研究 Ⅳ.①B248.25

中国版本图书馆 CIP 数据核字（2021）第 273451 号

书　　　　名　阳明学的位相
著　　　　者　[日]荒木见悟
译　　　　者　焦　堃　陈晓杰　廖明飞　申绪璐
责 任 编 辑　康海源
特 约 编 辑　陆诗濛
装 帧 设 计　陈　婕
责 任 监 制　王　娟
出 版 发 行　江苏人民出版社
地　　　　址　南京市湖南路 1 号 A 楼，邮编：210009
照　　　　排　江苏凤凰制版有限公司
印　　　　刷　江苏凤凰通达印刷有限公司
开　　　　本　652 毫米×960 毫米　1/16
印　　　　张　22.25　插页 4
字　　　　数　262 千字
版　　　　次　2022 年 7 月第 1 版
印　　　　次　2022 年 10 月第 2 次印刷
标 准 书 号　ISBN 978 - 7 - 214 - 26855 - 6
定　　　　价　78.00 元

（江苏人民出版社图书凡印装错误可向承印厂调换）

序"海外中国研究丛书"

中国曾经遗忘过世界,但世界却并未因此而遗忘中国。令人嗟呀的是,20世纪60年代以后,就在中国越来越闭锁的同时,世界各国的中国研究却得到了越来越富于成果的发展。而到了中国门户重开的今天,这种发展就把国内学界逼到了如此的窘境:我们不仅必须放眼海外去认识世界,还必须放眼海外来重新认识中国;不仅必须向国内读者移译海外的西学,还必须向他们系统地介绍海外的中学。

这套书不可避免地会加深我们150年以来一直怀有的危机感和失落感,因为单是它的学术水准也足以提醒我们,中国文明在现时代所面对的决不再是某个粗蛮不文的、很快就将被自己同化的、马背上的战胜者,而是一个高度发展了的、必将对自己的根本价值取向大大触动的文明。可正因为这样,借别人的眼光去获得自知之明,又正是摆在我们面前的紧迫历史使命,因为只要不跳出自家的文化圈子去透过强烈的反差反观自身,中华文明就找不到进入其现代形态的入口。

当然,既是本着这样的目的,我们就不能只从各家学说中筛选那些我们可以或者乐于接受的东西,否则我们的"筛子"本身就可能使读者失去选择、挑剔和批判的广阔天地。我们的译介毕竟还只是初步的尝试,我们所努力去做的,毕竟也只是和读者一起去反复思索这些奉献给大家的东西。

刘　东

1988 年秋于北京西八间房

中译本说明

　　本书是日本研治中国思想史的大家荒木见悟(1917—2017)先生所著《陽明学の位相》一书的中文译本。

　　荒木见悟先生 1917 年出生于日本广岛,1930 年进入京都龙谷大学学习,1940 年又考入九州大学中国哲学专业,并于 1959 年在九州大学获得博士学位。自 1962 年起,荒木先生历任九州大学助教授、教授,至 1983 年退休后,又陆续在日本国内的多所大学执掌教鞭。

　　荒木先生所就学和执教的九州大学是日本知名的国立高校,科研实力雄厚。而在中国传统哲学、思想研究方面,九州大学尤其可称得上是一所重镇。九大的中国哲学研究由楠本正继(1896—1963)先生在战前开创,上承日本江户时代的儒学传统。而楠本先生门下又培养出了荒木先生以及冈田武彦(1909—2004)先生等著名学者,将战后的九大中国哲学、思想研究推向高潮。荒木、冈田两位先生皆著作等身,除著书立说外,还面向日本读者进行了不少中国思想史资料的译介以及思想家的评介工作,于发明、推广中国传统哲学思想可谓大有功焉。

　　宋明儒学,尤其是明代心学是九州大学中国哲学思想研究中的重要领域,荒木先生亦在此领域有诸多阐发,本书即是其代表作之一。而除心学之外,中国传统佛学亦是荒木先生所着力钻研和探讨的思想体系。实际上,荒木先生的学术路径可谓由佛而入儒,即便在转向儒学思想之研究后,儒佛互证、以佛论儒仍是其治学风格的重要特征。在这一方面,本书即是鲜明的例证。全书虽以阳明及其弟子的心学思想为基本研究对象,但书中随处皆有对佛学,尤其是禅学之关照,并以禅之心学与阳明心学交互参究,不但对宋明禅僧之学说理论多有探讨,甚至专设一章将阳明学与大慧禅进行比较研究。读者细览本书正文,即可深切体会到这一特色。

九州大学中国哲学思想研究的重要传统之一,乃是舍弃西方哲学的种种概念范畴,而深入到中国传统思想的内在理路,在体认和把握古人种种论说的基础上再来进行理论化的尝试。荒木见悟和冈田武彦两位先生的著作都鲜明地体现了这一传统,故而本书中罕见近代西方哲学传入后所形成的种种方法论及概念、用语,而是围绕中国古代诸思想家所用之诸多表现、话头来参究立论。且荒木先生学养深厚、博闻强记,书中所引述的资料之丰富、所涉及的流派及人物之多,以及论述之宏阔深邃、洋洋洒洒,着实令人惊叹。限于纸幅,此处不能尽述本书之内容与特点,还望读者详阅诸章之考论。

近年来,王阳明及其后学的心学思想逐渐成为国内学术界的研究热点。而江苏人民出版社引进并组织翻译荒木先生的这本重要著作,除了可供国内学界之资鉴,亦有助于国内读者了解日本学界的治学风格及代表性成果,促进两国之间的学术交流。本书第一至四章、第六章及结语、后记由焦堃翻译,第五章由申绪璐翻译,第七、十章由陈晓杰翻译,第八、九章由廖明飞翻译,全书由焦堃负责统稿。几位译者皆是对中国思想史领域有所涉猎的青年学者,且皆有赴日学习的经历,应当是翻译本书的合适人选。不过,由于译者能力水平所限,尤其是原著之弘雅精深,中译本中必定还有不少不足之处,恳请读者包容并批评指正。

　　本书在翻译过程中尽量忠实于原著之体例,仅将原著各章末的尾注调整为脚注。原著中引述史料,在标明出处时或对书名有所节略,或是只标注叶数而无卷数,或是作品题名与国内常见版本有所出入等,因无从核对荒木先生写作时所使用的资料版本,故而大多遵从原著写法,仅对一些明显错误进行了修改。对于书中的引用文字,在翻译过程中皆尽量查找并给出原文,少数未能查到原文者或译为白话,或由日语翻译转译回文言文,并出译者注加以说明。对于在翻译过程中发现的一些值得商榷之处,亦出译者注加以指出。

译者

目 录

第一章　陈白沙与王阳明

一

王龙溪曾论述陈白沙与王阳明在思想史上的作用云："愚谓我朝理学，开端还是白沙，至先师（阳明）而大明。"（《龙溪集》卷十《复颜冲宇》）而在对良知的理解上与龙溪激烈对立的聂双江亦云："周程以后，白沙得其精，阳明得其大。"（《聂双江集》卷四，第二九叶）。此外，出于湛甘泉之学系的许敬庵从与王门稍有不同的角度，如此论述陈、王两家出现的意义：

> 由国初而迄弘（治）正（德）间，人才朴实，风俗淳庞，文章典雅，彬彬称盛。（然而）当时学者稍滞旧闻，不达天德，拘固支离，容或有所不免。故江门（白沙）、姚江（阳明）之学，相继而兴，江门以静养为务，姚江以致良知为宗。其要使人反求而得诸本心，而后达于人伦事物之际。补偏救弊，其旨归与宋儒未远也。（《敬和堂集》卷五《答周海门司封谛解》）

虽然黄宗羲认为此总结略有问题，但他仍然在承袭这些先学之言的基础上这样概括其意义：

　　有明学术,白沙开其端,至姚江而始大明。盖从前习熟先
儒之成说,未尝反身理会,推见至隐。此亦一述朱,彼亦一述
朱。高景逸云"薛文清、吕泾野语录中,皆无甚透悟",①亦为是
也。(《南雷文定前集》卷四《移史馆论不宜立理学传书》)②

据此处所说,在明初被定为官学的朱子学已经丧失了塑造人格的功
能,只是在形式上得以传授而已。将其学说作为自我体认加以承当的
风气业已扫地,学问沦为读书人的点缀。对于此种风潮,白沙、阳明加
以深刻反省而寻找摆脱之道,终至于发扬独自之学风。罗念庵亦云:
"白沙致虚,阳明致知,盖无所因袭,而求以自得。此皆有意于圣学、不
屑于世儒者也。"(《念庵集》卷三《与徐大巡》)

　　由以上所见足以确认,对于已为因袭、记诵之风所浸染的朱子学
界来说,白沙、阳明的出现成了学术转变的契机。然而这种改革运动
并非如前文所引许敬庵之语所云,乃是指向"补偏救弊,其旨归与宋儒
未远"之方向,而是朝着宋学之解体与对个人自由之尊重而迈步疾趋,
给思想界带来了相当大的混乱和动摇,随后又引起社会形势之变动,
甚至被某些人责难为导致明朝灭亡的原因之一。故而自朱子学之阵
营看来,陈、王两人并非明代思想史上新的开端者,反而是带来混乱和
颓废的为非歹之徒。清初的儒者王弘撰云:

　　大抵阳明之学,真所谓"弥近理而大乱真"(朱子《中庸章

---

① 此语见于《高子遗书》卷五第二○叶,而其后又云"后人或浅视之,岂知其大正在此",称赞
　了两人踏实的工夫。故而黄氏此处之引用不得不说稍有断章取义之嫌。
② 黄宗羲还曾之云:"有明儒者,不失其矩矱者,亦多有之。而作圣之功,至先生(白沙)而始
　明,至文成(阳明)而始大。向使先生与文成不作,则濂洛之精蕴,同之者固推见其至隐,
　异之者亦疏通其流别,未能如今日也。"

句序》)者。而其实始于陈白沙,至阳明而盛。白沙元无学,

故人惑之者少。阳明事业文章,炫耀一时,故天下靡然从之。

(《山志》卷五《格物》)

至于吕晚村,甚至发出了"夫陈献章、王守仁,皆朱子之罪人、孔子之贼也"(《吕晚村文集》卷一《答吴晴岩书》)这般毒辣的话语。像此种漫骂在清初的朱子学者中是共通的现象,虽说有些恶毒,却也可以反证之前所列举的黄宗羲等人明代思想史观之正确。

那么,白沙与阳明的思想倾向是否完全相同呢? 关于此点,王龙溪云"白沙之学以自然为宗,从静中养出端倪,犹是(邵)康节派头,于先师(阳明)所悟入处,尚隔毫厘"(《龙溪集》卷十《复颜冲宇》),认为白沙之思想倾向于静,而与阳明之动的倾向不同。对此,如于孔兼者则认为从强行编纂《朱子晚年定论》等事中可以看出阳明身上有着歪曲事理的纵横之霸气,而主张"若白沙先生,又高阳明一等"(《愿学斋亿语》卷一《复顾泾阳论学书》)。热心于排抑阳明心学的唐伯元[①]欲表彰白沙而编纂《白沙先生文集》,并适当地添加了头注,胡庐山对此评断道:"此书题评,虽扬白沙,其实抑阳明。"(《明儒学案》卷二二"胡庐山"条《与唐仁卿》)

不过需要注意的是,就算是将白沙与阳明看作是前后呼应的人物,也同时存在着如本章开头所述的将其作为新机运开创者的积极评价,以及从朱子学背叛者这样的观点而发出的"白沙……视阳明无二

---

① 关于唐伯元,可参看拙稿《唐伯元の心学否定論》(收入《陽明学の開展と仏教》,东京:研文出版,1984)。此外关于陈白沙,可参照《陽明学大系》第四卷《陸象山》(东京:明德出版社,1973)中所收的拙文《陳白沙》。

辙也"(陈清澜《学蔀通辨》续编卷下①)这样的评价。然而阳明与白沙之门人湛甘泉长期交往密切,故而对白沙之思想应当时时有耳闻之机会;尽管如此,在《王文成公全书》中,白沙之名只是略有痕迹可寻而已。② 且还有如查毅斋者基于此种事实,而认为两者之间有几微之分。③ 而对于此事,之前引用的胡庐山书简中叙述了另一种见解:"夫阳明不语及白沙,亦犹白沙不语及薛敬轩,此在二先生自知之,而吾辈未臻其地,未可代为之说。"在其看来,未能到达此两大家之境地者,亦不应对此事擅加臆测。

在此应当注意的是,在《全书》之中,仍有一处——虽然仅有这一处——能够让人感觉到阳明曾留心于白沙的思想并对其产生共鸣的场景。此即阳明断定致知二字乃是孔门正法眼藏的一封书简(当时阳明五十岁),其中云:"所谓此学,如立在空中,四面皆无倚靠,万事不容染着,色色信他本来,不容一毫增减。若涉些安排、着些意思,便不是(主客)合一功夫。"(卷五《与杨仕鸣》)"色色信他本来"④六字,亦是见于《陈白沙集》(卷四《与林郡博》第六书)之语。且前者乃是基于成熟的良知说而论述天地万物之存在皆是由良知所保证,包含着重要的内容;而后者亦是在从朱子学的理意识中获得解放后,对自发地从内心

---

① 陈清澜又云:"陈白沙谓'一片虚灵万象存',王阳明谓'良知之体皭如明镜',亦即此意。"(《学蔀通辨》后编卷上)

② 《王文成公全书》(以下略称《全书》)卷七《谨斋说》中记载阳明的友人杨景瑞"尝游白沙陈先生之门",此外卷二五《湛贤母陈太孺人墓碑》记载湛甘泉入白沙之门一事,但并未特别言及白沙之思想。

③ 查毅斋云:"生尝疑我朝理学,自白沙公首开,乃今阳明录中无一言道及,盖其入处尚不能无几微之分。若良知之学,则开眼开口,皆是愚夫愚妇可能,原无等待,原无拣择。"(《阐道集》卷二《再上龙溪师书》)

④ "色色"中之"色"大概是受到了佛教色法的启发,被用作"一切事物"之意。朱子亦有"天地之所以与我者,色色周备"(《朱子语类》卷一一八,第十叶)、"色色留意"(《朱子语类》卷一一八,第二九叶)之用例,明儒蔡虚斋有"形形色色任天真"之诗句(《虚斋文集》卷一《戏友人作墨鹤》),焦澹园曾云"种种色色,刹刹尘尘,皆在此大圆镜智中"(《澹园集》卷四七,第一七叶,《金陵丛书》本),吴廷翰亦曾云"色色却在眼前"(《吉斋漫录》卷下,第二二叶)。

涌出之理的鲜活以及获得悟道之要所（欛柄）后的自信加以表现的最重要的书简之一。念及此点，则应当承认两者之间有着重要的思想上的脉络。以"从吾道人"之名称而为人所知的董萝石之语录（收入《王门宗旨》）开头有"吾昔侍先师阳明夫子于天泉楼，因观白沙先生诗"云云，其他尚有几处可见白沙之名，而王门诸子的文集中也有同样的现象，故而在阳明之学团中白沙受到了相当的尊敬，此点当无疑义。

据耿天台所记，当时有许璋者"淳质苦行，潜心性命之学"，并往返于阳明与白沙之间（民国刊本《天台全书》卷五《先进遗风》），故而阳明应当有机会通过此人而听到关于白沙的消息（参照《西山日记》之"高隐"条）。如此，则白沙与阳明之间，究竟流淌着一条怎样的血脉？以下暂以白沙之自白为线索，而一探其精神历程的轨迹。

二

白沙在二十七岁时从学于朱子学者吴康斋。康斋排斥埋没于文词训诂、功名利欲之中的朱子学，为追求朱子学之正道而从事耕稼并拒绝官府的招聘，故而在被称赞为"吴康斋先生自胼手胝足中养得睟面盎背，斯振古豪杰也"（《张杨园全集》卷四〇，第二二叶）的同时，亦因未能充分发挥朱子学所具有的经世济民之目标而招致"返躬克己之意居多，……于格致上微觉未足，故其议论尚少发明，而行事亦时有未满人意处"（《三鱼堂文集》卷六《与赵生鱼裳旃公》）的批评。① 的确，吴康斋是朱子学樊篱中的人物，无意尝试从其间脱逸而出②。其"虽万变之纷纭，而应之各有定理"（《康斋日录》）之语，便明确地表现了这

---

① 关于吴康斋，可参看楠本正继《宋明时代儒学思想の研究》（柏：广池学园出版部，1962）第二篇第三章第一节。

② 译者注：着重号为著者所加，下同。

一点。不过在从讲究排场礼数的官僚社会的各种规矩中解放出来后，其心亦能够在忍受贫苦的同时而热烈追求孔子、朱子的身影，随处发现乐趣。魏庄渠有云："噫！自有科举而士弥贱。若与弼，可谓高鸿在寥廓矣。"（《庄渠遗书》卷八，第一六叶）[1]

白沙游于有着如此品格的康斋之门下，虽为脱离名利的学问之贵重所触动，但却未能打通究极之关门。[2] 待归乡之后，便闭门不出，在没有师友之指引的情况下每日废寝忘食地读书。如此经过数年之后，仍觉此心与此理未有凑泊吻合处。于是白沙放弃通过书籍而获取广泛知识的做法，转而追求收约（精神统一）之道，静坐久之，自身之心体方才隐然呈现，能够随心所欲地应对日常生活中的种种外物。自此以后，其便开始教弟子静坐。（《白沙集》卷三《复赵提学金宪》）

在此自白之中，应当尤其注意的是"此心与此理，未有凑泊吻合处也"之语，这与阳明年轻时所遇到的挫折完全一样。理与心之不一致这种现象究竟因何而起？朱子有云："心与理一，不是理在前面为一物。理便在心之中，心包蓄不住，随事而发。"（《朱子语类》卷五，第四叶）就朱子此言来说，在朱子学中本不可能发生理与心相悖离的现象。这是因为心与理是相互协调的。然而心虽然在形式上被定义为"一身

---

[1] 吕泾野与其门人之间曾有过这样的问答："象先问：'吴康斋终日以衣食不足为虑，恐亦害事否？'先生曰：'此公终日被贫来心上缠绕，不得谓之脱然无累。然亦是有守的，外面势利纷华，夺他不得。吾辈且学他此等长处。'"（《泾野子内篇》卷一五，第五叶）张杨园曾批判泾野此语云："泾野议康斋不免以贫累其心，疑犹未能异地而观也。关、陕之富饶，既不同江右之贫瘠，科甲之清华，又不同布衣之困阨。一岁躬耕，所得几何？其外虽至饥寒交迫，而弟子之赞亦有所不受，则康斋之为康斋，可知矣。"（《杨园全集》卷三九，第二一叶）

[2] 日本朱子学者楠本硕水曾云"白沙所得于康斋者浅"（《硕水遗书》卷一二，第九叶）。此外，清儒尹健余认为白沙之学问之所以不得要领，其师康斋亦有责任："余观陈白沙论学之语，其为聪明超脱，诚有非凡庸所可及者。但反之于身，实加勘认，终无的确把柄。孔门正学，当不在此。夫人欲尽处，天理流行。曾皙何尝不已见大意，而道脉之传，究归于忠信守约之令子（曾参），而己不与焉。后之学道者，可弗审诸？或谓白沙曾受学于吴康斋，盖亦其师误之云。"（《健余札记》卷三，第一二叶）

之主宰",但其本是生生之活物,因而其志向、理想、意欲、进退等并不一定总是固定于一处。而应对外界之变化、使心得到满足的理之形态由此也不得不发生变化。然而朱子又有"物象皆有定理"(《朱子语类》卷七五,第十叶)、"凡事自有恰好处"(《朱子语类》卷一〇七,第一六叶)、"事事自有个恰好处"(《朱子语类》卷一〇九,第九叶)等语,让人感觉能够发挥主体(心)之生机的机能从一开始就受到了限制。尤其是找到"恰好处"的所谓格物致知的方法乃是以形成"恰好处"的连锁为目标,其构造不允许逸脱和超越这种固定路径。的确,朱子学之中亦有所谓"理流行不已""时中是活法,执中是死法"等说法,并非不承认理能够根据不同场合的情况而活动。薛敬轩便曾对其活动状况进行了如下描述。其论述说格物所包,自一身而及于天地万物,并对实际之方法及其意义进行了如下说明:

> 今日格之,明日格之,明日又格之,无日不格之。潜体积玩之久,沉思力探之深,已格者不敢以为是而自足,未格者不敢以为难而遂厌。如是之久,则塞者开,蔽者明。理虽在物,而吾心之理则与之潜会而无不通。始之通也,见一物各一理;通之极也,则见千万物为一理。朱子所谓"众物之表里精粗无不到,而吾心之全体大用无不明"者,可得而识矣。(《读书录》卷二,第二二叶)

这段文字中,最值得注意的便是加了着重号的部分。物之理与心之理发生潜会的可能性在于何处? 白沙之所以为"此心与此理,未有凑泊吻合处也"而烦恼,正当是因为此点。在薛敬轩看来,物之理与心之理的潜会乃是以通过格物而已经获得的知识为出发点,当沿着这条路线将工夫进行下去后,其前景便更为广阔,内容更为丰富,而最终能够达到豁然贯通的境界。在此之中存在着对物之理与心之理的协调性的预设。而如果对这种协调性的预设抱有疑问、拒绝既成的心物之理的优越性,那么人就必然要逸脱之前所述的那种固定路线。若非如此,自己的心便不能够在其种种形态的基础上应对变化多样的真实社会的各种情态,而对理展开自主性的追求。①

尤其是朱子学被定为科举考试的正学之后,理成为似是而非的东西,其性质迅速地趋向于凝固停滞。白沙的友人庄定山在通过科举考试之后,陈述了如下的感想:

> 予少也学夫科举,固尝以豪杰自负。既而窃登一第,稍知所趋,则俗学卑陋,误我岁年,盖已过半。虽欲改弦易辙,而发种种,则已不可及矣。每诵古人"俗学已知回首晚"之句,未尝不为之抚心大痛也。(《庄定山集》卷六《赠乡进士陈孔章序》)

以前文中之文脉来说,此处所谓的"豪杰"应当是指有志于逸脱固定路线者。此种逸脱,始于不将理作为给定之物、追求理之存在的由来,而怀疑过去之理在今天仍否能够作为理而通行。简单地认定"理易明"才是最为背理的事情。白沙门人林缉熙在回顾自己三年多的太学生活后云:

---

① 王龙溪的门人查毅斋认为外界事像之变化往往出乎主体之意表,故而需要心中随时准备加以对应:"大率事变出意外,往往有之。惟反之此心无歉,则亦安之。而中间有处置未当、思虑未周处,则不可不自审也。"(《阐道集》卷二《再与徐华阳书》)。其又云:"盖天地原有变者,有不变者。刚柔所以立本,变通所以趋时,道之全者如此也。彼昧于立本者,既流荡情识、出入内外,罔知所止。昧于趋时者,又拘执典要,通志成务,难与成能。其于易道,胥失之矣。此圣人所以不得不反复开示也。知其不可为典要,则天地万物莫非变迁之迹也,安所执之以为常? 知其有典要,则食息语默,莫非天则之存也,安可忽之而不慎重? 故君子身在天地万物之中,心超放天地万物之外。"(《阐道集》卷五《典要》)

> 夫学莫贵于能疑，能疑必生于能思。今之学者所以不如
> 古，盖由理之易见，而思之不深也。思之不深，则所以无疑
> 也。未能造于疑也，不知未能有疑，而自以为无疑。此今世
> 学者之通患也。（《南川冰蘗全集》卷五《与王绾秀才》，第三
> 〇叶）

此林绨熙为成为天下之豪杰而埋头读书，而一旦科举及第，其豪杰之
梦也随之而破灭，以至于"潜深伏远，诉其流而穷其源，培其根而需其
实"（《南川冰蘗全集》卷五《复林居鲁主事书》，第二叶），这可以说是必
然的道路。①

三

学界、官界之动向既已如此，则越是要真挚地追求朱子学，"改弦
易辙"的内心欲求便势必越发旺盛。心与理相悖离的现象即由此而发
生。为克服此现象，只有对理之形态不加以固定化，而交由心进行自
由的判断。白沙有句名言："斯理也，宋儒言之备矣，吾尝恶其太严
也。"（《白沙集》卷三《复张东白内翰》）为何宋儒之理会太严？想要知
道其原因，还需回顾此语之前的一段话：

> 夫学有由积累（渐进的方法）而至者，有不由积累而至
> 者；有可言传者，有不可以言传者。夫道至无而动，至近而
> 神。故藏而后发，形而斯存。大抵由积累而至者，可以言传

---

① 译者注：著者对此段引文中"豪杰"一词的理解似乎有误，庄定山、林绨熙所谓的"豪杰"应
当是指研习科举之学而有成者。

也；不由积累而至者，不可以言传也。知者能知至无于至近，则无动而非神，藏而后发，明其几（使心得以发动的瞬间之契机）矣。①

白沙在这里所强调的，是超越对朱子学所说的那种客观界道理之个别积蓄的、直观性的心之自我充足，只有做到此点，作为心之外部发动的个别判断才能同样迅速、准确地进行。然而在朱子学之中，同样为了避免对个别之条理的追求陷入支离散漫而试图对省察和存养进行调和，尤其是试图以敬来对两者进行统一。据说是白沙四十岁时所作的《和杨龟山此日不再得韵》一诗中有"吾道有宗主，千秋朱紫阳。说敬不离口，示我入德方"之句，有人欲以此而将白沙之思想向朱子靠拢，也有人反过来以此作为白沙思想中的矛盾之处。关于此点，清儒陆桴亭以为此诗之作尚在白沙年轻时，其自成一家后，便以自然为宗。②不管怎样，很难找到证据证明敬在白沙的思想中占据中心地位。白沙并没有正面强调"敬→理"，而是强调"静坐→心"。这明显越出了理的权威，标志着从理学到心学的回转。正如白沙门人李大崖所云："先生之学，厌据故迹，故能超然自得。"（《李大崖集》卷一八《石翁陈先生墓

① 此外，赵大洲曾云："陈公甫尝叹宋儒之太严。惟其严也，是成其陋者也。夫物不通方则国穷，学不通方则见陋。……翁（晦翁）法程、张矣，而不信程、张；尊杨、谢矣，而力辟杨、谢。凡诸灵觉明悟、通解妙达之论，尽以委于禅，目为异端，而惧其一言之污也。顾自处于日看案上六经、论孟及程氏文字，于一切事物，理会以为极致。至太极无极、阴阳仁义、动静神化之训，必破碎支离之为善，稍涉易简疏畅，则动色不忍言，恐堕异端矣。夫如此学道，乌得不陋？"（《赵文肃公文集》卷二一《答同馆袁元峰编修书》其四）
② 陆桴亭云："胡敬斋与陈白沙俱学于康斋。康斋以程朱为宗，故敬斋、白沙俱以敬为主。白沙《和此日不再得》诗：'吾道有宗主，千秋朱紫阳。说敬不离口，示我入德方。'是也。至后来自成一家，始以自然为宗，敬斋则始终一敬字做成。"（《思辨录辑要》后集卷九，第四叶）秦弱水曾批评甘泉理解白沙的态度欠缺文学性云："割裂诸文以为语录，原本有病。至若诗篇之妙，全在一气之自然，理全味足。今则截取句字，虽极力分疏，去其神万里矣。呜呼！晦白沙之诗教者，湛公也。"（《广理学备考》"秦弱水"条《读白沙诗教外传》。译者注：此条文字系译者由原书中的日语训读转译而来，可能与原文有所出入。）

志铭》)白沙之学问之所以被批判为禅学(其后阳明也是一样),当是因为对此种回转之意义的理解不够彻底,或是对此加以曲解。大多数人认为白沙与阳明相比,其个性较为温和,但其实白沙乃是被评价为"其能鼓动一世如此,诚豪杰之才矣"(《皇明通纪》卷八成化十八年条,第四一叶)、"陈白沙为人豁达大度,不与物竞"(《西山日记》"德量"条)、"余观先生之为人,志节激昂,抱负奇异,慨然有尧舜君民之志"(《列朝诗集小传》丙集"陈简讨宪章"条)的豪杰(打破常套的人物)。① 故而其才会被称作"活孟子、活孟子"(《皇明通纪》卷八成化十八年条)。厌于训诂词章、名利荣达者自不用说,对理至上主义抱有疑问者亦次第聚集到其周围。对于朱子学一派的学者来说,这实在是值得忧虑的现象,故而如夏东岩者才会非难白沙之诗风云。"今论学不说下学之功,遽及上达之妙,宜其流入异学而不自知也。此诗清新华妙,见者争诵之,而不知其有悖于道,予不得以不辩。"(《东岩集》卷一《读白沙与东白论学诗》)

前引白沙书信中有"藏而后发"②之语,换句话说,即是所谓"为学须从静坐中养出个端倪来,方有商量处"(《白沙集》卷三《与贺克恭》)。

李如真(名登,李卓吾之知己)云:"本朝理学,自薛、胡二公,皆承传程朱宗旨,深信而力行之。至白沙先生崛起东粤,虽尝师事康斋聘君,乃其学脉,则多所自得。盖反身默识,独契千古之真。生平未尝特著学旨与其高第弟子,亦未尝和盘托出,往往令人深思而自得之。"(《皇明经世实用编》卷二七)

---

① 胡敬斋云:"陈公甫(白沙)旷大,今有才气底人多喜之,所以鼓动得人。又气魄大,中人以上为其所引,中人以下为其所驱,为害尤甚。"(和刻本《居业录》卷三,第一六叶)又云:"公甫不意天资过高,入于虚妙,遂与正道背驰。"(《胡敬斋文集》卷一《与罗一峰》)

② 此语或许是受到了《周易注疏》卷七《系辞传上》中"凡物先藏而后出,故先言坤而后言乾"之语的启发。

朱子随着年岁之增,比起静来愈发尊重敬。而白沙则如前文所述,尊静胜于敬。对于其中理由,白沙这样加以说明:

> 伊川先生每见人静坐,便叹其善学。此一静字,自濂溪先生主静发源。后来程门诸公递相传授,至于(罗)豫章、(李)延平二先生,尤专提此教人,学者亦以此得力。晦翁恐人差入禅去,故少说静,只说敬。如伊川晚年之训,此是防微虑远之道。然自学者,须是度量如何。若不至为禅所诱,仍多着静,方有入处。若平生忙者,此尤为对证之药也。(《白沙集》卷三《与罗应魁》)

也就是说,白沙知道朱子尊敬胜于静的态度,但仍然坚持主静的立场。[①]"涵养须用敬,进学则在致知"是从伊川传承而来的朱子的口头禅,且朱子又更加彻底地说出"圣门之学,别无要妙。彻头彻尾,只是个敬字而已"(《朱子文集》卷四〇《答程允夫》,第二〇叶),对于"苦于妄念,而有意于释氏之学"之问,亦回答说"此正是元不曾实下持敬工夫之故。若能持敬以穷理,则天理自明,人欲自消,而彼之邪妄,将不攻而自破矣"(《朱子文集》卷四〇《答程允夫》,第二〇叶)。朱子还曾说过"以集义为居敬之本"(《朱子文集》卷四〇《答何叔京》,第一四叶),而在以上一系列朱子的言论中,可以感觉到敬与天理之间密不可分的关系。对于曾抗议宋儒之言理太严的白沙来说,这是无法接受的。

此处需要略加注意的是,对朱子学穷理之说的疑问在白沙之前就

---

① 甘泉认为白沙之强调静坐,只是为初学者言之,其真意乃是在于不分动静的"随处体认天理"(《甘泉集》卷八,第二五叶)。

已经存在,比如在朱陆之争中便可以观察到这一点。热心的朱子学信徒包扬之子包恢虽身处陆门,但亦曾随其父在考亭度过了两个月。(《敝帚稿略》卷五《跋晦瓮先生二帖》)其论述静坐之效用云:

> 昨尝论及先儒每教人静坐之说,此最学者之真实切要处。或者便指以为禅学,如此大误矣。夫"焉有所倚,肫肫其仁,渊渊其渊,浩浩其天"(《中庸》第三二章),此心此理之本体如此。若有所倚而流于偏曲者,其病犹轻。今之学者,则终日之间,无非倚物、倚闻见、倚议论、倚文字、倚传注语录,以此为奇妙活计,此心此理未始卓然自立也。若能静坐而不倚闻见,议论不倚文字传注语录,乃是能自作主宰,不徒倚外物以为主矣。……若静坐不得,则是我反为客,终日只在外走,而外反为主,直旷安宅而弗居者。(《敝帚稿略》卷二《与留通判书》)

像这样,包恢以确立起作为活物之心为先务(《敝帚稿略》卷二《答项司户书》),这可以说与在静坐中把握鸢飞鱼跃(《中庸》第一二章)之活机的白沙的思想有相通之处。

提到静,立刻便会让人联想到动;若太过执着于主静,则会招来是否会导致将动看作第二义、最终沉溺于寂灭枯槁之退婴的疑问。动、静的对立与未发、已发的问题亦纠缠在一起,让朱子直到确立起定论为止都大为苦恼。不过关于此纠葛将改章再做讨论,此处想要关注的是白沙在掌握"色色信他本来"之橛柄的同时,又曾云"此理包罗上下,贯彻始终,滚作一片,都无分别、无尽藏故也。自兹以往,更有分殊处,合要理会,毫分缕析"(《白沙集》卷四《与林郡博》),认为心中包含着无尽的理。此理乃是心之理,既非事物之理,亦非超越者所与之理;不是如薛敬轩所说的"虽在物,而吾心之理则与之潜会"那样,理在主客妥协的基础上得以成立,而是如所谓"人争一个觉(欛柄)。才觉,便我大而物小,物尽而我无尽。夫无尽者,微尘六合,瞬息千古"(《白沙集》卷四《与林时矩》),觉心正是理之无尽藏处,"鱼跃鸢飞,乃见真机"(《白沙集》卷六《拨闷》)。故而就算"更有分殊处",也不是朱子学所谓的与格物致知一体化的理一分殊,而是心所及之处的即物的自我限定。因此对于所谓"日用间随处体认天理,着此一鞭,何患不到古人佳处也"(《白沙集》卷三《与湛民泽》)之语,也必须遵循上述的思维路径来加以理解。罗整庵曾批判上引的"更有分殊处"等白沙之语,认为其"未免于笼统瞒盰"(《困知记》第四一页,《理学丛书》本),这乃是因为其完全站在朱子学的立场上来理解白沙之理。

主静之受到重视,正是为了确立起像这样包含着无尽藏之理的心。① 此主静并非寂灭枯槁,而是蕴藏着随处见理之几。对努力放低姿态,一边反省己心之力量、一边慎重地应对外部环境的朱子学者来说,这实在是不知天高地厚的傲慢不逊。故而胡敬斋曾批评白沙云:"如公甫(白沙)之说,是常把这天地万象积放胸中,只弄得这些精神,岂暇再去思量事物之理。"(《居业录》卷七,第一三叶)透过此种非难,白沙之一心运用论的特色反而更加明确;并且白沙又更进一步,论述其运用之自然性云"此学以自然为宗"(《白沙集》卷三《与湛民泽》)、"化化生生各自然"(《白沙集》卷十《观物》)。"自然"乃是极为多义之语,不过至少在白沙那里,正如所谓"色色信他本来""天自信天、地自信地、吾自信吾"(《白沙集》卷四《与林时矩》),最受到珍视的乃是对天地万物皆未施作为,尤其是未被施以"理"这把特殊的手术刀的时空。

---

① 白沙之门人贺医闾亦云:"白沙之教,惟以静坐为先。其意谓吾人今日病在扰扰,必多用静,然后放心可收,次第可用功矣。"(《医闾集》卷五《简同年郑克修御史》)

之所以如此，是因为白沙思想之枢纽便是相信万象本来的姿态被"理"这一光鲜之语歪曲，而意欲将万象从理的桎梏中解放出来，还原其本来之姿。

乍一看来，"为造化之主""宇宙在我"之绝对自我意识与"色色信他本来"之绝对放任意识似乎是互相矛盾的想法。然而这一绝对自我意识意味着完全由自我来负荷万象存在的意义，而面对这无可逃避的万象之际的对应方式也展现为无作为之信托。故而此际之主体在成为无限大的同时，又令一色一色皆释放其本来的光辉。所谓"心与理一"，便应当是指此种光景。心虽为无尽藏，却又不将私意加于一色，作为无物（无一物）而实在，不依赖于书籍、诗文、末习，以"勿助勿忘"之气象日进而日深。① 虽然朱子曾云"此个道理，大则包括乾坤、提挈造化，细则入毫厘丝忽里去，无远不周、无微不到，但须是见得个周到底是何物"（《朱子语类》卷二三，第二九叶），但这终究只是在叙述理之周到性、普遍性，并非站在白沙所谓"造化之主"的全人立场上所发之语。造成两者之间区别的最重要因素乃是各自所说之"理"的不同性质，而针对并不重视"格物致知→天理"这一功夫论的白沙，朱子学一系之诸家不断批判其为"禅"。夏东岩云：

> 白沙云："斯理也，宋儒言之备矣，吾尝恶其太严也。"此与东坡要与伊川打破敬字意思一般。盖东坡学佛，而白沙之学近禅，故云尔。（《东岩集》卷一，第一二叶）

陈几亭云：

---

① 白沙如此描述此种境地："到此境界，愈闻则愈大，愈定则愈明，愈逸则愈得，愈易则愈长，存存默默，不离顷刻，亦不着一物，亦不舍一物，无有内外，无有大小，无有隐显，无有精粗，一以贯之矣。此之谓自得。"（《南川冰蘗全集》卷末《与林缉熙书》第十四书）

> 白沙无语录,凡讲学具在诗若文中。敬斋胡氏排之为
> 禅,整庵罗氏亦同此意。细考其旨,果禅无疑也。然其品行
> 心源,亦何逊于(邵)康节?(《陈几亭全书》卷五四《皇明儒统
> 凡例》[1])

不过需要注意的是,即便是在这样的风潮之中,亦有像王门之聂双江
那样,曾说出"白沙之学浑是濂溪主静之意,或者诋为禅虚,此则鄙人
之所未解"(《双江集》卷九《答应容庵》第二书)而致力于为白沙辩
护者。

四

此处回到最初的问题,探讨被视作是明代思想之主流的为何不是
"白沙—甘泉"一系,而是"白沙—阳明"一系。从结果而言,如果甘泉
能够保有与阳明同质、同倾向的思想的话,那么或许"白沙—甘泉"这
一谱系将会压倒性地流行,而阳明则只能以效法其间的形式居于偏
座。[2] 然而实际情况却是如开头所述,向着正相反的方向发展。此事
让人怀疑白沙与甘泉之间究竟是否存在着函盖相合的传授。

据甘泉所记,其第一次与白沙见面之际,白沙曾叹息到对其门人
张廷实、李子长(大崖)实在无法有所期待(《甘泉集》卷四,第八叶)。
然而李大崖文集附录中所收的王鏊撰《大崖李先生墓表》却在叙述白

---

[1] 吕泾野亦断定白沙为禅:"邓诰问:'白沙之时有太虚相友,何如?'先生曰:'白沙之友太
虚,犹东坡之友佛印,退之之友太颠。惟其友太虚,是以白沙之学被引入禅。至于孟子
之时,不闻有此人也。周程张朱之时,不闻有此人也。诰复曰:'白沙果禅学乎?'先生曰:
'然。'"(《泾野子内篇》卷二二,第二〇叶)
[2] 关于阳明与甘泉思想的差异,可参看拙稿《湛甘泉と王陽明》(收入《明代思想研究》,东
京:创文社,1972)。

沙与大崖之间的关系时云大崖钦慕白沙之学风而徒步往见之,白沙即大喜云:"吾与子神交久矣,宁俟见而后信耶?"而大崖自白沙之处归来后,每日端坐一室,洗涤身心,不经阶级而径造本心,其体认愈发深切。此处所云,与甘泉之记述之间有着相当大的区隔。① 张诩(廷实)在其所撰《白沙先生行状》的末尾对甘泉撰《白沙行状》表达了不满,云其中"仓卒事多未备",这暗示着同门之间在对白沙思想的理解方面已经产生了分歧。②

　　贺医闾(克恭)直接就学于白沙不过一年有余,因而对其所发之言,自然需要慎重鉴别。不过其曾云白沙在京中时(大约三十九岁时)及后来的学说有所不同(《医闾集》卷三,第四叶;卷二,第六叶,《四明丛书》本),并认为"白沙答张廷祥诗所谓'吾能握其机,何必窥尘编'等语,不免有过高之意"(《医闾集》卷二,第六叶),又云"白沙之诗正如朱子之文,自有许多意味"(《医闾集》卷二,第一七叶),意图将白沙向朱子学的方向靠拢。实际上,贺医闾曾说过"一如程朱至当之定论,以革近世浮华浅陋之习"(《医闾集》卷八,第一一叶)、"迂鄙之见,窃慕许鲁斋、学朱文公,从洒扫应对循循而进,为务实为己之学也"(《医闾集》卷六《示乡人》,第五叶),明确坦白了自己趋向于朱子之学。夏东岩在一读《医闾集》之后评价其"志趣高远而为学平正笃实,虽尝讲学白沙,无一点虚旷意思,盖得之程朱之训为多"(《夏东岩集》卷四《寄资侄书》,第八叶),盖为理所当然。白沙似乎也在指导医闾之际煞费苦

_____

① 白沙给林缉熙的书信中有"李世卿(大崖)自嘉鱼来,与湛民泽(甘泉)往游罗浮,今殆一月矣"(《南川冰蘖全集》卷末所收。译者注:译者在该书卷末所收陈白沙书信中未找到此语,此语见于《陈白沙集》卷三《与林郡博》之二。)之语。由此可以看出大崖与甘泉之间存在着身为同门的友情,而白沙也期待着大崖在学问上能有所进步。

② 李卓吾云:"李氏亦是白沙得意门生。"(《李温陵外纪》卷一,第二九叶,《明季史料丛珍》本。译者注:据译者所查,此语当出自《李温陵外纪》卷二《柞林纪谭》。)不过需要注意的是,白沙在给甘泉的书简中曾云"世卿可惜,平生只以欧苏辈人自期,安能远到"(《白沙集》卷三,第六三叶)。

心,曾告诫其云"比见克恭与人商论,费气力太多,锋铓太露,有德者似不如此逼切。更望完养,令深沉和平,乃为佳耳"(《白沙集》卷三《与贺黄门》)。① 不仅如此,据甘泉所记,白沙曾为医闾之学问迟迟不能进步而感到忧虑,作为权宜之计而劝其读佛书。(《甘泉集》卷二三,第二七叶)白沙曾与禅僧无相太虚交往密切,自己也时时展卷阅读佛典,故而甘泉所记不可全然视为无稽之谈。② 不过同时也可推察,此事会成为导致白沙门下之间产生理解上之差异的因素。只不过这并不意味着白沙之思想不够成熟,而是其搅动了多年以来为人所习惯的巨大思想体系(朱子学)并别开生面,因而对于后学来说,一时难以把握其师之用意和要害在于何处,必然要面临这种事态。

然则甘泉自身究竟是如何理解白沙之思想的? 甘泉得自白沙之传授中的第一点,便是所谓"随处体认天理"(《白沙集》卷三《与湛泽民》)。其云:

> 所谓根本者,天理是也。所谓血脉骨髓者,亦天理是也。天理之外无余蕴矣。天理者,吾心中正之本体而贯万事者也。此外何有血脉? 此外何有骨髓? 即由仁义行之学,集义所生之学也。天理二字,不落心事,不分内外。何者? 理无

---

① 黄宗羲亦云:"先生(医闾)之事白沙,悬其像于书室,出告返面,而白沙谓先生笃信谨守人也。别三十年,其守如昨,似犹未以冻解冰释许之。盖先生之于白沙,其如鲁男子之学柳下惠与?"(《明儒学案·白沙学案二·贺医闾小传》)此外,据张诩之《白沙先生行状》所云,"先生教人,随其资禀高下、学力深浅而造就之,循循然善诱,其不悟不强也。"
② 《罪惟录》列传卷十之"陈献章"条中云"白沙尝劝钦(医闾)读佛书,钦不答"。崔后渠曾对此感到疑问,其云:"贺医闾钦笃行渊雅,确乎不移,亦管幼安之流亚与? 教人惟主小学达序矣。陈白沙谓其无所见,劝读佛书,岂名教之外,犹有别传乎?"(《洹词》卷九,第六六章)参照《木钟台集·松窗寱言》,第六叶。此外,甘泉云白沙虽曾借用佛老之言,但并非佛老。(《甘泉集》卷一七,第二七叶)

内外心事之间故也。而或者以为袭影响者,自或者观之而云
然耳。(《甘泉集》卷七《复洪峻之御史》,第五九叶)

又云:

> 诸生用功,须随处体认天理。即《大学》所谓格物,程子
> 所谓至其理。将意、心、身、家、国、天下(诚意、正心、修身、齐
> 家、治国、平天下)通作一段工夫,无有远近彼此。终日终身,
> 只是体认这天理二字。(《甘泉集》卷六,第四叶)

像这样,甘泉频频提到"天理"二字,让人感觉此乃其哲学之最高概念。
而其对"天理"内涵之规定,则不出"吾心中正之本体而贯万事者"之范
围。"天理者,吾心中正之本体"这一定义大概是宋代以来儒家之常
识,而问题则是此"中正"究竟为何物、通过何种工夫步骤可以达到"中
正"。然而甘泉只是一遍遍地重复"天理者,吾心中正之本体"、"天理
者,吾心本体之中正",就算表明了天理之特征为中正,也几乎从未言
及中正所带来的天理之充满弹性的效用。在阳明那里,良知所带来的
理之措定力得到了积极的阐发;而在甘泉这里,以天理为根据的中正
之措定力的存在感极为薄弱,只是一再重复"天理者中正"而已。不过
如前文所述,甘泉为了突出天理之活泼性,而提出静坐说只是白沙初
期之示教,并论述了能够应对终日万变的心之状态的必要性。只有如
此,方能称得上是随处体认。然则在此活机之中,中正之内涵是如何
得以确定,其又是如何发挥作用的呢?"心具生理,故谓之性。性触物而
发,故谓之情。发而中正,故谓之真情,否则伪矣。道也者,中正之理
也。"(《甘泉集》卷七,第一九叶)像这样,甘泉的中正论一向没有得到展
开。而这应当是以所谓"中正"依凭于既成的价值观、由此其内涵已得以

确定为前提的。的确,甘泉曾云"非以物之长短定吾尺之分寸也,乃以吾尺之分寸定物之长短也"(《甘泉集》卷八,第九叶),此语一见之下与阳明所云"夫良知之于节目事变,犹规矩尺度之于方圆长短也"(《传习录》卷中《答人论学书》)极为相似。然而甘泉并没有由此更进一步,说出有如"若鄙人所谓致知格物者,致吾心之良知于事事物物也。吾心之良知,即所谓天理也。致吾心良知之天理于事事物物,则事事物物皆得其理矣"(《传习录》卷中《答人论学书》)这样表现心力之强劲的话语。其所谓"天理"意图保持一定的端正性,并没有主动去搅动对境的魄力。此种区别从何而起?起因即在于是否尊重"敬"(对天理之敬)。

之前已经提到,据说是白沙四十岁时所作的《和杨龟山此日不再得韵》一诗中有"吾道有宗主,千秋朱紫阳。说敬不离口,示我入德方"之句。据甘泉之说明,此诗乃是应当时的国子祭酒邢让之出题而作,且据说邢让"为人负才狭中,意所轻重,辄形于词色"(《明史》卷一六三),而终至得罪坐死,故白沙当时也不得不抱有种种顾虑。然而甘泉却极为重视此诗,并云:

> 盖敬者圣人之心法,圣德莫大于敬,则入德莫要主于敬。主敬以剖义利,则圣可学可见。……夫先生主静,而此篇言敬者,盖先生之学原于静,而得力于敬。随动静施功,此主静之全功,无非心之敬处。世不察其源流,以禅相诋,且以朱陆异同相聚讼,过矣。(《古诗教解》)

也就是说,甘泉通过标榜"敬"字来主张白沙并非仅止于主静,[1]因此

---

[1] 陈清澜云:"吾儒之学,主敬而穷理;异端之学,主静以完养精神。"(《学蔀通辨》终编卷上,第五叶)

讥其为禅的做法并不恰当；且同时又为白沙辩护，认为其并非一概与朱子之学说相龃龉。甘泉曾说出"予观周孔而降，未有文公先生精神之大者也"（《甘泉集》卷一七《朱氏增修文公事迹叙》），对朱子不吝赞美之辞。因而对其而言，在敬意识这一点上将朱子与白沙相提并论，可以说是绝妙的方法。由此甘泉得以自负为白沙之忠实门徒，但这同时也导致甘泉与白沙以及阳明之间的距离愈发遥远。

如著者以前之介绍，[①]甘泉之《心性图说》中明确表达了敬贯穿心之始终之意。甘泉又喜好引用"执事敬"（《论语·子路》）之语，曾云"主敬然后我立，我立然后不蔽于物。物物穷格，而天下之理得"（《甘泉集》卷二，第一叶）。阳明学唯恐理受到敬之拘束，而集中全力将良知从格式、典要中解放出来；与此相对，甘泉将敬置于心之中心，因而必然无法令心展现出活泼的弹性。在阳明学中，为了能够随心所欲地发挥良知，"诚"比"敬"更加受到强调。王龙溪曾叙述其理由云：

> 晦翁以格致诚正（格物、致知、诚意、正心），分知行为先后。先师（阳明）则以《大学》之要惟在诚意，致知格物者诚意之功，知行一也。（朱子）既分知行为先后，故须用敬以成其

① 参看拙稿《湛甘泉と王陽明》。关于《心性图》及《图说》在甘泉思想中的重要性，甘泉之门人蒋道林曾云："夫自白沙先生之忘言默识也，世儒不有已疑言禅者乎？至先生之以随处体认天理为教也，世儒不已有疑为外者乎？以随处体认天理为外，则必遗形色而语天性，外日用而谈空虚，不至于寂灭猖狂弗已也。以忘言默识为禅，则必舍本根而求之枝叶，忽尽心知性知天，而索之影响。终身由之而不知者，天下皆是矣。先生其容无是编也哉？且夫兹学也，非白沙先生之学，乃尧舜禹汤文武周公孔子之学，孟子私淑得之，周子、程子与白沙先生旷千百年，以忘言悟之者也。"（《蒋道林文粹》卷一《甘泉先生心性书序》）又云："泉翁《心性书》及其《图说》，是尽出仁体示人，当与《太极》《西铭》并传，非寻常儒者所能窥也。"（《蒋道林文粹》卷八《答陈子东奎侍御》）不过道林亦对阳明《亲民堂记》（《全书》卷七）中的基于明德亲民的天地万物一体思想表现出共鸣，曾云"阳明翁《亲民堂记》文字，最得孔门之旨"（《蒋道林文粹》卷八《复谢高泉宪长》）。如黄宗羲亦曾指出的，"当时学于湛者，或卒业于王，学于王者，或卒业于湛，亦犹朱陆之门下递相出入也"（《明儒学案·甘泉学案序》）。

始终。先师则以诚即是敬,既诚矣,而复敬以成之,不几于赘已乎?(《龙溪集》卷二《书婺源同志会约》)

欧阳南野云:

> 孔子云"敬以直内"(《易经·坤卦》),而程子云"若以敬直内,则便不直矣"。夫敬以直内,无以敬直内。(两者一见之下)相去岂远哉!而其相反乃如此。故用功于本体,与用功以求本体,亦微有毫厘之异。所以必日致良知者,(敬理)贵有辨也。"诚敬存之"(程明道《识仁篇》)之言,亦须善看。不然则亦有以敬直内之病矣。(《欧阳南野集》卷一《答陶镜峰侍御》)

如"诚敬"这一熟语所示,一般并不认为"诚"与"敬"在学道之步骤中形成了重要的对立。然而朱子学认为只有在敬畏天理的前提之下,才能通过格物致知来对理进行积攒式的追求;而阳明学则认为作为造化之精灵的良知之自主发动自然能够在"诚意"这一环节中生发出理。故而对两者来说,"敬"与"诚"成了涉及其思想关键之处的对语。若"敬"之地位趋于暧昧,则朱子学将面临崩溃的危机。因此在面对以上所述的轻视"敬"之风潮时,朱子学者进行了猛烈的回击。熊赐履云:

> 愚按自尧舜以来,圣圣相传,不越一敬。敬者彻上彻下、成始成终之道也。故凡圣狂贤愚之分、吉凶理乱之界,惟在一敬肆之间而已矣。……后世邪说倡、异学炽,猖狂恣肆,波流云扰,圣门敬字,直破碎于浮屠拳棒下矣。(《学统》卷八之

卷末按语）①

不过在明末，主敬说为良知说所压倒，以至于有人云"至姚江致良知之
教出，而主敬穷理之教乃渐衰"（管东溟《酬咨续录》卷二《答少白书》）。
站在朱子学的立场上来说，对"敬"重视与否，乃是正道与异端之分界
线。而甘泉承认"敬"之地位，即表明了其不论曾有过何种非朱子学的
即心学式的言论，而终究仍是处于朱子学的影响之下。李卓吾所谓
"甘泉翁实实未得白沙之传也"（《续焚书》卷一《答马历山》），以及陆桴
亭所谓"甘泉……学鲜实得，徒皮毛耳"（《思辨录辑要》后集卷九），均
是在洞察了此间消息后所发之语。而反过来，在对阳明学持批判态度
者之眼中，其心学无视典要、格式的态度又是一种傲慢不逊。② 不过
王、湛两家之说亦有作为心学而相通的一面，双方之间的界线有时极
为微妙。就连在阳明后学中被认为是最为稳健的聂双江亦曾云：

> 王湛二家之学，各自为宗旨。果能实用其力，各自有得
> 力处。今日"天理即良知也，随处体认即致也"，顾亦未为甚
> 非。但其实有不同处，亦不可诬也。（《双江集》卷一一《答董
> 明建》）

袒护甘泉的夏东岩则径直将甘泉从"白沙—阳明"一系中移除，并云：

> 近世论学，直欲取足吾心之良知，而谓诵习讲说为支离，

---

① 高忠宪云："吾尝出入于佛老，而知总不如一敬字。"（《高子遗书》卷二，第二叶）此外还可
参照同书卷四《君子修己以敬》章，第三四叶。
② 崔后渠有云："问曰：'泉翁之学有格式乎？ 阳明之徒议之矣。'洹野子（后渠）曰：'然。学
不可以无格式。'"（《洹词》卷一二《闻言解答甘泉先生》，第三五叶）

率意径行,指凡发于粗心浮气者皆为良知之本然。其说蔓延,已为天下害。揆厥所自,盖由白沙之说倡之耳。(《东岩集》卷一,第一一叶)①

对于此种针对良知的非难,良知论者大概会做出这样的反驳:良知乃是人人具有的是非之心,自念虑之微,至喜怒好恶视听言动之发作、纲常伦理礼乐刑政之实践、天地万物古今事变之散殊,判断其是非的能力皆明白具足于良知之中。凡愚不肖之无所不为,乃是由于自欺其是非之心而不遵照实行。圣人之正心、修身,明明德于天下,乃是由此是非之心,而学者做博学、审问、慎思、明辨、笃行之工夫,亦是由此是非之心,只是扩充其本然之善而已。故而讲学之际常以良知为言,正是为了告诉学者应当从何用力(以上取自《欧阳南野集》卷一《寄夏东岩》之大意)。

应当注意的是,除了上述这些对王、湛之学加以区别者外,还有不少人反过来欲折衷两家之说。王龙溪在其友人钱绪山之行状(《龙溪集》卷二○所收)云:

时海内主盟道术,惟吾夫子(阳明)与甘泉翁。夫子主良知,甘泉主天理。或问二教同异,君(绪山)曰:"汝无求二教之同异,求自得焉已矣。言良知则实致其知,言天理则实造

---

① 《皇明心学蠡见》卷十中贬斥阳明为陆学之徒而非中庸之道,并云:"湛甘泉之知行合一、随处体认天理,其孔孟传授之心法耶? 惟必有所造之端。"(译者注:此条引文系译者从原书日文训读转译而来,与原文可能有所出入。)此外,对心学之横流微有批判的邓元锡曾转述其知己王稚川之语云:"余姚(阳明)之论,信本心之知已过,故增城(甘泉)以为空知。增城以勿忘勿助之间即为天理,故余姚以为虚见。然余姚言致知,未尝遗问思辨行。传之者过,遂以为空知。增城言勿忘勿助时天理自见,语固未尝不确也。"(《潜学稿》卷一一《王稚川行状》)关于折衷王湛两家的言论,尚可参照蔡汝楠《自知堂集》卷一五《养中书院题辞》。

其理。所谓自得者,心一也。以其自然之条理而言,谓之天理。良知天理,岂容有二。"

此外还可举出一通有代表性的言论。邹南皋曾有如下之论:

> 弘(治)嘉(靖)间,以学为海内嚆矢者,东越(阳明)与增城(甘泉)。东越曰致良知,而增城曰随处体认天理。说者如两持,然不知知之与天理、致之与体认,同耶,异耶? 夫外天理而为良知,知必不良;外良知而言天理,理属于人。后之学者,是皆以意窥二先生之奥者也。(《愿学集》卷五上《凤池书院记》)

甘泉在阳明死后尚在世三十多年,其间良知之说逐渐分化,尤其是所谓"以常知常觉、灵灵明明为良知,不待学与虑"的良知现成论走得最远。甘泉苦心对其加以抑制,欲以此来保全自己与阳明的友情(《甘泉集》卷二〇,第二一叶)。然而两派之间的鸿沟愈发扩大,"白沙—阳明"一系占据了思想界的主流。这是因为其能够回应当时人们对于独创之理的世界而非给定之理的世界的希求。像"晦翁存心致知之功,能善合一,用之无病"(《甘泉集》卷二三,第七〇叶)这种话绝不可能出自阳明之口。关于两者之间的离合,黄宗羲的下述之语可谓得其关键:

> 先生(甘泉)与阳明分主教事,阳明宗旨致良知,先生宗旨随处体认天理,学者遂以王湛之学各立门户。其间为之调停者,谓"天理即良知也,体认即致也,何异何同"? 然先生论

格物,条阳明之说四不可,①阳明亦言随处体认天理为求之于外,是终不可强之使合也。……天地万物之理,(如阳明所言)实不外于腔子里,故见心之广大。若(如甘泉所言)以天地万物之理即吾心之理,求之天地万物以为广大,则先生仍是旧说所拘也。(《明儒学案·甘泉学案》之湛甘泉略传)

到了万历二十一年,耿天台所上之《议从祀疏》(《天台文集》卷二)受到御史詹事讲之推荐,②白沙、阳明得以同时从祀孔庙。此后对于白沙、阳明一系之批判并非全无声息,但时代不得不首先意识到这一系谱,并将思索之焦点置于与此系谱的离合之上。在白沙思想成为明代心学之滥觞后,阳明又是怎样弘而大之的呢?据王龙溪所说,白沙乃是承袭自邵康节的孔门别派,其有鉴于世人向外部驰求精神之弊而欲复归内部之性情,但一时无下手之处,不得已而"假静中一段行持,窥见本来面目,以为安身立命根基",但这不过只是权法而已。(《龙溪集》卷十六《留别霓川漫语》)而将此权法转进为实法的便是阳明。对于其意义,龙溪如此说明:

> 若今日致知宗旨,不论语默动静,从人情事变彻底练习,以归于元。譬之真金为铜铅所杂,不遇烈火烹熬,则不可得而精。(《龙溪集》卷一六《留别霓川漫语》)

也就是说,要在白沙思想之基础上实现进一步的飞跃,就必须解决其中存在的以下诸问题:

---

① 《甘泉集》卷七《答阳明王都宪论格物》中云"盖兄之格物之说,有不敢信者四",其后详细说明了在甘泉看来难以赞成的四条。
② 参照冯梦祯《快雪堂集》卷二所收《詹明甫侍御遗集序》。

一　白沙虽将人存在之基础从理移到了心上,但并没有
　　说明心在具体的社会中、在面对各别之事物时创造
　　和发现理之际的详细方法;

二　缺乏与潜伏在人心之中的反价值、反社会因素进行
　　格斗的痕迹,没有积极地展开善恶之间的纠葛、个
　　人与社会之间的矛盾;

三　静中之体认先行于前,而动中之体认落在其后,导
　　致缺乏与现实进行碰撞的紧张感;

四　在处理朱子学所使用的各种基于经书原文的哲学
　　用语时,欲如何对其进行重新定义,此方面的意图
　　并不清晰;

五　缺乏充分发挥心所具有的自由之活力、展开收放自
　　如之逻辑的明确目标。

对于以上所列的诸多问题,阳明是如何处理和解决的呢?

五

罗近溪曾如此评述阳明出现于明代历史上一事的意义:

某尝谓:"我明幸生阳明,真是电掣雷轰,星辉日耀,不惟
及门高弟,藉以入圣超凡,而闻风兴起者,亦自可以化顽铁而
作精金也已。"(《近溪集》数卷,第五一叶)

李贽亦极口称赞王阳明云:

　　　　王文成"致良知"三字,可谓千年暗室、一灯照开矣。

　　（《求己斋说书》卷一,第六叶）

　　阳明之出现为何能够如此满足时人之期待？如前所述,阳明与白沙一样,因苦恼于心与理的不一致而迈上了求道的历程。不过两者之轨迹中极为不同的是,白沙就学于吴康斋这位规模狭小但却极为真挚清廉的朱子学者而未能获得最终的满足,于是躲进阳春台中端坐三年,终于到达了觉悟的境地；而阳明则是经历所谓学三变的过程后,在文化荒芜的流放之地龙场迎来了转变的契机（钱绪山撰《刻文录叙说》；《龙溪集》卷二〇《钱绪山行状》）。端坐与流寓之差想必令阳明之思想相较之下更为坚强不屈。

　　而阳明之所谓三变,则是首先热衷于辞章,接下来出入佛老二氏,最后终于在流配之地经历艰难困苦之后领悟了圣贤之旨。对于此三变,王龙溪曾经深入阳明的内心世界而更为详细地加以解说（《龙溪集》卷二《滁阳会语》）,而若将其与《阳明年谱》对读,则引人注目的是弘治二年（阳明十八岁）时,阳明曾在广信拜访吴康志的门人娄一斋,得闻宋儒格物之学,并对"圣人必可学而至"之语极为感佩。一斋据说早年豪迈不屑细务,但因受到康斋的感化而性格有所改变（《东岩集》卷一）,故而其给阳明的教示也应该较为稳当。此后三年,阳明果然遍求朱子之遗书,欲对其"一草一木皆有理"之教示加以实践而去格官署中的竹子,但沉思不得,终至于病倒,不得不就此放弃（《传习录》卷下）。后来阳明以朱子的《大学章句》《大学或问》为首要攻击对象,就此点来看,其早前之所以去格竹子,或许是因为受到了《大学或问》中"物我一理,才明彼,即晓此,此合内外之道也"之语的影响。然而朱子本人便曾说过:"若夫学者之所以用功,则必有先后缓急之序、区别体验之方,然后积习贯通,驯致其极,岂以为直存心于一草木器用之间,而与尧舜同者,无故忽然自识之哉?"(《朱子文集》卷六二《吕氏大学解》)以此来看,阳明的格竹体验实在过于幼稚,因此受到了批判。在此可引用陆桴亭之语:"此禅家参竹篾子之法,非文公(朱子)格物之说也。阳明自错,乃以尤朱子,何耶?"(《思辨录辑要》卷三)①不过,亦不可只是对阳明的此种幼稚做法加以嘲笑,而忽视物之理与吾之理无论如何都难得一致这一阳明痛苦的根源所在以及其严重的程度。

其后阳明读了朱子向光宗的上疏(《朱子文集》卷一四《行宫便殿奏札》)而感到自己以前的读书法步骤有误,想要尝试改正,但仍旧苦于"物理吾心,终判为二"而旧疾复发,以至有入山之意。由此阳明进入了所谓第二变的时期。此间阳明对朱子学之探索的详细路径并没有详细的资料记载。作为参考,可透过白沙的知己罗一峰之言来观察当时的知识分子对朱子学抱有怎样的态度。一峰曾云"今之学者幸生程朱之后矣,舍程朱而不师,犹梓匠轮舆舍规矩而为方圆也"(《一峰集》卷九《复张都宪书》),提倡朱子学万能论。而其述时人对朱子学(道学)的实际态度则云:"今士夫中稍有绳趋尺步者,则群聚而谨之曰:'此道学也。'其中无定守者,未有不随而化矣。"(《一峰集》卷八《与刘素彬书》)据此处之描述,当时遵守朱子学的规矩而行动者反成了周围的笑柄。一峰作为以勇气而出名的耿直的朱子学者,其信念越是遭到世间之反对,便越是坚持"凡宽则百弊皆生,严则可理"(《一峰集》卷九《与夏止庵宪副书》)这种不惮类似法家之严苛的态度。一峰所秉持的乃是朱子学所传授的"理绝对正确、不遵守此理的人才是违背了道"

---

① 李光地云:"至如草木臭味,种种各别,此则医家之所宜悉,而非儒者急务。阳明因见一竹推格不去,遂不以程朱之言为然,殊不知格物原非止留心于一草一木之间,而欲其忽然顿悟。然苟因此遂废却格物工夫,则何处可以着心乎?"(《榕村全集》卷二三《鳌峰讲义》)又云:"《语类》(《朱子语类》)中穷理只就自家身上求之一段,说格物甚精。王阳明因格竹子致病,遂疑朱子之说,岂知朱子原未尝教人于没要紧处枉用心思也。"(《榕村语录》卷一,第一八叶)

这种僵硬的看法,因而对其来说,心与理的不一致原本便不是问题。一峰之友人章枫山曾对其提出忠告,认为其推行乡约之际的做法过于死板而招致民怨,但一峰对此充耳不闻。(《枫山集》卷二)枫山在表面上尊重朱子学,但同时又曾称赞白沙的人品,且后来还对阳明的《朱子晚年定论》表达过赞许(《枫山集》卷三《与董编修文玉》),与一峰形成了鲜明的对比。不管怎样,官方所认可的朱子学游离于人心,乃至成为笑料,这不管对于国家还是个人来说都是极为可虑的事态。阳明也不得不在卷入这种围绕着朱子学的对立与混乱的同时,继续其艰苦的斗争。

据丘琼山所说,正统年间因为学政废弛,故而每道设置一名风宪官,令其专门监督学政。此举之意图只是要振作颓废堕落之人,并非是让风宪官各自设立一套方法来教导当地的学者。而结果这些风宪官想要以其中人以下之私见来指导各地的人才,令其与自己意见一致,这乃是不自量力。(《大学衍义补》卷六九,第一一叶)由此可以看出当时的教学制度是如何缺乏统一的规范。按照规定,教学之法要"以中人以下为准"(《大学衍义补》卷六九,第一一叶)。

本来将人区分为上、中、下等的做法,因标准的不同,便不可能做到结果完全一致。朱子学之所以要将人之等级定在中人并示以平明卑近的行道之方,尤其是指出通过就日常琐碎之事物体验而穷理(格物致知),则不管何人皆可得至于圣贤,其中便包含着对豪言"即今目前听法的人"即是佛(《临济录》)、可一举到达悟境的禅宗之上根主义的批判,这一点从朱子的异端论中亦可以看出。朱子忌讳禅宗所谓的"悟",以"通得一处,则触处皆通"(《朱子语类》卷一六,第二叶)、"自得之后,则自然心与理会,不为礼法所拘而自中节也"(《朱子文集》卷四五《答廖子晦》)等语句来表现圣人之境地,认为达到此境地后,便能够保持自由自在地应对现实界的能力,具有与禅之无障碍法界之境地类似的体验。不过朱子所述的格物致知论虽然一方面击中了禅悟的弱点，但另一方面又令理意识过于先行，以致被禅门讥为碍于理障。

如上所述，阳明在重读朱子遗书的过程中，越是正确地理解其内容，便越是自觉到以中人为标准而论述的格物论反而超出了自己的力量范围(《传习录》卷下)，并且坦白承认自己没有精力去实践格物致知的工夫(《传习录》卷上)。朱子学的格物穷理论以贯通内外之一理的存在为前提，此理随着气的发展而分散于万事万物并个别化，故而想要一举通过顿悟来穷此理的做法忽视了事物的多样性和理的分殊性，必须依照自己的能力，凭借认识到的已知之理而逐次类推，最终豁然体得贯通天地万物之理。除了排斥理障的禅门之外，这种工夫论从常识来说极为易懂，因而无论是谁均易于着手。其间并不需要格外的大力量，因而这种渐进式的道路看来也不应受到拒绝。那么，阳明为何感到这种格物论无法加以实践呢？

要解答这一疑问，需要考虑到阳明所说的心与理始终无法一致，同时对以上之格物论从根源上进行分析(不过此处暂时将自然科学置于一旁，而只将考察的范围限定于伦理学中的理)。首先是是否应当承认"贯通内外之一理的存在"这一前提。假如追问如此之一理从何而来，则答案当是此乃天与之理。此天与之理又是如何生成的呢？其乃是通过支配社会的法律、制度、礼节、习俗、人情、势数等等自然形成的。之所以不将其称作"人理"，而是称作"天理"，乃是因为其具有超越个人之意志、志趣的权威性，而强制要求自身之实行。如此则不得不说，此一理之形成过程中，个人之主体性参加的余地极为狭小。就算对此事暂且不论而承认一理之存在，若沿着其所指向的方向走下去，也无法肯定伴随着部分周折而对个别的理逐个加以确认的工作是否能够顺利进行。而就由此形成的理之体系而言，并非从一开始便令实践主体之心参与到其构成之中，反而是在排除了心之后得以成形的。如此当然不可能设想存在心与理的一致。就算是心与理看起来达成了一致，这也并非作为活物的心在发挥了其自身的全部机能之后得到的结果。

作为参考，此处先来倾听一下活跃于阳明死后的东林之高忠宪的体验。其在最初有志于学之际阅读了《大学或问》，并遵从朱子的教导"入道之要莫如敬"，"专用力于肃恭收敛，持心方寸间"，结果却陷入"但觉气郁身拘，大不自在"的境地，稍一不注意，便又散漫如故。（《高子遗书》卷三《困学记》）虽然忠宪后来倾向于肯定程朱的格物论而批判阳明的致良知，但其对《大学或问》中所说的工夫加以实践，结果却陷入心情郁结、身体拘束之境地，此事必然令其反省朱子学的格物论所具有的本质缺陷。阳明之苦恼并不是只限于其个人的特殊体验，而是对主体与理的联结具有深切关心的人们皆要面对的课题。① 为更加突出阳明在此际的心境，可参考其觉醒之后所发的以下之语：

> 如今人只说天，其实何尝见天？谓日月风雷即天不可，谓人物草木不是天亦不可。道即是天。若识得时，何莫而非道？人但各以其一隅之见认定，以为道止如此，所以不同。若解向里寻求，见得自己心体，即无时无处不是此道。亘古亘今，无终无始，更有甚同异？心即道，道即天。知心则知道知天。又曰："诸君要实见此道，须从自己心上体认，不假外

---

① 当时苦恼于心与理的不一致的，当然不是只有白沙和阳明。如私淑胡敬斋的魏庄渠同样"临事时分明见得天理当如此，吾心亦欲如此，而蔽固之深，不能得发见。且如过墟墓当兴哀也，而未必有恻怛之意；遇穷困虽可愍也，而未必如疾痛在身。心与理打成两片，无如之何。"（《庄渠遗书》卷三《与王纯甫》，第一三叶）此外，时代稍晚的著名的三教合一论者林兆恩认为，依靠凡才自身的力量，是不可能实践朱子所谓的格物致知的。其云："其所谓今日格一物、明日格一物者，此朱子之学，亦惟朱子能之。若区区之聪明不如朱子，记忆之性不如朱子，顾欲即凡天下之物之不可得而胜纪也，表里精粗而尽格之无不到乎？"（《林子全集·续稿》卷六，第九叶）

求,始得。"(《传习录》卷上)

若以加了着重号的部分为重点而一读此文,便可明白对于阳明来说,见得心体乃是第一义,而道及天皆取决于心之确立与否。在此处并没有"具有超越个人之意志、志趣的权威性,而强制要求自身之实行"的天理介入的余地。至此阳明的疑虑亦得以消解。

经第一变而对朱子学的格物穷理论感到绝望的阳明(三十二岁)开始究心佛老之学而隐居于洞窟之中。关于其成果,王龙溪如此记述:

> 日夕勤修,练习伏藏,洞悉机要。其于彼家(指道家)所谓见性抱一之旨,非惟通其义,盖已得其髓矣。自谓尝于静中内照,如水晶宫,忘己忘物,忘天忘地,与空虚同体,光耀神奇,恍惚变幻,似欲言而忘其所以言,乃真境象也。(《王龙溪集》卷二《滁阳会语》)

此处所描写的,乃是一个已将全身心倾注于道教收约身心之法的阳明的形象。而尤其需要注意的是,阳明通过静中之内照而体得了打消一切事物的分别差别之相、与宇宙同广大的心。现在并不清楚当时阳明所参阅的是何种道教书籍,但可以很容易地推测出其并非以金丹长生为主,而是以探究性命之根源为主题。明初洪武年间袁文逸(混然子)所撰述的《还真集》卷九之《性说》中如此阐述性:

> 此一点灵明,无形无相,无古无今,贯石透金,本无所说。人于此处参得透、见得彻,不被一切境界所移,内观于心,绵绵无间,打成一片,独立虚空,自有金刚卫门,诸魔消散,与古

佛同日而语矣。学道人若不明真性、内守静默之工，纵然能
记大藏之经，广口利舌，到头空丧精魂，无益于身。

道家思想已发展到如此地步，则阳明以其为求道之资，亦属必然。而
脱离经书的权威、将进境之希望寄托于培养一点之灵明上，这一做法
自有其道理。佛老的特长在于排斥理在人之存在中的先行性，而以确
立包摄主客心身的浑然未分的主体为目标。阳明之没入于佛老，或许
可以看作是从现实的后退，但其已自觉到存在着超越穷理而树立一心
的道路，此事具有重大的意义。[①] 阳明为佛老所吸引，前后不过三年
多的时间，而期间之最高潮则是上述的对与宇宙同大的心的体悟。不
过，如同中国自古以来的求道者所时常要面对的，阳明也开始反省到
此种神秘的直观只是簸弄精神，导致疏于人伦之道。关于依靠空观支
撑的禅宗本来的悟道论和以人伦性为支撑的儒家本来的觉醒论之对
比，将在其他章节中加以讨论。而一时倾向于前者的阳明最后也为对
费尽心思养育自己的祖母和父亲的亲情所牵引，终于悟到"此念生于
孩提，此念可去，是断灭种性矣"，决心复归于官场。由此其第二变也
迎来了结局，但若只将此变理解为道念输给了俗念，则又未必正确。
事实并非如此，而是俗念与道念的纠葛从低次元提升到高次元，俗念
并非压倒道念，而是经由道念之后变得更加充实而回归。

六

弘治十七年（阳明三十三岁），阳明成为山东乡试的主考官。而在

---

① 刘念台曾云："以阳明先生之明睿，而回环出入于（佛老）二氏者二十年，及已觉其非，而犹
恨旧习之缠绕，卒难摆脱，且又若干年。"（《刘子全书》卷一九《答王生士美》）然而并没有
证据能够表明阳明曾如此长期地溺于佛老，且此说法与王阳明年谱中的记述亦不相符。

其所出的策题之中,有一道针对以佛老为异端一事提出了引人注目的见解。(《全书》卷三一《山东乡试录》)阳明将令人触目惊心的儒学界之堕落称为贪鄙、冒进,认为以此无耻之状况,再怎么去攻佛老二氏也不可能令其心服。也就是说,阳明并未在教理意识中寻求异端与正道的区分,而是求之于各自的心之样态、主体之存在方式。此种思维方式可以看成是后来超越了儒释道之区别而向心之充足长驱直入的明末思想界的先驱,而阳明之复归于儒,有着克服作为官学的朱子学的腐臭、从作为原点的心出发而重构教理的意图。陈白沙与无相太虚这样的禅僧有着密切的交往,而阳明门下亦有玉芝法聚①这样的优秀禅僧。考虑到此点,则可以更为清晰地看出由白沙而到阳明的心之哲学的特征。

儒学要彻底摆脱贪鄙、冒进,就需要作为心之自得之学而获得新生。在这一点上,阳明承认佛老二教中依然有着一定的自得的部分,与心猿意马的儒教性质不同。下文乃是阳明四十一岁时经过第三变之后所作,为说明其学问进步的情况而在此加以引用。在叙述宋代以后学问变得支离繁琐之后,阳明云:

> 居今之时,而有学仁义、求性命,外记诵辞章而不为者,
> 虽其陷于杨、墨、老、释之偏,吾独且以为贤。彼其心犹求以
> 自得也。夫求以自得,而后可与之言学圣人之道。(《全书》
> 卷七《别湛甘泉序》)

对于见于《孟子》《中庸》的"自得"之语,宋明儒者自不用说,在禅门之中也一直将其作为开悟之代语而使用。故而仅凭此语,还不能说表现

---

① 关于玉芝法聚,可参看拙稿《禅僧玉芝法聚と陽明学派》(收入《明代思想研究》)。

出了阳明思想的特色。不过有了第三变的经历之后，"自得"在阳明那里开始迅速呈现出独自的色彩。

当时的皇帝武宗被认为是明代历史上最为昏庸放纵的皇帝。其一直宠爱宦官刘瑾，因而后者完全掌握了政治上的实权，对敢于反抗者皆加以处罚，垄断政权达到了极点。正德元年十二月（阳明三十五岁），刘瑾将批评自己的人事处置的戴铣等二十人处以廷杖并削籍为民，戴铣因为出血过多而遽逝。阳明对此种事态也终于不能坐视不理，向朝廷上了《乞宥言官去权奸以章圣德疏》（《全书》卷九），其中有"铣等职居谏司，以言为责。其言而善，自宜嘉纳施行；如其未善，亦宜包容隐覆，以开忠谠之路。乃今赫然下令，远事拘囚，在陛下之心，不过少示惩创，使其后日不敢轻率妄有论列，非果有意怒绝之也"之语，意在唤起武宗作为国家元首的自觉。而此事当然被刘瑾一派尽数看在眼中，阳明当即被投入诏狱，受廷杖四十之后又被贬为贵州龙场驿丞。在忍受廷杖之痛的同时，交织在阳明胸中的，乃是黑暗政治的未来，以及任由莽撞的权力横行的学问之无力。如今要复兴孔孟之遗教，扫除遮蔽国计民生的乌云，应当如何是好？流放途中，在写给友人湛甘泉和崔子钟的信里，阳明歌咏了自己的决心。（《全书》卷一九《阳明子之南也其友湛元明歌九章以赠崔子钟和之以五诗于是阳明子作八咏以答之》）

龙场气候瘴疠，害虫繁殖，当地居民语言不通，能稍微交谈者皆是中土亡命之流。身边的侍从一个接一个地病倒，阳明只能亲自伐薪取水，照顾他们。督率土民建起了寒酸的房舍之后，阳明在东方发现一处古洞，仿照故乡的阳明洞而将之命名为阳明小洞天，并歌曰："夷居信何陋，恬淡意方在。岂不桑梓怀？素位聊无悔。"（《全书》卷一九《始得东洞遂改为阳明小洞天》）其中之"陋"字虽是本于《论语》之《子罕》篇，但正如阳明另作《何陋轩记》（《全书》卷二三）一事所示，其在意识中乃是将此边远之区看作不陋之地，而在此提高了求道的格调。为何会如此？这是因为阳明在这片没有礼节、学问以及高级的文物的土地上，找到了之前未曾体验过的纯朴、诚实以及人与人之间充满了温暖爱意的交流。与"理之哲学"完全绝缘的周围的人们能够如此亲密地互相往来而享受生活，其间的秘诀在于何处？阳明在遭到贬谪之前，便沉潜于心之哲学而一直探求没有虚饰、没有教理束缚之人的原点，结果却在这杂草丛生的破烂茅屋之中找到了其最为生动的体现。"投荒万里入炎州，却喜官卑得自由。心在夷居何有陋？身虽吏隐未忘忧。"（《全书》卷一九《龙岗漫兴》）阳明在置身于官场时已经认识到了自得的重要性，但对于该如何获得并保持自得的状态，还没有明确的见解。而正是在成为政治上的反抗者并被驱逐到官位卑微、不得不自己寻找活路的境地之后，阳明才获得了自由。由于摆脱了既存框架的束缚、从流行的教理中获得解放、逃脱了繁文缛节，阳明得到了从源头上重新审视人与社会的自由、从根本上颠覆充满虚伪和虚礼的官场的眼力。[①] 据《年谱》所说，此时的阳明虽已超脱了得失荣辱，然而"惟生死一念，尚觉未化"。此处所谓"生死一念"并非畏惧死亡的人类共同心理之意，而是表达了已经逼近最后的关口却不能够百尺竿头更进一步的极限状态下的心境。[②] 在如此背景之下，就在到达龙场的那一年，阳明"忽中夜大悟格物致知之旨"。而其所悟，乃是"圣人之道，吾性自足，向之求理于事物者误也"（《年谱》），也就是发觉了朱子学的格

[①] 王船山《读通鉴论》卷二一中云"至于荒远杂夷之地，其民狃于顽陋犷戾，而诗书礼乐之文，非所喻也。其吏欺其愚而渔猎之，民固不知有天子，而唯知有长吏"，指出了边远之地官吏的蛮横以及当地人民缺乏教养的状况。阳明初到龙场时，与贵州按察司副使毛宪副之间多少有些感情上的抵牾，此事可由《答毛宪副书》（《全集》卷二一）窥知。然而据《送毛宪副致仕归桐江书院序》（《全书》卷二二）可知，此种抵牾其后也自然得以消解。其间所凭借的，当亦是阳明之学德之力。

[②] 王龙溪云："苟从躯壳起念，执吝生死，务求长生，固佛氏之所呵也。"（《龙溪集》卷五《天柱山房会语》）

物致知论的错误所在。由此阳明又在接下来的一年(三十八岁时)大悟知行合一,而其记载其间之苦衷云:

> 居夷处困,动心忍性之余,恍若有悟。体验探求,再更寒暑。证诸《六经》四子,沛然若决江河而放之海也。然后叹圣人之道坦如大路,而世之儒者妄开窦径,蹈荆棘,堕坑堑,究其为说,反出二氏之下。宜乎世之高明之士厌此而趋彼也!此岂二氏之罪哉?(《全书》卷七《朱子晚年定论序》①)

"与其攻二氏,不如求自得"之阳明的思想历程至此实现了其目标,此后便如鸡抱卵、如龙养珠,愈加深入地探求心之本源。

接下来所述的联想虽然有些突兀,但阳明在溺于佛老二氏这段时期中,是否曾读到过下面所引的禅僧之教示呢? 元代的禅僧天如惟则曾云:

> 工夫做到极则无把捉处,譬如宰臣之家,忽遭籍没,父母、兄弟、妻子、眷属、朋伴、奴婢,诛戮都尽,一身万里,居窜逐穷荒之地,无一人相识,无一人倚靠,无一人商量,平生受用境界、机谋志气,一时丧尽,当万死一生之际,自作转变,忽然得个顶天立地底活计,方是男儿大丈夫。咄。各自鼻孔,各自出气,将谓人人似你。(《天如惟则语录》卷一《示众》)

---

① 参见《龙溪集》卷二《滁阳会语》。需注意的是,此文在述及阳明之恍然神悟之后,补充说"不离伦物感应,而是是非非,天则自见",且又加上了"自此之后,尽去枝叶,一意本原,以默坐澄心为学的,亦复以此立教"之语。总之在其看来,心在安定的状态之下,即便不特意使用格物穷理的方法,也自然能够即事物之体验而做出是非判断。

此处所示的起死回生之悟道论与阳明的龙场体验何其相似！然而阳明并非有意模仿禅宗。值得注目的是，中国思想在其根源之中蕴含着在面临绝对的危机之际死里求生的高度心力。

将以上所述的阳明之三变与白沙相比，很明显虽然二者同样追求心之活力、机能，但阳明却必须突破困难得多的关口、与现实中的纠葛相搏斗。正是因为此点，龙溪才认为白沙的静中养出端倪与阳明的致知格物之旨稍有不同（《龙溪集》卷十《答冯纬川》）。不过同时龙溪也承认"白沙—阳明"这一系谱的连续性。[1] 龙溪的门人张阳和曾批判当时排斥陆王的书籍中的代表作、陈清澜的《学蔀通辨》云："东莞陈氏，妄以己意低昂其间，譬之瞽人恣评五采，天下其谁听之？"（《不二斋文选》卷六《别杨贞复漫语》）此语追认了其师说之正确。

"白沙—阳明"这一系谱的核心，是前文中曾几次言及的心之欛柄，而阳明则将此欛柄称作良知。有时亦有"吾心良知之天理"这样的说法，而这表明良知乃是心学之关键、天理之措定者。故而要穷极良知之本体，便必须仔细斟酌心之意义和内涵。[2]

---

[1] 龙溪曾概览至阳明为止的明代思想史云："自明兴以来，学术渐著，肇于薛敬轩，沿于吴康斋、胡敬斋，而阐于陈白沙。敬轩以行修，康斋以悟入，敬斋祖薛而得证于吴，白沙宗吴而犹主于自得。学将有所归矣！延绵衍溢，至于阳明夫子，首提良知之旨，示之学的，而后灿然大明。"（《龙溪集》卷一三《国琛集序》）

[2] 作为陈白沙与王阳明之间的衔接，需要对陆象山加以注目。不过对此已有先人之研究，特别是吉田公平《陸象山と王陽明》（东京：研文出版，1990）一书极为详尽。

第二章 心之哲学

一

朱子曾贬斥禅宗的端坐入悟之法云："夫子所以不大段说心，只说实事，便自无病。"（《朱子语类》卷一二一，第二三叶）然而，朱子自身却发展出了关于未发已发、道心人心、动静、天理人欲、心性情等等的极为详细的心性论。为什么必须展开如此细致的辩证呢？这是因为佛教所论述的心性论巧妙地吸引了优秀的人才，如果"只说实事"，实在无法与佛教尤其是禅宗相对抗。想要克服阻拦在儒教之前的佛教的压力，就必须建构起超越对方的理论，证明其所谓"入悟"的内容不过是虚构而已。那么，为什么在佛教内部能够积累起足以让中国自古以来的心性论为之一变的研究和体验呢？这是因为佛教意识到了盘踞在心中的烦恼、杂念、执着、欲望等令本来应该清净的真心为之障蔽的诸因素之存在，不断发明出扫除这些因素的手段、工夫、修行等等，使得围绕着心而展开的纠葛极为复杂化和紧迫化。在"人心惟危，道心惟微"这种四平八稳的标语背后，如何克服完全不曾预想到的心灵深处的黑暗，成了思想界的重要课题。汉译《楞伽经·集一切法品》第二之三中云："凡夫无智不知心量，妄习为因，执着外物，分别一异、俱不俱、有无非有无、常无常等、一切自性。"（《正藏》卷一六，六〇一上）

对于主体来说，自觉到妄执、邪念会带来何种意识上的变化呢？这种变化便是会明白心量并非局限于常识所认为的浅薄的善恶是非的领域之内，而是拥有无底深渊、无限善根的不可限定的存在。若借用《大乘起信论》之语，也就是会自觉到本觉与不觉之间的无限大的区隔。在浅薄的心量之中，善恶对立的构造相当单纯，处理起来也很简单。然而当心量之深厚程度变为无限大、觉与无明之间的对立无穷地多层化之后，解决起来便不那么容易了。可是若不从根本上加以解决，便不可能实现开悟，也就是从无明烦恼中获得解放。由此繁琐的教相佛教的教义得以确立。不过虽说教相佛教的修行法是以本觉、本来成佛为基础，但其克治烦恼的方法过于细化，结果有损于将心作为整体加以对待的态度，反而使得心量的扩大、深化反复纠缠于消灭各种琐碎的、细枝末节的烦恼。要摆脱这种恶性循环，就需要心量回归于被各种无明烦恼所纠缠而四分五裂之前的本源性的自己，向着主客未分、心境一体之境地而从正面展开激烈的对决。黄檗希运云："百种多知，不如无求，最第一也。道人是无事人，实无许多般心，亦无道理可说。无事散去。"（《传心法要》）大珠慧海亦云："心者是总持之妙本，万法之洪源。"（《顿悟要门》卷下）至于临济慧照，其曾描述体得心法后的自由之作用云：

> 心法无形，通贯十方。在眼曰见，在耳曰闻，在鼻嗅香，在口谈论，在手执捉，在足运奔。本是一精明，分为六和合。
> （《临济录·示众》）

我们的知觉、行动都为同一心法的作用所左右，且这些都分别与其本分保持一致，同时又互相契合。

在此需要说明的是，虽然一提到心，便容易立刻将其理解为潜藏在肉体之中的精神性的主宰者,但其实所谓心乃是指在主与客、身与心对立未分之际,每一个瞬间都如同放矢中的一般发挥作用的行为之场域自身而言。如果一心之外还存在着眼上的心、耳上的心等等,那么此一心便会分解,而不可能贯通十方。不过,禅宗之所以能够开始提倡这种一心万法论,亦是因为教相佛教的左派(教禅一致)潮流之中已经为此做好了准备。比如融合了华严哲学和菏泽禅的清凉澄观曾如此论述心与境的关系:

> 心中悟无尽之境,境上了难思之心。心境重重,智照斯在。又即心了境界之佛,即境见唯心如来。心佛重重,而本觉性一。(《正藏》卷三五《华严经疏》,五二六中)

> 心中有无尽之境,境上有无碍之心。(《正藏》卷三六《华严演义钞》,二四三下)

澄观将此种包摄主客内外的、最为根源性的心称为"总该万有之一心"(《普贤行愿品疏》,二四九左,《续藏经》本)。只有到此境地,主体才能够真正获得自由独立之地位。而要维持此种境地,最需防范的,便是导入各种概念、分别而导致心之分化及支离。禅宗语录中之所以处处表露出对经书的侮蔑,便是出于此种意图。故而永嘉玄觉之《证道歌》中才云"一超直入如来地,但得本,莫愁末","大象不游于兔径,大悟不拘于小节","舍妄心,取真理,取舍之心成巧伪"。像这样,可以说禅宗修行之关键乃是在于见性(让自己的本性毫无保留地现实化):

> 心即是佛,佛即是心。心外无佛,佛外无心。若言心外有佛,佛在何处?心外既无佛,何起佛见?……若欲觅佛,须

是见性，性即是佛。若不见性，念佛诵经、持斋持戒，亦无益
处。（《血脉论》）

直见本性，名之为禅。若不见本性，即非禅也。（《血脉论》）

若识自性，一悟即至佛地。（《六祖坛经·般若》第二）

故而永明延寿云："以心为宗，禅门正脉。"（《宗镜录》卷六）天目中峰
云："禅何物也？乃吾心之名也。心何物也？即吾禅之体也。……惟
禅与心，异名同体。"（《中峰广录》卷五下）其后在朱子学中，心与性之
异同成为一大问题，而在禅宗这里则是"性即是心"（《血脉论》），原则
上并不对性与心进行区别。《景德传灯录》卷二八中记载南阳惠忠与
某僧人的问答云："'未审心之与性，为别不别？'师曰：'迷即别，悟即不
别。'"宋代高僧圆悟克勤亦示教云："廓尔承当，明见此正性。此性即
心，此心即性。浩浩作为，应在六根门头。"①（《圆悟心要》卷下《示蒋
待制》）

似此这般，禅之一心处处皆为主宰，随时开辟道路，不知畏缩为何
物，时而啸于孤峰绝顶，时而沉于污浊海底，时而跃入业火烈焰。我动
则天动，我行则地摇。克勤曾如此描述此种绝对主体之心象：

一切万法皆与自己无违无背，直下透脱成一片，从无始
以来只恁么。但恐当人自相违背，琼森取舍，无事生事，所以
不快活。若能外绝攀缘、内忘己见，即物是我、即我是物，物

---

① 明末的禅宗居士曾金简所著的《楞伽经宗通》中亦有"心与性一而已"（卷一，第一七七叶，
《续藏经》本）之语。

我一如,洞然无际,则二六时中、四威仪内,一一皆壁立万仞,何处有如许劳攘来?(《圆悟心要》卷上《示思禅人》)

二

标榜一心独脱、将自身视作大法王、以为自己之言语动作皆是佛心之显现,此种禅宗之立场的确可谓快活、勇猛。然而人类与万物一样,有着明暗清浊等各种各样的气质,且又相依相助,形成家庭、乡村、国家、天下等各种社会环节而维持自身的生存。人之所以向往禅,乃是由于期望超越这些环节所带来的束缚及压迫,认为如果洞彻本来无一物之境界,便可以获得妙不可言的自由,发挥左右逢源之力用。"不立文字,直指人心,见性成佛。若恁么见得,便有自由分。不随一切语言转,脱体现成。"(《碧岩录》第一则评唱)

不过如前文中所云,如果一切存在都是由多种多样的气质所构成,那么不管内界还是外界都会有许多的曲折变化,不可能单纯依靠一悟之力而解决所有问题。正如朱子所说:"如佛氏,不可谓他无所见,但他只见得个大浑沦底道理,至于精细节目,则未必知。"(《朱子语类》卷四〇,第六叶)关于朱子学中的心的性质,陈北溪曾如此说明:

此心之所以为妙,贯动静、一显微、彻表里终始而无间者也。人惟拘于阴阳五行所值之不纯,而又重以耳目鼻口四肢之欲为之累,于是此心始梏于形气之小,不能廓然大同无我,而其灵亦无以主于身矣。(《北溪集》卷一一《心说》,《四库全书》本)

像这样，在朱子学中，心受到阴阳五行之气的制约，因而若是无视此种约束而只提倡心之独尊，便会成为无视人之存在方式的抽象论，甚至会成为诱发独我论的根源。此事只需观察豪言万法一心的禅所带来的弊害，便可获得实证。

罗整庵曾对佛教进行了相当详细的研究，而其在尽量参考佛教之主张的同时，最终亦不得不对儒佛之区别下了如此之断言：

> 盖吾儒之有得者固是实见，禅学之有得者亦是实见。但所见者不同，是非得失，遂于此乎判尔。彼之所见，乃虚灵知觉之妙，亦自分明脱洒，未可以想象疑之。然其一见之余，万事皆毕，卷舒作用，无不自由。是以猖狂妄行，而终不可与入尧舜之道也。（《困知记》，第四〇页）

此种禅之偏向起因于何处？朱子云"佛老氏却不说着气，以为此已是渣滓，必外此然后可以为道"（《朱子语类》卷九八，第三叶），陈北溪云"佛者……专指人心之虚灵知觉者而作弄之，明此为明心，而不复知其为形气之心"（《北溪集》卷一五，第一一叶），不过这两段话其实都是虚实参半。佛教确实没有关于（与心相对的）气的理论，但这是因为心乃是包摄万法的浑然全体之物，在心之外，不管是精神上还是物质上都没有可以与其并列的存在，因此原本就没有特别意识到应当作为渣滓而加以舍弃的气的必要。在佛教看来，妨碍本源性的清净心（或者可以说是本来人）之活动的，乃是非本源性地产生的无明烦恼，而并不能归咎于与心相对的气。儒教之所以要提出气的概念，是为了与理相对应，且两者之间又有种种杂多之交互作用，故而产生了理先气后、气先理后、理气一体等种种理气论。不过就朱子学而言，其认为天理堕在气之中而成为性，而在心中区分性与情的做法在某种程度上赋予了对心之自由的制约机能。然而对于以一心独脱为目标的禅来说，此种在心中划分出两个层次的做法是完全不可容忍的。八识田中下一刀的禅宗必须也要向这种理气、性情二分理论挥舞利剑。但是从朱子的角度来说，自然要批驳禅之态度过于抬高心的威力，对其机能不加思索地无条件信任：

> 虽自以为直指人心，而实不识心；虽自以为见性成佛，而实不识性。是以殄彝伦，堕于禽兽之域，而犹不自知其有罪。（《朱子文集》卷一七《读大纪》）

按照此处所说，不知性与心，或者不知性与心之区分的禅非但不能令人获得提高，反而让人堕入禽兽之境。对于对手来说，没有比这更为恶毒的咒骂了。朱子对禅的诽谤随处可见，而其中尤其引人注意的是题为《记疑》（《朱子文集》卷一七）之一文。此文针对偶然所获的作者不明的杂书一编，分段叙述了朱子的批判。此书之第一部分中有云：

> 先圣、后圣，若合符节。非传圣人之道，传圣人之心也。非传圣人之心也，传己之心也。己之心无异圣人之心，广大无垠，万善皆备。欲传圣人之道，扩充此心焉耳。

仅是此语，便已令人惊叹朱子的时代竟流传着如此彻底的心学书籍。也难怪朱子对其中不知天高地厚的尊崇己心的论调大加挞伐：

> 夫学圣人之道，乃能知圣人之心；知圣人之心以治其心，而至于与圣人之心无以异焉，是乃所谓传心者也。岂曰不传其道而传其心，不传其心而传己之心哉？且既曰己之心矣，

则又何传之有？况不本于讲明存养之渐，而直以扩充为言，则亦将以何者为心之正，而扩充之耶？

前者乃是以己心为基准，而欲令圣人之心与之相合；而后者则是以圣人之道与心为基准，再加之以渐进式的讲明存养工夫，以求至于圣人之心，两者之看法可以说恰为相反。作为参考，此处可联系王阳明曾论述心与道之关系的以下之语：

> 道即是天，若识得时，何莫而非道？人但各以其一隅之见认定，以为道止如此，所以不同。若解向里寻求，见得自己心体，即无时无处不是此道。亘古亘今，无终无始，更有甚同异？心即道，道即天，知心则知道、知天。"又曰："诸君要实见此道，须从自己心上体认，不假外求始得。（《传习录》卷上）

很明显，此教示之关键乃是"见得自己心体"。由此可以充分地预想，此说随后便会发展为阳明的心体（良知）扩充论。不过从那些多少仍保留了一些朱子学视野的人物的立场来看，并不能简单地就此接受阳明的心体论。顾宪成年轻时阅读过阳明之书，并且一度感动到几乎废寝忘食，但其对于不受限制的心之膨胀仍不得不怀有忧虑之念：

> 自宋程朱既没，儒者大都牵制训诂，以耳目帮衬、以口舌支吾，矻矻穷年，无益于得也久矣。阳明为提出一心字，可谓对病之药。然心是活物，最难把捉。若不察其偏全纯驳何如而一切听之，其失滋甚。即如阳明颖悟绝人、本领最高，及其论学，率多杜撰。（《泾皋藏稿》卷二《与李见罗先生书》）

此外，在许敬庵看来，性之得名乃是就其为天之降衷而不杂形气者而言，而心之名称则是合灵与气而言之。性乃是天命之本体，故而帝则、明命、明德、至善、中、仁等皆是性之别名，这些虽不外于心之灵觉，但灵觉亦不足以尽之。这是因为心虽然至虚而灵，但却不免有形气之杂。因此《洪范》篇有"人心""道心"之语，后儒亦区分真心与妄心、公心与私心：

> 其曰道心、真心、公心，则顺性而动者也，心即性也。其曰人心、妄心、私心，则杂乎形气而出者也，心不可谓之性也。君子之学，能存其心，便能复其性。（《敬和堂集》卷五《与胡庐山论心性书》）

像这样，对心给予十足的信赖、将一切都托付给心之自主运用的禅及阳明学均被质疑过于轻率。不过禅宗心学在朱子学大成之前便已达到其顶点，而阳明心学则是在朱子学大成之后、考虑到禅宗心学所暴露的弱点而形成的，故而两者之间应当存在一些重要的差异。这种差异便是禅一举跳过了社会环节而启发在绝对无的世界中"独坐大雄峰"的大悟，与此相对，阳明学在与朱子学同样尊重社会环节的同时论说良知之大用。而令这些社会环节获得秩序和协调的，便是天理、天则、天序、天秩，一言以蔽之，则是包摄了理的心法。然而禅宗则提倡"理障"之说，点出"大用现前，不存轨则"，将分辨是非善恶的理视作分别意识之显现而排斥之。

以下试介绍禅家之格物解。象田即念云：

> 人知格物，不知物本无物；人知穷理，不知理本无理。理无理，故理斯穷矣；物无物，故物斯格矣。（《象田即念语录》

卷三,第九叶,《中华大藏经》本)

此外,永觉元贤曾歌咏道:

> 年少须穷理,见理未为亲。
>
> 忽然无可见,始是渡迷津。
>
> 不道亦不禅,非佛亦非心。
>
> 却笑宣尼老,空劳说六经。
>
> (《元贤广录》卷二三《示沈同青茂才》)

憨山德清的《大学决疑》中如此解释"格物":

> 物即外物,一向与我作对者,乃见闻知觉、视听言动所取之境。知即真知,乃自体本明之智光。此一知字,是迷悟之原。以迷,则内变真知为妄想,故意不诚,不诚故不明;外取真境为可欲,故物不化,不化故为碍。是则此一知字,为内外心境、真妄迷悟之根宗。古人云:"知之一字,众妙之门,众祸之门。"是也。

以上引言之中,前两者基于所谓理障之说,以空观扫荡关于对境的认识;而德清之解释则将焦点置于知,让人感觉多少与良知说有些类似。不过在德清的解释中,知之即物的作用并不明确,知之变动周流性也遭到无视,而只是将工夫的重心置于其迷悟真妄之上。物在良知体内活泼地运用自身之生机,而这便直接意味着良知的扩充和发展,此种视角在德清那里是缺失的,故其才会说出"以寂然不动之真知,达本来无物之幻物,斯则知不待感而自焰,物不待通而自融"。

对于以上之佛僧的格物解,胡松评价云:"有为佛氏之学者,专守灵明而弄精魂,终非成己成物之实学。"(《胡庄肃公文集》卷六《格物解》)

阳明学认为良知即天理,并不主张有脱离人伦的格物之道。可以说其具备了经世宰物之用。很明显,朱子以前的禅宗心学和朱子以后的阳明心学在思想的性质上并不相同。主张阳明学乃是禅学者最应该留意的便是这种区别。若无视这种区别而主张"今以良知为天理,乃欲致吾心之良知于事事物物,则是道理全在人安排出,事物无复本然之则矣"(罗整庵《困知记·答欧阳少司成》,第一二〇页),指责良知之事物判断不过是完全出于个人之私意,那便是没有正确地把握阳明学的核心。故而王门的欧阳南野在接到整庵所寄的《困知记》后回复道:

> 彼佛氏以事为障,以理为障,既不知所谓格物,而其径超顿悟,又焉有积累就将之实哉? 某之(自恩师)所闻如此。窃考之于孔、曾、思、孟、濂溪、明道之言,质之《楞伽》《楞严》《圆觉》《涅槃》诸经,其宗旨异同,颇觉判别。(《欧阳南野集》卷一《答罗整庵先生寄困知记》)

不过事情并没有就此而解决。这是因为虽然朱子出现后给予了禅学很大的打击,但不管如何以那些套话、老调来攻击,禅宗中之一派都毫发无伤地存活了下来。这便是曾极为流行的大慧宗杲的公案禅。罗整庵亦不得不承认其法力,而云:"大慧禅师宗杲者,当宋南渡初,为禅林之冠。"(《困知记》,第五八页)关于大慧禅与阳明学的关系,将在其他章节中加以论述。

三

在朱子所谓的《大学》八条目之中，关于"格物、致知、诚意、正心"，阳明早期的解释是"身之主宰便是心，心之所发便是意，意之本体便是知，意之所在便是物"（《传习录》卷上）。其中的前两句应当不会招致朱子学者的反驳，但第三句中的知与将其解释为知识的朱子之说不合，第四句中的物亦与将其解释为事物的朱子之说不合。若直率地阅读阳明这四句话，便可以很容易地看出四句其实都是以心贯穿起来的。此心当然便是良知。因此若以良知为依据而对这四句再度进行解释，便会有如下之言：

> 心者身之主也，而心之虚灵明觉，即所谓本然之良知也。其虚灵明觉之良知，应感而动者谓之意；有知（＝良知）而后有意，无知则无意矣。知非意之体乎？意之所用，必有其物，物即事也。……凡意之所用无有无物者，有是意即有是物，无是意即无是物矣。物非意之用乎？（《传习录》卷中《答人论学书》）

其中解释"物"云"物即事也"，看起来似乎与朱子的"物犹事也"之说接近。但朱子学说中的物，乃是指穷尽知识之际的对象；而在阳明之说中，良知、心、意、知、物皆是相即相成的关系。故而从朱子学的角度来看，首先成为问题的，便是事物作为知识的对象应当具有客观之势，然而阳明学却从一开始便将其理解为心内之物，故而阳明学之格物亦很难说是真正的格物。只要将格物解释为"穷事物之理"，就必然要产生这种疑问。然而正如龙溪所云，"（'格物'之）物是天下国家之实事，由良知感应而始有"（《龙溪集》卷一《三山丽泽录》）。也就是说物并非知识之对象，而是良知在行为的场域中进行感应的主客相即的状况。故而所谓"格物"也并非穷尽关于物的知识，而只能是良知在与事物相感应时无所偏向、邪曲而自正。只有这样，良知才能在各个行为的场域之中担负起全部的责任。若是这样，那么"格物"之"格"便只能训为"正"。由此，阳明对朱子的格物论进行了如下的批评：

> 朱子所谓"格物"云者，在即物而穷其理也。即物穷理，是就事事物物上求其所谓定理者也。是以吾心而求理于事事物物之中，析"心"与"理"而为二矣。夫求理于事事物物者，如求孝之理于其亲之谓也。求孝之理于其亲，则孝之理其果在于吾之心邪？抑果在于亲之身邪？假而果在于亲之身，则亲没之后，吾心遂无孝之理欤？……以是例之，万事万物之理，莫不皆然。是可以知析心与理为二之非矣。……若鄙人所谓致知格物者，致吾心之良知于事事物物也。吾心之良知，即所谓天理也。致吾心良知之天理于事事物物，则事事物物皆得其理矣。致吾心之良知者，致知也。事事物物皆得其理者，格物也。是合心与理而为一者也。（《传习录》卷中《答人论学书》）

年轻时因为心与理的不一致而饱尝辛酸的阳明，其苦恼至此终于得到了完美的解决。主体之所以要与物发生关联，是因为其抱有一定的意图、期待着取得某些进展、追求着某种理想，而不是为了按照预定的方法、沿着预定的道路前进。若要"即物穷理"，就必须将主体的意愿与具有轻重缓急的节律而流动展开的事态一体化。而要做到此点，就必须觉悟到接下来需要念念不忘打破常规旧套。这是本于良知而从事于格物者的最基本的思想准备。由此龙溪对之前所引用的阳明之语加以敷衍后云：

> 文公（朱子）曰："人之所以为学，心与理而已。心虽主乎一身，而体之虚灵，实以管乎天下之理。理虽散在万事，而用之微妙，实不外人之一心。"是其一分一合之间，已不能无启学者心理为二之弊。若先师于格物之旨，则是物理不外于吾心，虚灵不昧，众理自此而具，万事由此而出，合心与理而为一者也。文公谓："天下之物，方圆轻重长短，皆有定理，必外之物格，而后内之知至。"先师则谓事物之理，皆不外于一念之良知，规矩在我，而天下之方圆不可胜用。无权度则无轻重长短之理矣。毫厘千里之谬，不于良知察之，亦将何所用其学乎？是不以规矩而欲定天下之方圆，不以权度而欲定天下之轻重长短，揣摸依仿，乖张错戾，日劳而无成也矣！（《龙溪集》卷十《答吴悟斋》）①

毫无疑问，自朱子学而至于阳明学，"心"加强了其自律能力，其作为存在之基点的权威也日益提高。但是若由此而认为只有少数拥有大力量的人才能够格物致知，则完全陷入了误区。就如阳明亦坦白自己并没有大力量，正因为格物乃是依据于良知之格物，才能够保证不管何种职业、才能之人皆可以做到。若按照《大学或问》所说，只有以天地万物为格物之对象、学习了解古来的传统与当今之惯例、弄清所当然

---

① 亦可参照龙溪如下之语："致知者，致其固有德性之知，非推极知识之谓。格物者，格其见在感应之物，非穷至物理之谓。知者意之体，物者意之用，致知格物者，诚意之功也。如好好色，如恶恶臭，率其良知之自然而一无所作，是谓王道。"（《王龙溪集》卷五《慈湖精舍会语》）

和所以然之后,方能够穷至于物,那么这将是农工商贾绝对做不到的事情,这些人将无法从事于诚意、修身。原本在列举《大学》经文之八条目时,将其解说为具有先后之顺序的做法便是错误的。概括起来,便如以下之言:

> 若意诚心正者,格物之功,犹不可废,则所谓先后者,特未定也。《大学》心、意、知、物四字,正为后人差认,谓动有意而静无意,故外意以求心,而正心之功几流于禅寂;谓见识为知,而外物为物,故即物以求知,而格物之功不得以着己。(《欧阳南野集》卷四《答王堣宅》,前述内容亦取自此文大意①)

王门的目标,乃是让心摆脱性这一重担。如此一来,心虽然要相应地承担更大的责任,但同时也可以从性所具有的约束性、先在性中获得解放,而具备不分职业之贵贱上下的普遍性。在知识之丰富方面远远超过一般百姓的读书人阶层所最为自豪的博识广闻,以及以其知之先行性为前提的格物穷理论由此均失去了其权威。此点与后述的良知所具有的万物一体论亦有着密切的关联。此处且引用王门稳健派之一的邹东廓之语:

> 大抵先师之教与诸儒不同者,以求理于心,而彼求理于物也。求理于物,则以吾心之良知为未足,而必求诸外以增益之,故不免以探讨讲究为学,以测度想像为智。若求理于

---

① 可参照朱子之语:"意虽心之所发,然诚意工夫却只在致知上做来。若见得道理无纤毫不尽处,即意自无不诚矣。意诚,然后心得其正。自有先后。今曰'主于心而由中以出,安有不诚',正是颠倒说了。"(《朱子文集》卷四九《答王子合》第十六书)

心,则良知之明,万物皆备,知善而充之,不善而遏之,如权之
于轻重,度之于长短,无俟于揣摩而自得之矣。(《东廓集》卷
五《复王东石时祯》)

像这样,相对于重视客观界之定理的理学,标榜万物一体的心学得以
成熟,并带来了思想界的一次大变动。关于这一变迁,董其昌曾如此
表述:

> 理学之变而师心也,自东越(阳明)始也,北地犹寡和。
> 而东越挟勋名地望,以重其一家之言,濂洛、考亭几为摇撼。
> (《容台集》卷一《合刻罗文庄公集序》)

四

《孟子·尽心上》中有"尽其心者知其性也,知其性则知天也"之
语。朱子注释此语云:"心者,人之神明,所以具众理而应万事者也。
性则心之所具之理,而天又理之所从以出者也。"若遵循这一解释,则
会得出"心具众理""性则心之所具之理"的结论,归结起来则是心于性
中具众理。故而严密地说,前述《孟子》之文应当被理解为:"尽其心者
知其性也,'者'字不可不子细看。人能尽其心者,只为知其性,知性却
在(尽心之)先。"(《朱子语类》卷六〇,第一叶)朱子又云:"尽其心者,
知其性也。所以能尽其心者,由先能知其性,知性则知天矣。知性知
天,则能尽其心矣。不知性不能以尽其心。物格而后知至。"(《朱子语
类》卷六〇,第一叶)像这样,尽管朱子学提出"心统性情""心者一身之
主宰",但实际上性在心中占据了特别的地位,"心只是包着这道理,尽

知得其性之道理,便是尽其心。若只要理会尽心,不知如何地尽"(《朱子语类》卷六○,第一叶)。概括地说,心中包含着性,也就是理以及情,而其中理担负着让心不为情这一不安定因素所笼罩和扰乱的责任,故而被称为"一身之主宰"。不过这也使得心的重心被置于性(理)之一侧,因而其主宰性并不能达到可以自由地掌控性(理)的完美地步。既然心不能够位列于性之前,那么这可以说是必然的结果。像这样,心被先验地赋予了应当守护的理。故而在朱子看来,"存心"与"尽心"有所不同。其云:

> 盖尽心与存心不同。存心即操(则)存、求放(心)之事,是学者初用力处。尽心则穷理之至、廓然贯通之谓。所谓知性,即穷理之事也。须是穷理,方能知性;性之尽,则能尽其心矣。(《朱子文集》卷六一《答林德久》,第六叶)

如此一来,虽然心被称作主宰者,但却很容易出现性为第一存在、心为第二存在的情况。当然朱子也说过强调心之重要性的话。其中最为明显的例子,便是《大学或问》中阐述其写作《大学》补传之意图的一段话(《大学或问》,第二○叶)。据其中所云,格物的方法,乃是即事物之中,基于迄今所知之理推而究之,到其究极之后,自己的知识亦会周遍精切而无不尽。其具体之方法,则是就事物行为、念想思虑、文字讲论等而思索观察,从身边的身心性情之德、人伦日用之常,到难以观察的天地鬼神之变、鸟兽草木之宜等等,洞察到其中存在着不容已、不可易之理。如此穷尽对象之表里精粗之后,再进一步类推,到达脱然贯通之境地,则对于天下之物,皆可以究其义理精微之所极,而自己之聪明睿智亦可以极其心之本体。不过归结起来,心之本体还是性,因而将重心置于性的看法并没有发生改变。如果对于心与性的区别过于敏

感,就会导致性(理)的固定化。白沙及阳明之所以出现,此事亦是原因之一。实际上,就连反对阳明学的罗整庵亦曾说过:

> 盖心性至为难明,是以多误。谓之两物,又非两物;谓之一物,又非一物。除却心,即无性。除却性,即无心。惟就一物中分剖得两物出来,方可谓之知性。学未至于知性,天下之言未易知也。(《困知记》,第四十页)

不过,纵观朱子之论述,应当注意的是,其格物之眼光被慎重地投射到外界和内界这两方面,故而与通过一心万法论而一口气将内外界都完全吸收到灵觉之本心的禅宗之悟法有明显的区别。而像这样广泛地注视外界和内界、在求理的过程中使用类推方法的格物论,会不会忙于对后续诸事、诸现象的追踪而不得不导致心之支离分散,丧失禅家所说的那种一心(全体心)之收束力,而止于触碰对象之迹(表面)呢?对于此种疑问,朱子如此回答:

> 人之所以为学,心与理而已矣。心虽主乎一身,而其体(指性)之虚灵,足以管乎天下之理。理虽散在万物,而其用之微妙,实不外乎一人之心,初不可以内外精粗而论也。然或不知此心之灵而无以存之,则昏昧杂扰,而无以穷众理之妙。(《大学或问》,第二〇叶)

由此可见,朱子以心之灵作为格物之根据。不过即便如此,为何其还要说出"人之所以为学,心与理而已矣",将心与理并举呢? 如此一来便不能贯彻心一元的立场,在心与理之间难掩一分一合之迹。在被问到此点时,王阳明回答道:"心即性,性即理,下一'与'字,恐未免为

二。"(《传习录》卷上)

在朱子的格物论中还存在另一个问题,这便是依靠类推来求理。本来类推所依靠的只是将对象由甲转移到乙之际的或然性,而并非基于必然性。因此不同的人可能会做出不同的类推,而若无视此点,认为只要类推下去便一定能够掌握对象之定理,便有将不同的人的判断力视同一律之虞。① 此种对于划一性的信念与不将责任只置于心之上而是形成"心与理"之二元的思维方式其实出于一辙。不管用怎样的华美辞藻来描述心,只要是以其划一性作为前提,心就不可能成为十足的活物。也就是说在朱子学中,并不能确保禅门中的那种心之自由。故而阳明曾批判朱子学云:

> 夫物理不外于吾心。外吾心而求物理,无物理矣;遗物
> 理而求吾心,吾心又何物邪?心之体,性也;性即理也。故有
> 孝亲之心,即有孝之理,无孝亲之心,即无孝之理矣。有忠君
> 之心,即有忠之理,无忠君之心,即无忠之理矣。理岂外于吾
> 心邪?(《传习录》卷中《答人论学书》)

与之前的引文一样,阳明在此处亦指责朱子所说的"人之所以为学,心与理而已矣",认为这种说法会带来心与理相分别的弊害,导致在追求本心之际遗漏事物之理。而在阳明看来,其中原因乃是不知"心即理"(心与理乃是一体)。"心即理"这一口号是与之前所述的、将性作为第一存在的朱子学之"性即理"说相对立的阳明学之标记物。不过在上引阳明之语中,亦有"性即理也"的说法,给人的印象似乎是阳明学中

---

① 胡庐山是最为明确地追究过此问题的人物之一。其云:"儒者必曰一物而穷一理,一理而求一当。方其见一物一理也,则虽有万理万当,而弗之顾也;方其守一理一当也,则虽有非理非当,而弗之恤也。其去至当也,朔越矣。"(《胡子衡斋》卷三,第九叶)

对"心即理"以及"性即理"乃是两者并用。然而从阳明之"心即性"立场来看，"心即理"和"性即理"其实是异语同意。不过若要明确地与朱子学相区别，还是当以"心即理"的说法更为恰当，因为这一说法更能清晰地表露出"理岂外于吾心"的阳明之真意。

另外，上引阳明之语中，还有"有孝亲之心，即有孝之理"的说法。若是站在朱子的立场上来考虑此事，则应当是不管有无孝亲之心，孝之理皆永存。这是因为按照朱子之说，"大抵义理之在天地间，初无泯灭"（《朱子语类》卷五九，第十叶）。如此一来，就算是受到"一分一合之间"的批评，但仍让人抱有朱子学在捍卫理之威严这一点上是否仍要超出阳明学一等的疑问。要回答这一问题，就需要考察两者所说的"理"之本质、特征以及功能之异同。而在此更需注意的是，朱子学在讨论理之际，往往将自然学和伦理学并行考察，而阳明学则只考虑伦理学，对自然学几乎没有关心。朱子学之所以在伦理学之外还包括了自然学的内容，是因为它不仅关注理的内发性，同时亦注目于其客观性和外在性，提出"理一分殊""万物各有一太极"等，超越人类与物类、主观界与客观界的区别而主张理之普遍常在性，认为心亦有必须遵守的先验性的条理。与此相对，将理的形成根据不断向心进行收敛的阳明学则主张"心外无物""外吾心而求物理，无物理矣""万事万物之理不外于吾心"，反复主张心乃是优先于理的实在。这意味着心拥有随时自由地操作、创造出理的权限。朱子学中的先验之理的意识在此被彻底打破。"性即理"从肯定贯通内外、超越个体的理之实在出发，而"心即理"则如所谓"人胸中各有个圣人"（《传习录》卷下）、"良知良能，愚夫愚妇与圣人同"（《传习录》卷中《答人论学书》），将一切都寄托在与圣人同等的心之内发上。在被门人问及"至善只求诸心，恐于天下事理有不能尽"（《传习录》卷上）时，阳明回答说："心即理也。天下又有心外之事，心外之理乎？"（《传习录》卷上）此外，阳明又曾云"理也者,心之条理也。是理也,发之于亲则为孝,发之于君则为忠,发之于朋友则为信。千变万化,至不可穷竭,而莫非发于吾之一心"(《全书》卷八《书诸阳卷》)。如此可以很明显地看出,即便是"心即理"之说,也绝非无视外界之理,而是在与朱子学不同的意义上尊重理之威严,而且其中显然有着个体之自觉的进步。此个体的主人公便是良知:

> 个个人心有仲尼,自将闻见苦遮迷。
>
> 而今指与真头面,只是良知更莫疑。
>
> (《全书》卷二〇《咏良知四首示诸生》其一)

五

良知之"知"并非朱子学所说的"知识"之意。朱子学将"格物致知"解释为"至于事物而穷尽知识",而阳明则将其解释为"正物而发挥良知"。如此一来,对于良知来说,知识起到怎样的作用呢?如果对知识不屑一顾而只是固守良知之营垒的话,那便完全成为了遗弃伦理、沉浸于寂灭虚无的顽空虚静之徒。关于此点,可参照王阳明论良知与见闻之关系的一段话:

> 良知不由见闻而有,而见闻莫非良知之用,故良知不滞于见闻,而亦不离于见闻。……故致良知是学问大头脑,是圣人教人第一义。……大抵学问功夫只要主意头脑是当,若主意头脑专以致良知为事,则凡多闻多见,莫非致良知之功。盖日用之间,见闻酬酢,虽千头万绪,莫非良知之发用流行,除却见闻酬酢,亦无良知可致矣。故只是一事。(《传习录》

卷中《答欧阳崇一》)

王龙溪亦云：

> 夫良知之于知识，争若毫厘，实究千里。同一知也，良知
> 者，不由学虑而得，德性之知，求诸己也。（与此相反）知识
> 者，由学虑而得，闻见之知，资诸外也。（《龙溪集》卷二《书婺
> 源同志会约》)

由此可以说，良知作为心之本体，乃是先天所具有的头脑，而并非游离
于对客观界千变万化之现象的见闻、应对之外的一物。不然的话，良
知将丧失其活力与生机。那么，良知是如何应对客观界的事物，尤其
是如何分辨个别事物之善恶的呢？阳明曾云良知"安可以形象方所
求"(《传习录》卷中《答陆原静书》)，而欧阳南野更进一步对此敷衍云：

> 吾辈今日之学，直当如世上未有言语文字，自己未有许
> 多知识见闻，从洁净心地上专精毕力，由本达枝，自有根心生
> 色、不言而喻之盛。则凡言语文字，莫非实理；知识闻见，莫
> 非实得。（《南野集》卷二《寄季彭山》第二书）

此处所谓"洁净心地"，乃是指彻底清除了以前所习得的各式各样的言
语文字、知识见闻之后的纯粹的境界。若能完全到达这一境界，则语
言文字、知识见闻亦会在改头换面之后获得新生。南野还曾云：

> 夫一念不起，则正念长存。万缘皆空，则万事皆实。此
> 正（程明道所谓）廓然大公、物来顺应之学，良知之本体也。

（《南野集》卷二《答林子仁》）

> 吾人良知，非但不沾恶习，虽善亦未有着处。于此有得，
> 则融化痕迹，削磨觚稜，内不失己，外足以同人。（《南野集》
> 卷三《答周以介》）

似此这般，南野反复教导要彻底扫荡附着在本心之上的尘垢。所谓
"万缘皆空"大概是从佛语中借用而来，而龙溪也曾借用《庄子》的"混
沌"之语而云：

> 须从本原上彻底理会，将无始以来种种嗜好、种种贪著、
> 种种奇特技能、种种凡心习态，全体斩断，令干干净净，从混
> 沌中立根基，自此生天、生地、生大业，方为本来生生真命脉
> 耳。此志既真，然后工夫方有商量处。（《龙溪集》卷二《斗山
> 会语》）

龙溪常常使用"混沌"一词，但此语并非意味着良知之实体的不明确，
而是在连根斩断既有的知识技能、价值观、人生观之后，打下能够面向
天地四方而形成创意的无限之地基之意。这便是所谓的从典要、格套
之中获得解放。

如此一来，是否能够保证人人皆具有此种良知呢？阳明曾基于宋
代程伊川的"学圣人者必观其气象"（《二程全书》卷四一，第一四叶）之
语，如此论述万人皆具有良知一事：

> 圣人气象自是圣人的，我从何处识认？若不就自己良知
> 上真切体认，如以无星之称而权轻重，未开之镜而照妍媸，真

所谓以小人之腹而度君子之心矣。圣人气象何由认得？自
己良知原与圣人一般。若体认得自己良知明白，即圣人气象
不在圣人而在我矣。（《传习录》卷中《答周道通书》）

其实阳明也承认对于常人来说，由于动辄为物欲所遮蔽，遵从良知乃是
相当困难的事情。不过在阳明看来，只要即人情而不断施加事上磨练之
工夫，不令己心为毁誉得失所夺，便终能发挥自己之良知。"虽昏蔽之
极，苟能一念自反，即得本心。"（《龙溪集》卷六《致知议辩》）

用龙溪相比，邹东廓在良知之持续体认上要慎重许多，并将戒慎
恐惧置于工夫之中心，其亦曾云：

良知之精明，人人具足，然而或精明或障蔽，则存乎其
人。学者果能戒慎恐惧，常精常明，而纵横酬酢，无一毫间
断，则即此是善，更何所迁？即此非恶，更何所去？一有自私
用智之障得以间隔之，则须雷厉风飞，迁而改之，如去目中之
尘而复其本体之明，顷刻不能以安，便是实致良知手段。
（《东廓集》卷五《与董生兆时》）

六

此处再度思考之前亦曾讨论过的"格物致知"之意义。对于阳明
来说，"格物致知"乃是致（发挥）良知而正物之谓。正如前文中所述，
良知基于其自律性而具有恢复自身的能力。而亦如之前所论证的，在
良知之转身操作中，被称为旧套、格式等等的既有的规矩准则，以及已
经深入身心的习俗、惯行等等都将失去其依据。此处所发生的，乃是

所谓"平日所谓善者未必是善,所谓未善者却恐正是"(《传习录》卷中《答周道通书》)的价值观、人生观的大转换。那么,经此转换之后,良知是以何种方法来树立起新的规范、法则的呢?若只是万缘皆空,那么便与佛教之空观毫无二致,不可能成为支撑起具体的人伦世界的基础。对于"道之大端易于明白,所谓良知良能,愚夫愚妇可与及者。至于(现实生活中的)节目时变之详,毫厘千里之谬,必待学而后知。……处常处变、过与不及之间,必须讨论是非,以为制(眼前之)事之本,然后心体无蔽,临事无失"之疑问,阳明指出提问者依然囿于学术界历来的思考方式,并进一步论述道:

> 夫良知之于节目时变,犹规矩尺度之于方圆长短也。节目时变之不可预定,犹(事物之)方圆长短之不可胜穷也。……良知诚致,则不可欺以节目时变,而天下之节目时变不可胜应矣。(君所谓)毫厘千里之谬,不于吾心良知一念之微而察之,亦将何所用其学乎?是不以规矩而欲定天下之方圆,不以尺度而欲尽天下之长短。……夫舜之不告而娶,岂舜之前已有不告而娶者为之准则,故舜得以考之何典,问诸何人,而为此邪?抑亦求诸其心一念之良知,权轻重之宜,不得已而为此邪?(《传习录》卷中《答人论学书》)[1]

也就是说良知相当于测量天下事物之方圆长短的规、尺,且正如舜娶妻一

----

[1] 此外还可参照邹东廓之语:"盖惟自致其良知,不狗毁誉,不拘格式,不求声名,为其所为,欲其所欲,无为其所不为,无欲其所不欲,如斯而已矣。后之学者,不知自致其良知以为揆事宰物之本,往往依凭于外,以为前却。……古人之所已行而心所不安,亦摹仿而蹈之矣;心之所安而古人未尝行焉,亦隐忍而弗果矣。呜呼!良知之在人,犹轻重之有权,长短之有度也。"(《东廓集》卷一《赠邵文化》)

事所象征的,良知不受既有的规范、准则之束缚,而完全依凭于每个瞬间的自身之判断。关于良知与规范的关系,王龙溪曾经有过更为明确的论述:

> 良知自有天则,随时酌损,不可得而过也。(《龙溪集》卷三《答中淮吴子问》)

> (格物之)格是天则,良知所本有,有所谓天然格式也。若不在感应上参勘得过、打叠得下,终落悬空,对境终有动处。良知本虚,格物乃实。虚实相生,天则常见,方是真立本也。(《龙溪集》卷九《与聂双江》)

> 良知自有天则,正感正应、不过其则,谓之格物。此事绵密不容紊之节次,恳切不容已之功夫。于此实用其力,不为虚见浮气所胜,方是与物同体之实学。(《龙溪集》卷五《颖宾书院会纪》)

据此处所说,良知作为天然之格式,具有根据对象之轻重厚薄而适当斟酌的心力。历来的典要、规矩、习惯等等都必须在良知之中被洗涤除去。不过在此之际若调节不当,则会有流于游离于现实的抽象论,或是成为只不过是对旧套加以润色的妥协论的危险。要适当地处理虚虚实实的抑扬进退,而只依靠良知本有的天然之格式,会不会过于单调和危险呢?我们知道良知并非游离于现实的一物。然而这是否意味着良知说要求在与朱子学不同的意义上拥有关于客观界之诸事物的知识呢?面对这些问题,有必要对良知在认识对象的每一个瞬间所采用的方法,也就是其工夫的具体情况进行考察。前文中曾引用过"若鄙人所谓致知格物者,致吾心之良知于事事物物也"(《传习录》卷中《答人论学书》)之语。而除了此语外,还有很多类似的言论。若是将"致良知"解释为将良知单方面地强加于认识对象之上,那便会沦为一种独我论。为了避免这种误解,前文中曾将"致"解释为"发挥"之意。那么,发挥良知的具体方法是什么呢? 良知通过发挥自身而打破旧套、开辟新局面,是否说明良知从一开始便包摄了对象,而在此包摄体之中,通过良知之主导而进行了判别之操作呢?

> 格物者,格其心之物也,格其意之物也,格其知之物也;
> 正心者,正其物之心也;诚意者,诚其物之意也;致知者,致其
> 物之知也。此岂有内外彼此之分哉!(《传习录》卷中《答罗
> 整庵少宰书》)

如此语所说,包摄者与被包摄者之间能够自由地进行转换,而这完全是因为良知具有上文所说的包摄性。良知说往往具有对事物之根源加以探究并从根底上对其进行颠覆的一面,因此被保守派视作无视道义名节的危险思想,然而这完全是误解。王龙溪云:

> 吾人不守道义,不畏名节,便是无忌惮之小人。(然而)若于
> 此不得转身法,才为道义名节所拘管,又岂是超脱之学? 尝谓:
> "学而有所忌惮,做不得真小人;为善而近名,做不得真君子。"若
> 真信得良知过时,自生道义,自存名节,独往独来,如珠之走盘,
> 不待拘管,而自不过其则也。(《龙溪集》卷四《过丰城答问》)

通过此处所谓之"转身法",良知体内呈现出了面目一新的风景。随着千变万化之状况的推移,良知之生机无穷无尽地发挥其妙用,正如珠之走盘、鸟之翔空。现在之转身并不就此而固定化,而是引发又一个现在,前

后左右互相呼应,创造出无限的现在。"只是一念良知,彻头彻尾,无始无终,即是前念不灭,后念不生。"(《传习录》卷中《答陆原静书》)阳明又云:"良知无前后,只知得见在的几,便是一了百了。"(《传习录》卷下)

现在之良知刻刻圆满,其执行力、洞察力和包容力没有分毫懈怠而向前行进。如果有分毫之懈怠产生,便如猫之捕鼠一般,在间不容发之际即遭消灭。不过需要注意的是,所谓良知之懈怠、为私意所蔽以及弛缓等异变现象并非由于良知外部的某些事物之干涉、污染或是伤害而产生,而终究只是良知自身之弛缓、怠慢及歪曲。如果在良知之外还存在着能够妨碍良知的恶,那么此种恶如何能够接近良知呢?既然已被良知认定为恶,其便已经作为否定性的要素而被包摄于良知之中了。阳明曾叙此事云:"照心固照也,妄心亦照也。其为物不二,则其生物不息。"(《传习录》卷中《答陆原静书》)之所以如此,则是因为"妄心亦照者,以其本体明觉之自然者,未尝不在于其中,但有所动耳"。(《传习录》卷中《答陆原静书》)虽然亦有人批判阳明此说云"阳明谓妄心亦照,归之无妄无照,则必以虚无落象罔"(《刘子全书》卷四〇《年谱下》六十六岁条注),但阳明之所以说出"妄心亦照",并不是将照心与妄心完全视作同质之物而预设没有真妄之区别的茫漠境地,而是想要强调能够将妄心亦转为照心的良知的力量。能够一直保持这种力量者,其实只是充分维持了上述的现在之良知而已。"只存得此心常见在,便是学。过去未来事,思之何益?徒放心耳。"(《传习录》卷下)对于此种现在沦为单纯的眼前、以欲根不断之状态而挥舞良知大旗的危险性最感忧虑的乃是罗念庵,而王龙溪曾告诫念庵云:

> 但(兄)云"见在良知必待修证,而后可与尧舜相对",尚望兄一默体之。盖不信得当下具足,到底不免有未莹处。欲惩学者不用工夫之病,并其本体而疑之,或亦矫枉之过也。

（《龙溪集》卷十《与罗念庵》）

也就是说，在念庵看来，过度信赖现在之良知乃是不知天高地厚；而与此相反，龙溪认为只有信得当下（现在）之具足，才能够发现欲根之萌芽，若是怀疑良知本体之现前状态，反而可能会招致念庵所担忧的那种丧失发现、消灭欲根之能力的结果。故而龙溪断定"虽万欲沸腾之中，若肯反诸一念良知，其真是真非，炯然未尝不明"（《龙溪集》卷九《答毛治卿》）。关于此良知之本体与工夫的问题，将在其他章节中再加以讨论。

此处再将代表性的朱子学者之一张杨园请出来，听听他对上述的良知格物之说的反驳，以提供一段明确认识到了朱王两家之差异的证言：

> 今之为致知功夫者，多主"良知自有天则"之说，而求其虚静专一，以俟端倪之自见。虽做到极好，不过如无星之秤，无寸之尺而已。虽间有所见，亦只约略近似，而非至当之则。何况往往失之偏枯浅陋，未必足以通天下之志乎？所以不如穷格事物之理，求规矩权衡于古昔先王也。（《杨园全集·备忘四》，第四八叶）

所谓"无星之秤"，究竟是良知说，还是穷理说？这一问题可以说是区分朱王两家的试金石。①

---

① 作为参考，在此举出吴廷翰对阳明格物说的批判："今学谓格物为正物者，此舛说也。夫人方为学之始，知尚未致，何从而知物之正与不正乎？意尚未诚，其为正物，无乃为妄乎？心尚未正，欲以不正之心而正物乎？况其为说曰：'正其知之物也，正其意之物也，正其心之物也，正其身之物也，推其类至于天下国家皆然。'夫一切既以正之矣，然而格物之前，不知曾下何等工夫，而乃能使物之能正如此也。《大学》之教，格物乃用功之始，以次而及致知、诚意、正心、修身，其工夫都在后。如（阳明）正物之说，则必须将致知、诚意、正心、修身一切都在格物之前，然后乃为可通也。"（《吉斋漫录》卷下，第一一叶）吴廷翰是持理气一体论的学者，其思想近年来被认为是比朱子学和阳明学都更进一步。然而需要注意的是，以上所引用的格物论完全停留在朱子学的水平。

第三章　圣人与凡人

一

人皆为成为圣人而修身、树德、积累工夫，但正如所谓"圣希天，贤希圣，士希贤"（《通书·志学章》），成圣之路遥远漫长，其间之工夫充满了困苦。出现在儒教之古典文献中的圣人有种种类型，但不容忽视的是，这些圣人都在长期的历史过程中动辄被偶像化、神圣化，作为凡人难以企及的超能力之持有者而受到尊仰。孟子虽曾云"圣人，人伦之至也"（《孟子·离娄上》），但同时又激励众人云"人皆可以为尧舜"（《孟子·告子下》）。而孟子所最为尊敬的圣人，当然是作为集大成者的孔子。孟子云"可以速而速，可以久而久，可以处而处，可以仕而仕，孔子也。……孔子，圣之时者也"（《孟子·万章下》），对孔子出处进退之自在性和适当性给予了高度的评价。

不过随着后来儒教成为国教，对孔子的神化也与时俱进，圣人与凡人之间的鸿沟逐渐扩大，与众人同行的孔孟之理念也变得稀薄。而从印度传来的佛教则很早就开始提倡圣凡一体、染净不二，尤其是禅学的发展打破了圣的观念，将肉身开悟作为修行的目的。《碧岩录》之第一则中标举达摩"廓然无圣"之语的做法，可以说便在这一意义上具有很强的象征性。在受到佛教界这种趋势之触发后，所谓"新儒学"之中也发生了不再一味地将孔子高置神坛之上,而是将其人格视作凡人亦可以到达的境界的运动,"圣人可学而至"的标语开始重新获得人们的关心。当然在此之际,亦存在着引发所谓"人之性一也,而世之人皆曰'吾何能为圣人',是不自信也,其亦不察乎"(《晁氏客语》,第三一叶)之忠告的现实形势,不过实际上"(二程子)从十四五岁时,便脱然欲学圣人"(《近思录》卷一四)的潮流日益高涨。

那么,孔子对于自己能够到达的究极境界有着怎样的自觉呢? 其在叙述自己生涯之中人格发展的情况之际,最终下了"七十而从心所欲,不逾矩"(《论语·为政》)的断语。朱子解释此语云:

> 从,随也。矩,法度之器,所以为方者也。随其心之所欲,而自不过于法度。(便如《中庸》所云)安而行之,不勉而中也。(《论语集注》)

朱子之门人陈北溪对此又解说云:

> 又积十年之久,至七十,而后从心所欲,不踰矩。至此则心体莹彻,纯是天理,浑为一物。凡日用间,一随吾意欲之所之,皆莫非天理。大用流行,而自不越乎法度之外。声即为律,身即为度,所谓道心常为此身之主,而人心一听命矣。即《中庸》所谓"不勉而中"地位也。(《北溪全集》卷一八,第二七叶)

与此相关联,此处令人想到孟子曾描述自得之境地而说出的"资之深,则取之左右逢其源"(《孟子·离娄下》)之语。对于此语,朱子如此解说:

事事皆要得合道理，取之左右逢其原。到得熟了，自然日
用之间只见许多道理在眼前，东边去也是道理，西边去也是道
理，都自凑合得着，故曰"逢其原"。如水之源流出来，这边也撞
着水，那边也撞着水。（《朱子语类》卷五七，第五叶）

也就是说，成为完人的人，亦即圣人，能够掌握体认道之根源，故而在
任何时间、地点和身份地位之下都能够正确妥当地处理事物，无分寸
之偏差，自由自在地加以施展。以"自由"（或是"自在"）来表现人能够
到达的最高境界的做法，恐怕是兴盛于禅宗。如《顿悟要门》（卷下）中
有"越州有大珠，圆明光透，自在无遮障处也"之语，《临济录》（《示众》
篇）中云"若得真正见解，生死不染，去住自由"。比朱子时代稍微靠前
的圆悟克勤也曾有以下之示教：

信得心及，见得性彻，于日用中无丝毫透漏，全世法即佛
法，全佛法即世法，平等一如。岂有说时便有、不说时便无，
思量时便有、不思量时便无？……直得心心念念照了无遗，
世法、佛法初不间断，则自然纯熟，左右逢原矣。（《圆悟心
要》卷上《示璨上人》）

既能原其心，则有自由分。既有自由分，则不随他去也。
既不随他去，何往而不自得哉？（《圆悟心要》卷下《示蒋待制》）

王门之王龙溪亦曾有以下之语：

若能见性，（因为绝对主体已经确立，故而）不为境缘所
移，到处随缘，缘尽则（不执着不已而）去，去来自由，无所碍

　　滞,如金之离矿,潜藏变化,皆由自得,(不为对境所牵扰而)
　　方成大超脱。(《龙溪集》卷九《与魏水洲》)

据《论语》之记载,孔子随时随地而为后世留下了众多敏锐又感人的金
句、德行。而将这些汇总起来付诸实践、令其发挥效用的根源,则在于
孔子自由从心的领悟。一般来说,提到圣人,往往会想到拥有超人一
般的多能多识的人物。然而阳明否定了这样的看法,认为圣人只是本
体明白、知道天理,而并非对不计其数的名物度数、草木禽兽等尽皆掌
握。据阳明所述,只要会得天理,便自然能够明白各种节文度数。
(《传习录》卷下)

　　当然,这并不是说只要确立起了良知本体,就算不知道客观事物
的规律、构造、由来、轻重等等,也可以凭借一心之直观而适当地加以
处置。故而对于"名物度数,亦须先讲求否"的提问,阳明回答说"人只
要成就自家心体,则用在其中。如养得心体,果有未发之中,自然有发
而中节之和,自然无施不可。苟无是心,虽预先讲得世上许多名物度
数,与己原不相干,只是装缀"(《传习录》卷上)。阳明认为圣人之才力
亦有大小之不同,尧舜为万镒,文王、孔子为九千镒,其间存在差别。
(《传习录》卷上)虽然有人批判此种说法侮辱圣人的尊严,但归结起
来,阳明想要表达的是所谓"所以为圣者,在纯乎天理而不在才力"
(《传习录》卷上),以此对"知识愈广而人欲愈滋,才力愈多而天理愈
蔽"(《传习录》卷上)的世间之现状发起了正面挑战。欧阳南野也曾经
论述良知与政治之间的关系云:

　　夫循其良知,则其于为政也,知利之所当兴,而思所以兴
　　之;弊之所当革,而思所以革之。皆良知之自然也。(《欧阳
　　南野集》卷一《答周陆田》)

二

　　此处让我们再次想起"从心所欲,不逾矩"之语。此语为何不在"从心所欲"这里便结束,而又要在后面加上"不逾矩"呢?这究竟是指"虽然从心所欲,但绝不会越出一定的道理的框架",还是指"从心所欲,便就此能够作为道理而通用"呢?如果是前者,那便意味着在心发动之前,已经设定好了一定的道理的框架。而如果是后者,便意味着从心之运作中自然可以生出道理。两者之间存在着微妙又极为重大的差异。前者是在一定的道理之框架中承认心之自由,而后者则认为心作为不受任何约束的第一义之存在,能够自由地产生理。自由与规范之间的关系自古以来便时常成为伦理学中的问题,而在此处,亦需在如何处理心与理的比重问题上做出重要的抉择。朱子学在承认心为一身之主宰的同时,将侧重点置于充当作为天命而被赋予的理之保管所的性之上,故而可以容易地推测其倾向于前者。而与此相反,认为"义理无定在"(《传习录》卷上)[1]、对心之良知一念的活动寄予万全之信赖的阳明学比较容易倾向于后者,则亦是必然的趋势。朱子"今人要高似圣人"(《朱子语类》卷二一,第一一叶)之语,或许是冲着具有显著后者倾向的禅宗以及陆象山一派而发;而在将圣人与众人在本质上等量齐观的王门之中,果然亦有人提出了"从心者,纵心也。……惟欲(心之所欲)即矩,惟矩即欲,天纵之也"(《龙溪集》卷一四《从心篇寿平泉陆公》)[2]的理解,而对于"豪杰"一语,亦下了颠覆世间常识的定义:

---

[1] 林缉熙亦云:"君子之处事,随时而已。时无刻而不变,故事无刻而不新,不可以预定也。"(《南川冰蘖全集》卷五《与仲与立金宪》,第二〇叶)

[2] 还可参照同书卷三《书累语简端录》。

　　世之所谓豪杰,蹈绳守墨,不敢越尺寸,检点形迹,持循格套,趋避毁誉,不使少有破绽,自信以为完行矣。不知正堕在乡党自好窠臼里,殊不自觉也。若是出世间大豪杰,会须自信本心,以直而动,变化云为,自有天则,无形迹可拘,无格套可泥,无毁誉可顾,不屑屑于绳墨而自无所逾(矩)。(《龙溪集》卷一六《书顾海阳卷》)

对于大豪杰来说,世间所流行的习惯、已经成为常识的规范等等原本便没有任何的约束力,只需径直依据自己之心而行动,便是所谓"不逾矩"。到了王心斋那里,甚至说出"吾身犹矩,天下国家犹方。天下国家不方,还是吾身不方"(《王心斋遗集》卷一,第十叶),将"矩"完全替换为了个人的责任。由此形成了其独特的"淮南格物说",涌现出了"为帝王师"的社会改良意识。东林派的顾宪成在冷静地观察了上述朱王两家的主张后,如此评述各自之短长:

　　所谓矩,乃是个天然恰好的方法,极精粹又极平正,极微奥又极庄严,极周详又极稳帖。……若不明明研究、细细体贴、密密持循、紧紧收摄、绵绵保任,但靠自家意见作主,任自家意气发挥,无乃从心不从矩。于是乎有学("十五而有志于学"之学)。学则一点一滴,俱不容草草抹过矣。然而求之也,未能至之也;即之也,未能安之也。无乃从矩不从心。于是乎学之十五不已而三十,三十不已而四十,四十不已而五十,五十不已而六十,六十不已而七十。阅如是之岁月,苶如是之精神,殚如是之劬劳,历如是之阶级,方才表里精粗、打成一片,从心便是从矩,从矩便是从心。随其所欲,无之而不可耳。(以上考察了从矩与从心的关系,而)说者以为宋儒庶

几不踰矩,而未必其从心所欲;近儒直是从心所欲,而未必其
不踰矩。此评最确。(《虞山商语》卷中,第七叶)

在如上比较了宋学和明学的长短之后,宪成又论述说不可将十五岁以
前的从心与七十岁以后的从心相混同:

> 予亦曰:吾夫子十五以前可谓从心所欲,而未必不踰矩;
> 十五以后可谓不踰矩,而未必从心所欲。从心所欲、不踰矩,
> 即吾夫子,非七十不可。然则近儒之所谓"不思不勉"(《中
> 庸》第十二章),纵其得之,恐只是吾夫子十五前之从心所欲,
> 而以望七十之从心所欲也,正相万里。(以上《虞山商语》卷
> 中,自第七叶以后)

这段话的结语借用了《中庸》的"诚者,不勉而中,不思而得"之语,而此
语乃是对当时一味仰仗良知之本来具足、不致力于充实良知之力量而
沉溺于轻率言论举动者的警告,此点盖无疑问。据邹南皋的以下之语
亦可证明,宪成此言切中了当时之流弊:

> 今世竖子,动辄藉口《中庸》之说。夫《中庸》之说匪不至
> 当,但近世所谓中庸者巧于弥缝,善于依附耳。不肖每云中
> 者正也,非偏倚之谓也。然必择乎中庸而固执之。漫无所
> 择,遽以为当然,此学术之弊,蠹害世道,良不浅鲜。故《中
> 庸》之说未易言也。(《存真集》卷一《答张隆峰总宪》)

之前所引用的王龙溪之言中有"从心者,纵心也"之语,而在南皋看来,
此乃是助长近世之流弊的危险的说法:

> 昔我夫子至七十，曰"从心所欲，不逾矩"。世儒谓"从者，纵也。纵其心，无之非是"。此近世流弊，为吾道蟊贼。门生窃谓矩，方也，从心所欲，圆也。圆不离方，欲不离矩。矩无可考。《大学》曰"絜矩"，絜矩又在老老幼幼长长而天下平。（《存真集》卷一《贺朱老师》）

此处需稍加注意的是，南皋虽然如上所述，针对龙溪极力展开批评，但正如龙溪时时提倡儒佛一体而受到非难，南皋亦曾断言"未知佛，必不能知儒"（《愿学集》卷三《答粤中友》），对于佛教极为宽容。如黄宗羲所云："先生于禅学，亦所不讳。"（《明儒学案》卷二三《邹南皋小传》）也就是说在当时，相较于是否接受佛教关系到儒者之节操这种意识，如何才能够到达左右逢源之境地（按照佛教之说法则是事事无碍之境地）才是最受到关心的问题。而争论主要围绕如何接纳佛教而展开，亦是理所当然的趋势。在这种情况下，如何理解孔子之"从心"成为学术上的课题。在这一问题上，之前所论述的阳明与甘泉的立场之区别也有所凸显。甘泉曾责备阳明学说之过度云：

> 阳明以理障（对理的预设妨碍心之自由活动之意）为惧，故只从心所知。然天理又有何障？此矩亦岂可遽能从心者？（《甘泉集》卷二三，第五五叶）

就算同样提倡"圣人之学，心学也"，对心抱有绝对之信赖者与以心所具有的天理之中正为准据者之间的差别亦表露得极为明显，而这并不只限于上引之例。此种对立同样影响到阳明一派的内部。稳健派的一员邹东廓曾云"矩也者，天然自有之中，而千方万员，率由以出者也。……患在踰之而不能絜之耳。圣门之学，以不逾矩为极功"（《东廓集》卷四《炯然亭记》),认为矩之重要性超过了心。此说亦得到耿天台之支持。(《天台文集》卷一二《广德州祠碑》)天台虽与龙溪交往密切,但其认为世间学者之从心并非从本心,而是从意识、意见、意气,故而其心不可能不逾矩。(《天台文集》卷一九《读慈湖先生语录》)天台还曾以更为强烈的语气慨叹道:"今世言学者,有以矩犹有方、非诣极之旨,欲并其矩而破除之者!"(《天台文集》卷八《诽言》)

三

然而主体在自觉到心之绝对自主性之后,势必要朝着高扬其自信的方向突飞猛进,无视孔子在"十五而有志于学"之后历经孜孜不倦的辛劳而到达更高阶段的过程,一举而只着眼于从心的境界,以至于既无细微之体认又无紧密之持循,只凭自身的意见、意气便以圣人而自居。如此一来,对于过激派,也就是尊崇从心论者的批判运动也必然从四面八方展开。许敬庵曾与私淑龙溪的周海门就无善无恶之对错展开争论,云"文成明睿,学几上达。若夫动不逾矩、循循善诱(《论语》),犹非孔氏家法"(《敬和堂集》卷五《答沈实卿》),表达了对阳明本人的不满。而在敬服阳明心学的同时又选择了更为谦虚的内省之道的吕新吾亦云"孔子七十而后从心,六十九岁未敢从也。众人一生只是从心,从心安得好?圣学战战兢兢,只是降伏一个从字"(《呻吟语·圣贤篇》),认为应当采取慎重的态度。此外,蒋道林曾告诫说"若必谓不迁(怒)不二(过)(《论语》)、不远复(《易经·复卦》)尚隔一层,而径求所谓从心所欲不逾矩,以为无上法门,是则今世高明之士往往堕此,未可以语"(《道林文粹》卷八《简石玉溪》),冯少墟亦曾催促人们加以反省:"夫子从心,是从志学中千磨百炼而来,所以能从心所欲,不逾矩。若放开学字,而曰从心所欲,是纵心也,非从心也。纵心所如,岂有不为耳目口体引去之理？岂有不逾矩？从心、纵心，此吾儒、异端之辨。"(《冯少墟集》卷二，第三四叶)东林的高忠宪欲通过导入阳明学的某些侧面而在朱子学中别开生面，而其提倡如下所述的"逆法"：

> 人生只有理欲二途。自有知识以来，起心动念，俱是人欲。圣人之学，全用逆法。如何为逆法？只从矩，不从心所欲也。("三十而立"之)立者立于此，("四十而不惑"之)不惑者不惑于此。步步顺矩，故步步逆欲。……由此观之，圣凡之判，只在顺逆二字。(《高子遗书》卷四，第二叶)

此处还必须就另一个问题进一步展开思索，即若深究心与矩的关系，则对"从心"所得之成果进行评价的标准究竟在于何处？如果是在一定的规矩的框架之内来考虑此问题，则可以比较容易地做出评价。但如果是持将"从心"解作"纵心"的立场，那么关于成果的有效性，则可能会产生种种议论。根据主体所持有的价值观之不同，对有效性之有无、高低的判断亦有可能会左右摇摆。对于此种苦衷，欧阳南野曾叙述过自己的感想：

> 即方圆以求规矩者，弃内逐外之学。离方圆而得规矩者，虚寂遗物之学。求得规矩，由之以出方圆者，内外二本之学。不离为方圆之际，而圆必不违规、方必不逾矩者，内外动静一贯之学。然此喻犹未也。(《欧阳南野集》卷五《答聂双江》第二书)

比喻在任何情况下都具有局限性，而此处南野之所以云"此喻犹未"，当是因为其意识到了规矩所具有的正常性、一般性与心所具有的自主性、自由性之间的相互整合及相互限定之微妙。宪成在被问到"心与矩，一乎，二乎"之际，回答说"以为二，何得言从心所欲，不踰矩？以为一，何必言从心所欲，不踰矩？非二非一之间，率尔不辞，必受人驳，默体而自得之可也"（《虞山商语》卷中，第五叶），盖是认为此问题之究极在于超越逻辑的体认。

以上考察了阳明学就孔子之一语而卷起的波澜。如果说"夫学贵得之心，求之于心而非也，虽其言之出于孔子，不敢以为是也"（《传习录》卷中《答罗整庵少宰书》）乃是阳明学之大原则，那么在明末涌现的各种四书注解中，围绕以上所讨论的孔子之语，出现了从接近朱子之说的解释到远远偏离朱子意见的说法等各种解说，就是很自然的事情了。以下举出几个在解释"从心"时偏离朱子之说的例子：

> 不惑者，不惑于天知之毫发无疑也。惟至于神明之变化，天即是我，我即是天，所谓遍体乾坤，浑身造化，无适而非天理之流行。左冲右撞，横来直去，息息在良知上滚露，不知所以在己亦然而然。而守与知之不可言，则所谓知天命也。耳顺者，知天命之圆通解脱处也。从心不逾者，知天命之活泼变化处也。（李贽《求古斋说书》论语卷二，第一五叶）

> 从心之所欲而不逾矩，惟形容本觉之妙。……欲与矩一耳。寂然不动，心也。感而遂通，欲也。感而寂、通而不动，不逾矩也。（周海门《四书宗旨》上论，第九叶）

> 耳顺，则一身内外皆此心、皆此矩，化于源头周流。到此则心化而为矩。何处非心？矩化而为心。何处非矩？只此一念之欲，如天地氤氲不息之气，所谓无声无臭者也。（黄太

稗《四书宜照解》上论卷三,第一六叶)①

罗列以上几条后便立刻能够感觉到,对于"从心"的解释逐渐禅化,而向着"大用现前,不存轨则"的境界靠拢。如果彻底沿着此方向前进,则甚至连儒释之辨别、耳顺与从心之区分最终都会消失。此种立场的代表性著作便是张岱所著的《四书遇》。此处引用该书《志学章》的后半部分:

> 圣人履历,从圣人口中吐出,如忆梦中所见,如追旧时所识,有一种自吟自赏、不可名言妙处。王龙溪曰:"耳顺乃六经中未道之语。目有开闭,口有吐纳,鼻有呼吸,惟耳无出入。佛家谓之圆通,顺与逆对,更无好丑拣择矣。"解之极彻。②

此文中的"圆通"之语当是取自《首楞严经》,而其意图归结起来则是将耳根圆通之境地与耳顺、从心相等同。勿读异端之书、勿接近异端的朱子学之戒条亦可称得上是一种矩,然而不逾此矩的朱子学最终却令其思想的生命陷于枯竭。针对这一弱点而出现的良知说虽然曾零碎地指出佛教之偏颇,但并没有像朱子学那样定下严格的戒条。而此事

---

① 译者注:以上三条引文系译者从原书的日文训读转译而来,可能与原文有所出入。

② 作为参考,此处对禅僧吹万广真的耳顺及从心解加以介绍:"全声是性,耳不返闻。全性是声,听即着响。所以才举话头,若聚聋而鼓也。(《楞严经》中)文殊云:'旋汝倒闻机,返闻闻自性。'盖众人只知耳为能闻之根,声为所闻之境,而不知更有闻闻者在焉。故仲尼谓颜渊曰:'若一志,无听之以耳,而听之以心。无听之以心,而听之以气。听止于耳,心止于符。气也者,虚而待物者也。惟道集虚。虚者,心斋也。'(《庄子·人间世》)耳顺之功盖如此。既得是矣,即同观音大士所证之圆通三十二应、十四无畏(《楞严经》),即从心所欲之道理也。古德云:'翠竹黄花非外境,白云明月露全身。头头尽是吾家物,信手拈来不是尘。'此便是不踰矩的说话。"(《一贯别传》卷一)

反过来促成了良知说的多样性的发展，形成了自主、自由的思潮。阳明晚年的书简中云：

> 道一而已。仁者见之谓之仁，知者见之谓之知，释氏之所以为释，老氏之所以为老，百姓日用而不知，皆是道也。宁有二乎？（《全书》卷六《寄邹谦之》第四书）①

四

上文围绕孔子所说的"从心"而对阳明学一派的圣人观进行了概览。那么，对作为初学者的众人，阳明学又是如何看待的呢？一般来说，"圣人"之语适用于士这一阶层的人们，而对于从事于农、工、商者，则通常被看作是没有多少相关的概念。然而王阳明曾云"四民异业而同道"，并认为尊士而贱农、工、商的风习之所以会固定下来，乃是因为"王道熄而学术乖，人失其心，交骛于利以相驱轶，于是始有歆士而卑农，荣宦游而耻工贾。夷考其实，射时罔利有甚焉，特异其名耳"（《全书》卷二五《节庵方公墓表》）。阳明由此而主张四民同义，而"个个人

---

① 对于本节中所述的心学一派将"从心"解释为"纵心"的立场，理学一派以及与理学立场接近者进行了猛烈的抨击。吕晚村云："圣人之学，性天之学也。自古无学心之说。有道心便有人心，故心不可为学也。学所以正此心耳。直指人心，见性为佛，学其所学，非圣人之学也。故凡言心学二字，即是为邪说所惑乱。彼只要归于无善无恶耳。圣人说个从心所欲，重在不逾矩二字。矩者何也？性也，天也，至善也。心于性天合一，方为至善，方是圣学。可知心上而更有在，故谓圣学都在心上，用功夫则可，谓圣学为心学则不可。"（《吕晚村四书语录》卷一四，第八叶）李光地云："从心所欲不踰矩，愚意以为非随心所欲，悉合于道之谓。盖凡人见理既明，心之所欲如此，到行事时有几微未能相应，便是未能从心所欲，而不免于踰矩。在圣人固不应有此，然其检察之密、谦虚之诚，必有独觉而人不及知者。虽其辞益卑，而无害其为圣修之极致也。姑记以俟后之君子。"（《榕村全集·读论语札记·为政篇》）

心有仲尼"正是超越社会阶层的阳明之信念。继承了此种信念的邹东廓云"良知之精明,人人具足"(《东廓集》卷五《与董生兆时》),欧阳南野云"然则农工商贾必有所不能为,……乃遂无格物之功乎"(《南野集》卷四《答王埙斋》)。不过若是良知受到遮蔽而有所弛缓,则必然要产生圣与凡之分别。龙溪云:"见在良知与圣人未尝不同,所不同者,能致与不能致耳。"(《龙溪集》卷四《与狮泉刘子问答》)据此,则不能否定在圣与凡之间存在着对良知之体得情况的差异。不过这终究只是程度上的差别,而并非本质差异。龙溪以步行之譬喻来说明此事:

> 始学之与圣人,只有先后、深浅、生熟之殊,本无二事。只如学步之步与纵步之步,先后阶级,一毫不容自紊。然足之所履,实未尝有异也。(《龙溪集》卷一一《与林益轩》)

客观来看,正如龙溪所说,从初学者到圣人需要经过好几个阶段,此乃实情。孔子自己也坦承其在到达从心之境界之前,经历了志学等不同的阶段。而阳明的圣人观则启示人们,就算没有大力量,只要炼磨良知,再平凡的人也可以成为圣人。通往圣人的入口乃是良知,而成为圣人的保证亦是良知。龙溪云:

> 良知两字,是千圣从入之门,自初学至于成德,只此一路。惟有生熟不同,更无别路可走。良知人人所同具,无间于圣愚。只缘动于意、蔽于欲,包裹盖藏,不肯自悔自改,始或失之。(《龙溪集》卷二《桐川会约》)

初学者与圣人的关系,并非隔着一段斜坡而分别位于起点和终点。阳明学认为圣人之未成熟的形态便是初学者,初学者之成熟形态便是圣人，以圣凡一体之原理为基础。凡人在身处凡位的同时亦立于圣位之上，圣人在身处圣位的同时亦内包着凡位。在这一意义上，必须承认圣位与凡位虽在成熟度上有所区别，但同时又互相圆融。若立于此圆融之门，则一切凡人都呈现出圣人之相。

《传习录》（卷下）中记载了能够确证此点的师徒间的问答。阳明向出游而归的门人王心斋寻问"游何见"，而心斋则回答说"见满街人都是圣人"。阳明则接着说道："你看满街人是圣人，满街人到看你是圣人在。"将满街之人都看成圣人绝非心斋的幻想，也不是狂妄，而正是因为其沉浸在圣凡圆融的境地之中。这既非没有根据地抬高凡人，也不是强行贬低圣人，而是出于摆脱了圣与凡之区别的良知现前之境地。刘念台亦曾云："圣学只是凡夫修尽得凡心，便是圣解。"（《刘子全书》卷二八，第九叶）若是能够像这般圣凡圆融，那么就算反过来说"满街人都是凡人"也无不可吧。唐代的禅宗居士庞蕴曾歌曰："心如境亦如，无实亦无虚。有亦不管，无亦不居。不是圣贤，了事凡夫。"①（《庞蕴语录》卷上）此乃通过禅宗独特的抑扬之法，拂拭圣凡之迹而在凡夫位上欣赏圣凡圆融之风光。不过在上述《传习录》的场面之中，终究还是"满街人都是圣人"的说法能够更有效地唤醒常人之堕眠。属于阳明学一派的杨复所曾如此传达此间消息：

> 盖圣人之学，与愚夫愚妇同其知能（良知良能）。何也？愚夫愚妇通体悉是圣人，无二无别。圣人者若与之有一异焉，则是为之妖怪，为之赘疣，而可无有者也。（《证学篇》卷下《周谦山先生》，第五五叶）

---

① 《大慧书》卷上《答刘宝学》中亦曾引用庞蕴此歌。

阳明之所以看重"满街人都是圣人"之语,乃是因为其将此语视作良知之普遍性和公共性的具体体现。但阳明大概并未预见到将平凡的愚夫愚妇之所作所为径直视作圣人之行事的说法会搅起怎样的波澜。然而当良知不再只是思想之核心,而是与肉身化为一体而被接纳时,圣人亦必然要进入愚夫愚妇的行列之中,与之一起言谈歌咏。而由此再向前进,便会超越抽象的人类平等论的领域,蔑视令人气闷的社会约束(三纲五常等),而找寻到赤身裸体的圣凡一体之像。到此地步,已经是称不上儒教徒的异端了。循着此种思想之路径而出现的李卓吾将上引的《传习录》之语与佛教的一切众生悉皆成佛的思想联系在一起而云:

> 圣人不责人之必能,是以人人皆可以为圣。故阳明先生曰:"满街皆圣人。"佛氏亦曰:"即心即佛,人人是佛。"夫惟人人之皆圣人也,是以圣人无别不容已道理(三纲五常等)可以示人也。故曰:"予欲无言。(《论语·阳货》)"(《焚书》卷一《答耿司寇》)①

虽然在否认上文中的"不容已道理"之先天本具性这一点上,耿天台时常与李卓吾发生对立,但其亦曾对佛典《法华经》中关于常不轻菩萨的部分评论云:

> 夫轻人者,自视轻者也。"人人皆可以为尧舜",惟孟子为能信之。陆象山氏有言曰:"不识一字凡夫,可立地作圣。"

---

① 此外,李卓吾曾云:"夫凡民既与圣人同其学矣,则谓满街皆是圣人,何不可也?"(《焚书》卷四《批下学上达语》)

> 心斋王先生曰:"满街皆圣人。"非谩也,诚见夫天之所以与我
> 者也。(民国刊《天台全书》卷八《员辅编》)

不过,以上之论述皆是在圣人与凡人之圆融观的前提之下才得以成立,并非以圣人与凡人的混同为目标。若非伴有高度的体验,则此种差别极难区分,故而有不少人认为心斋此语过于危险而对其加以指责。在阳明门下持慎重立场的聂双江便照例在给王龙溪的信中说道:"王汝止谓'满街的是圣人'之说,徒以长傲而侮圣也。"(《双江集》卷一一,第三七叶)之前曾引用过的冯少墟亦告诫不可轻提心斋之言:

> 满街皆是圣人,其言甚是警策。第此言是论(圣凡相通
> 之)本体,非论功夫;是论大家,非论自己。若不下功夫而自
> 家便认做圣人,则病狂甚矣。(《冯少墟集》卷一五《答朱平涵
> 同年》)

此外,顾应祥亦云:

> 谓满街都是圣人,不知睹其仪容而知之乎? 听其言论而
> 知之乎? 不过形容人人皆有良知,皆可以为圣人耳。而言之过
> 高,使学者闻之,必曰圣人(不经长期修行也)可一蹴而至,而学
> 问、思辩、戒谨、恐惧之功夫俱可置而弗讲,率天下之人而为大
> 言不惭者,必二子之言夫!(《惜阴录》卷三,第一七叶)

虽然此类批判皆属未能参得阳明与心斋之对话中的活机,但心斋之语自身便蕴含着类似于禅问答的活作略,因而可以想象若是对其有丝毫误解,便会有落入万劫不复之深渊的危险。故而也有意见认为"满街

都是圣人"之语说得惊天动地、令人发狂,因此还是孟子的"人皆可以为尧舜"更为痛快且又平稳。(顾宪成《小心斋札记》卷一二,第二叶)

不过明末的大趋势并没有朝着抹杀、无视王心斋此语的方向发展,反而出现了很多欲充分发挥此语之机锋、探讨应如何做到此点的较为平和的拥护言论。此类人物之一,便是之前曾引用过的耿天台。其在被问到与《论语》(《里仁》篇)中的"一贯"有关的问题之时,如此回答:

> 夫学者无此一悟,如盲瞽人,如麻木人,诚难说话。悟而不学,原非真悟。故曰:"虽得之,必失之矣。"(《论语·卫灵公》)孔子曰:"性相近也,习相远也。"(《论语·阳货》)实悟此体。故曰:"满街皆圣人。"然圣人卒不多见,习相远也。孔子立教,多是令人学。今勤此虚见不学,斯则为蛙蝉耳。(《天台文集》卷五《示里中后生》)

也就是说,天台认为若要在一贯之悟的基础上断言"满街皆圣人",便需像孔子那样经历学之锻炼。而与天台相比,离开说出"满街皆圣人"者的角度,转到此语所发之对象(满街之人)的角度上来发掘此语之涵义的则是刘念台。请看以下之问答:

> 或曰:"阳明先生不云乎?满街之人皆尧舜也。"
>
> 曰:"满街皆尧舜,亦自阳明先生云之耳。若满街之人,贸贸而趋,焉能自认?且无论满街之人,即座中诸友,孰肯憬然以尧舜自认者?彼途之人不知尧舜为何如人,望之以为不可几及而不肯承当,犹名钝汉。此等人尚可拨转,惟退诿之人,明知尧舜人人可为,直自不肯当下承当。此等病根深入

骨髓,正所谓无勇懦夫,终身堕落者也。"(《刘子全书》卷一
三,第一六叶)

此种升座之说法当然并非无用,不过若要换句话来表达阳明和心斋在
交谈之时所会心之事,便当是"不但孔子①是生知,人人是生知"②(邹
南皋《存真集》卷二《答刘君东》)。

五

　　以上通过"满街人都是圣人"之语,考察了良知不分凡、圣而皆是
第一存在一事。然而为了避免过于轻率地理解凡圣之圆融,此处有必
要对良知在凡人之中的存在形态先加以确认。而关于朱子学与阳明
学是否具有连续性的问题,由此亦可以附带获得一条线索。首先,何
以证明人人皆先验性地具有良知? 可试观阳明之语:

　　　　知(=良知)是心之本体,心自然会知(事物之情形)。见
　　父自然知孝,见兄自然知弟,见孺子入井自然知恻隐,此便是
　　良知(之发现)不假外求。若良知之发,更无私意障碍,即所
　　谓"充其恻隐之心,而仁不可胜用矣"。然在常人不能无私意

---

① 译者注:译者查阅《明别集丛刊》中所收十二卷本《邹公存真集》,并未发现此信。而四库
本邹元标《愿学集》卷二中收有题为《答刘君东孝廉》的书信一封,其中有"不但阳明是生
知,人人是生知"之语。此处当是著者之引述有误,但考虑到文意之通畅,仍以"孔子"来
代替"阳明"。

② 清儒应潜斋认为阳明一派以圣人自居,故而从其嘴中说出"满街皆圣人"乃是极为自然的
事情。潜斋云:"阳明之徒有满街皆圣人之说,尤不足怪。弟请略言之。(《论语·述而》
篇中云)子曰:'圣人,吾不得而见之矣。'又曰:'若圣与仁,则吾岂敢。'(据此)圣人,夫子
亦不得而见也,况可使人为之耶? 己且不敢居,况敢以教弟子耶?"(《应潜斋集》卷七《与
秦子宏思书》。译者注:此条引文系译者根据原书日文训读转译,可能与原文有所出入。)

> 障碍(良知之发现),所以须用致知格物(发挥良知以正事物)
> 之功胜私复理。即心之良知更无障碍,得以充塞流行。(《传
> 习录》卷上)

不过,即便良知之先天本具性如此受到强调,为何有人依然陷于凡愚,
而对圣凡一体没有切身之体会呢? 笼罩着现实中的人类与世界的私
意、烦恼、人欲深不可测,欲将其打破而让良知之灵明闪耀的想法是否
是过于无视现实的抽象论呢? 对于此种疑问,阳明曾建议用力于独知
(《传习录》卷上),而欧阳南野则对独知进行了更加详细的说明:

> 伏承手翰。……谓良知无下手得力处,稍得萌芽,又被
> 摧折,而况果是萌芽否耶。此却恐求良知太深,是以自信而
> 复自疑也。良知即是独知,显浅易知,简易易从。盖虽童稚
> 愚蒙,独知未尝不明。虽放僻邪侈,独知未尝不良。虽昏迷
> 蔽昧,独知未尝可以自欺。(如孟子所云)孩提知爱敬,乞人
> 不屑嘑蹴之食,小人见君子而厌然,况学者乎?……故学问
> 之道,惟此知最真最切,不假强为,不待远取,上智下愚,皆可
> 持循。(《欧阳南野集》卷三《答朱芝山》)

如果冷静地加以考察,那么即便不是良知论者,亦能够提倡此种程度
的独知论。故而接下来需更深入一层,对良知与私意、人欲之关系加
以洞察。

主张朱子学与阳明学具有连续性者,首先求之于两者均以"去人
欲存天理"为主旨这一点中。的确,此语亦时常见于阳明一派所留下
的资料之中,有时甚至让人觉得与朱子学的主张几乎没有区别。然而
即便两派都使用同样的表达,亦有必要检验在对天理与人欲的对应方

式、天理及人欲的特征内容等方面是否有所异同。

　　一般来说,天理与人欲具有相反的特征,其对立关系常常被比喻为战斗。天理胜则人欲灭,人欲胜则天理蔽。朱子云:

　　　　人欲云者,正天理之反耳。谓因天理而有人欲,则可;谓
　　人欲亦是天理,则不可。盖天理中本无人欲,惟其流之有差,
　　遂生出人欲来。程子谓:"善恶皆天理。谓之恶者本非恶,但
　　过与不及便如此。"(《文集》卷四〇《答何叔京》,第四二叶。
　　程子之语见《二程全书》卷四〇,第一六叶)

据此说法,虽然天理与人欲是对立关系,但人欲其实是生于天理之过不及。那么天理为何会有过不及? 这乃是因为作为天命而赋予在心中的理被保存在气之中,而气有偏正清浊之别,由此导致理不能完全依照天意而动。朱子回避"心即理"之定义,而以"性即理""心统性情"之定义为常道的理由即在于此。但也正因为如此,朱子发出了"气强理弱"之慨叹,而为保持理之正常状态,亦必须时刻留心理与气之间的平衡。从理堕在气中这一朱子学的立场出发,在理与气之间必须有某种甄别意识发挥作用,在实践中必须保持理优先于气或者说理对气进行诱导的态势。也就是说,朱子学并不谋求理与气的浑然一体之融合,而是将所有人欲、堕落的责任都归之于气:

　　　　问:"气则(对人与物来说皆)有清浊,而理则一同,如
　　何?"曰:"固是如此。理者如一宝珠,在圣贤,则如置在清水
　　中,其辉光自然发见;在愚不肖者,如置在浊水中,须是澄去
　　泥沙,则光方可见。今人所以不见理,合澄去泥沙,此所以须
　　要克治也。至如(人以外之)万物,亦有此理。天何尝不将此

理与他？只为气昏塞，如置宝珠于浊泥中，不复可见。"（《朱子语类》卷一七，第六叶）

其实朱子并非没有使用过"浑然"之语。比如其说过"一理浑然，非有先后"（《朱子语类》卷六八，第七叶），以及"理只是一个浑然底"（《朱子语类》卷九五，第一七叶）。然而前者所述乃是仁义礼智四德之浑然，后者所述则是人与天地的混合无间之状态，均非叙述理与气在个人主体中的浑然一体。理与气不管如何一体化，其间都有一定的界限，绝对不会有"理即气""性即气"的说法。朱子将"论性不论气不备，论气不论性不明"（《二程全书》卷四一，第四〇叶）之语当作金科玉律来信奉，而此种共鸣亦是基于上文所论述的理气关系。然而在阳明那里，此语却被理解为对性气之一体加以证明的导言：

孟子性善，是从本原上说。然性善之端须在气上始见得，若无气亦无可见矣。恻隐、羞恶、辞让、是非即是气。程子谓"论性不论气不备，论气不论性不明"，亦是为学者各认（性或气）一边，只得如此说。若见得自性明白时，气即是性，性即是气，原无性气之可分也。（《传习录》卷中《答周道通书》）

上述的程子之语不仅在朱子学派中，在整个学术界都广为流传，并得到了大量的共鸣。然而关于应如何体得性即气，却有形形色色的不同意见。比如黄宗羲认为养心（性）容易狂澜横溢，而养气则可落实在动作威仪、旦昼呼吸之上，易于持循。（《孟子师说》卷二）而日本的阳明学者东泽泻则就以上所引的阳明之语说道："盖察其意，以气之静为性，以性之动为气。虽未初不一，而又不可辄下即字。商量恐不出于此。然文成之学,以觉悟为则。此等亦只会得则活泼泼,不会得弄精魂。功夫切要,一在见自性三字。"(《泽泻全集》,第六四八叶)泽泻此论当符合阳明之真意。故而在上述程子之语的基础上,阳明又云:"气亦性也,性亦气也,但须认得头脑是当。"(《传习录》卷下)此处所谓之"头脑"正是良知。杨东明云:"阳明曰:'气即理也。'盖气之为理,犹蜜之甘、椒之辛、蘗之苦,本然自性,非有二也。"(《山居功课》卷六,第九叶)

六

如此说来,站在良知的立场上,应当如何理解天理与人欲的关系呢? 首先,阳明曾如此论述良知的基本性质:

> 良知者,心之本体,即前所谓恒照者也。心之本体,无起无不起,虽妄念之发,而良知未尝不在,但人不知存,则有时而或放耳;虽昏塞之极,而良知未尝不明,但人不知察,则有时而或蔽耳。虽有时而或放,其体实未尝不在也,存之而已耳;虽有时而或蔽,其体实未尝不明也,察之而已耳。若(如来信)谓良知亦有起处,则是有时而不在也,非其本体之谓矣。(《传习录》卷中《答陆原静书》)

也就是说良知之本体乃是先天具有,因而常在不变,无所谓起或不起。即便主体有时不能觉察到其存在、有时将其遮蔽,良知本体依然长存而没有丝毫间断。良知是理气身心合一的主体之灵觉,并非只以理作为依存对象;岂止是主体,良知乃是生天生地的"造化的精灵"(《传习录》卷下）。

不过，越是像这样抬高良知的地位和权威，就越是会不可避免地引发一种疑问，即为何会出现良知被遮蔽、压抑的情况。如前文所述，阳明曾对"良知亦有起处"的说法进行批判，认为若是接受这种说法，就意味着良知有时并不存在。有良知才有人类，有良知才有时空，有良知才有万物。因此像"良知从何而来""良知为何会被遮蔽"等疑问，其实都是出于在拥有良知、得益于良知的同时，又不能念念皆发挥良知的焦躁之情。若是没有良知，则终究不会产生这样的疑问。良知是主体的主人公。如果主体没有任何活动的意欲和行动的态势，那么良知也无从发挥自己真正的价值。若是反省到了现在良知没有得到充分的发挥，那么此种反省又是从何而起呢？即便是因他人之告诫而起，有所不足的意识最终还是植根于良知。借用佛典之语，便是"如人因地而倒，因地而起"（李通玄《新华严经论》序）。

按照以上的思路，则可以将良知说中的天理看作是一种自主规范，使得良知所活跃的舞台上各种装置能够按照良知之意愿而布置，而人欲则是良知自身的萎缩现象。在辨别理与气的朱子学中，人欲（恶）产生的原因被归于天与之理堕在有着偏正清浊之分的气之中，而理（性）则存在于堕在之气的范畴之外，故而其绝对真实性能够得到保证。而在阳明学那里，天理与人欲之对立则被归结为作为理气一体之主体的主人公的良知自身之活力如何。如果从之前所论的"性即理"和"心即理"的比较这一观点来看，那么在朱子学中，心被分为性与情，而其中的性作为天理，是绝对不可能生出人欲的，人欲产生的原因在于包围着性的情，因而问题在于统摄性情的心之统摄方式。然而在阳明学中，心并没有被分为性与情，因而所有的责任都由心来一力承担，没有任何逃避责任的方法。因而所谓的"存天理去人欲"在朱子学中，乃是对性（理）安全地加以保管、尽量让情服从性之意；而在阳明学之中,则意味着通过心(良知)之自觉来提高其格调,并防止其委顿。不用说,由前者变为后者之后,主体之责任更加沉重、迫切,正如阳明所谓"去此心之人欲,存吾心之天理"(《传习录》卷上)。换句话说,赋予天理的生杀予夺之权力得到了提高,而通往个人之自由的道路也相应地得以开辟。像这样,"存天理去人欲"之涵义有所不同,因而不可只拘执于表面上文字的一致而轻易地提倡朱子学与阳明学之间具有连续性。心如果不乘载于气之上,生理便无从展开,此乃朱子学方面的主张;而在以心气一体为原则的阳明学中,则不允许存在任何将心与气分离开来的思考方式。

或许有人会怀疑,即便阳明学能够自有地创造出理,但其具体内容终究还是和朱子学一样,只是在五伦五常、忠孝礼节等封建道德之中进行循环而已,并没有带来任何实质性的变化。不过,正如冯少墟所说:

> 近世学者多口实超悟、弁髦规矩,而曰一切无碍,其害道不小。承教独提规矩二字,无令放松,而以小心翼翼为真家法,可谓大有功于吾道矣。(《冯少墟集》卷一五《答邹南皋先生》)

规矩,也就是传统的价值观和人伦观从根基上产生动摇,新旧思想之间产生矛盾,正是因为良知说的出现。在王门的讲会上,四民陆续前来参加,并参加到热烈的问答之中,开始按照各自的身份,以新颖的眼光来重新审视五伦五常等等。因为此种矛盾,到处都产生了新旧思想之间的冲突,以至于给予世间人类已经堕落的印象。在朱子学一方看来,一切都是因王学这一危险思想的传播而起。如此说来,可以很明确地看出朱王两家所谓五伦五常的性质并不完全相同。先不管朱子学者出自感情的谩骂攻击,其实亦有人从学问的角度冷静地对王学进行了批判,而其中之一便是李见罗。据其所说,虽然按照阳明的说法,好像《古本大学》真的可以作为良知心学的正当根据,但若是静下心来阅读《大学》,便能很明显地看出最初之三纲领的归结在于"止善"。而致知则是在此基础之上的作用,以致知为本体是对《大学》的严重误读。见罗由此认定良知本体论完全没有经学上的根据:"孔学以止善为宗,而后儒却主致知;孔学以知本握枢,而后儒却先格物。其差毫厘,其别千里。"(《正学堂稿》卷一四《与薛钦宇书》)①

七

比见罗更为深入阳明心学的内部结构、提出更为精细的问题的是顾宪成。在其看来,宋学为训诂所牵制而沦为耳目口舌之学,阳明为破除此弊而提出一心字,可谓是对病之药。然而在姑且给予评价的同时,宪成又认为"然心是活物,最难把捉",不察其偏全纯驳而一切听之任之是很危险的做法。阳明虽颖悟绝人,但其议论中有不少杜撰之处,而自信过头,没有意识到其所谓"浑然"与圣人不同,只以自身之判断为辨别是非的公案。阳明曾云"心即理",对此宪成亦无异议;然而依后者之见,阳明实在言之太易。孔子七十岁而从心不逾矩,至此方可云"心即理"。在七十岁以前,尚不可以此称之。颜子其心三月不违仁,此时方可云"心即理"。三月之后,即不可如此称之。故而漫曰"心即理",实在是过于轻率。若只依据自身之判断,便是无星之秤、无寸

---

① 可参照见罗之语:"《大学》虽说知止,其命脉在止不在知。《中庸》虽说明善,其归宿在善不在明。故曰'在止于至善'。得一善,则拳拳服膺而勿失之矣,则知止明善之本旨也。若脱却止字,直将知字掣出,与行对说,毫发舛讹,于止地法门天壤廖隔。修为工夫,止为主意,实是透彻孔曾心要,非今杜撰。"(《观我堂稿》卷一一《答谢时从书》)

之尺,以此来称量轻重长短,焉能不出差错?(《泾皋藏稿》卷二,第一八叶。此段文字中有一部分在第一章第二节中亦曾引用。)

如以上所述,阳明学对心过于放任的绝对化招致了宪成的不安和不满。还应想到的是,宪成所谓"无星之秤"云云乃是朱子在批判禅学时常常使用的说法。

在阳明学看来,既然人欲是良知的委顿现象,那么良知之高扬便不可或缺,不可因为害怕其高扬而抑制良知。不但如此,还应当以此为跳板而令良知得以翱翔。王龙溪曾如此表现人欲之顽固以及良知的威力:

> 功利之毒,沦浃于人之心髓,本原潜伏,循习流注,以密制其命,虽豪杰有所不免,非一朝一夕之故矣。于此时而倡为道德之说,何异奏雅乐于郑、卫之墟?亦见其难也矣。所幸灵知之在人心,亘千百年而未尝亡。故利欲沸腾之中,而炯然不容昧者,未尝不存乎其间。譬诸宝鼎之沦于重渊,赤日之蔽于层云,而精华光耀,初未尝有所损污也。(《龙溪集》卷二《道山亭会语》)

此外,龙溪曾将天理及人欲比作佛与魔,对于以世为魔境、以众为魔党而不屑于混迹同尘的想法,则认为其尚以佛和魔相对、并非究竟之意,而提倡魔佛一体:"盖能忘分别(佛与魔)之意,以无心应世,魔即是佛。"(《龙溪集》卷一四《从心篇寿平泉陆公》)的确,人类自无始以来便为气习所缠绕。然而与此同时,良知之灵明也在深处散发着光芒,气习之深适足以印证良知光芒之锐利。如以上所论,阳明学中天理与人欲的关系,与欲以天理来排除人欲的朱子学中完全不同,此点甚为明显。不过自明末至清初,正如所谓"道高一尺,魔高一丈"①之语的流行所示,良知与恶魔之相克不断催生出新的课题,一进一退之间,不仅导致王门之分裂,并且也令风格独特的学者辈出。

　　若在天理人欲为一体、佛即魔这种人类观的基础上更进一步,便意味着各人都可以在拥有个性的同时个个圆成,"大以成大,小以成小,不假外慕,无不具足"(《传习录》卷上)。《论语》(《为政篇》)中有"君子不器"之语,而君子正是应当"坦荡自由"(《龙溪集》卷三《金波晤言》)。"圣人之学心学也"乃是王门中的口号,而这意味着通过良知心学,人们能够超越才能、身份之别而同样获得成为圣人的保证。而之前所讨论的"满街人都是圣人"之语所具有的深意,在此亦能够再次鲜明地得到确认。

---

① 此语常见于明末清初的资料中,而其出典可能是明代前期的禅僧空谷景隆所著《空谷集》卷二中的《破魔歌》。此外,邹南皋曾云"道心浓,魔军长"(《愿学集》卷二《柬周山泉》)。

第四章　顿悟与渐修

一

　　"顿悟""渐修"之语成为中国思想史上之实践论中的重要术语，当是通过被称为唐代华严宗之五祖的宗密对《圆觉经》的解释。所谓顿悟，乃是因前世得闻圆教、熏成圆种，而在今生熏起其宿种，顿时悟到一切众生皆藏真如智慧，烦恼便是菩提涅槃，一切国土之染相本来皆空而无非净土。所谓渐修，是指即便有了以上所述的圆顿之悟，但因对一般人来说，自多劫以来的颠倒忘执已经成为习性，无法顿时灭却，故而需渐进式地学习修行，以契合本性。(《圆觉经大疏钞》卷六上，第三三五叶，《续藏经》本)因此顿悟之悟与渐修所得之悟在内涵上有所区别，前者被称为解悟，而后者则被称为证悟。(《圆觉经大疏钞》卷七上，第三四九叶)宗密以《楞严经》(卷十)中的"理则顿悟，乘悟并销；事非顿除，因次第尽"为其经证，而之所以要像这样对解悟和证悟加以区分，是因为解悟之后虽然能够从长期的迷梦中醒来而明白"当体全真"，但多生之忘执并不容易去除，故而需要以解悟之力而逐渐驱除习气，登十地之阶级而到达证悟之境，从而彻底摆脱梦境。简单地说，即是要通过解悟而由凡位转入圣位(本来之觉性)，再通过渐修来加以巩固，以期确实圆满，从而立于绝对不动之圣位。

像这样将悟分为两个层次的做法在正视人类的弱点、促使人们反省真实之悟何其难得的同时，也是对轻易地言及顿悟、所谓"学道人直下无心，默契而已，拟心即差"（《传心法要》）这种一根筋的悟道论之自负的排斥。然而自将一切都寄托在总该万有之一心上的禅之大道观之，此种将悟分为两层的做法反而是在向初学者切实的向上之心泼冷水，有着令人踌躇于八识田中下一刀之决断之虞。况且宗密所论之渐修的内涵还有可能牵涉于教相佛教所说的诸理论之中，故而顿悟渐修论从最初开始便是一种不可能成为禅之主流的体验。实际上，宗密从其恩师澄观那里继承的菏泽神会之禅风在宗密之后便迅速地趋于衰微。元代学者虞道园云：

> 会之后，圭峰密推会为（继六祖慧能之后的）第七祖，而于（与神会并立的六祖门人怀让的）南岳之传，颇议其任心即修为未尽。然密不一二传，遂不著于世。而让之后为沩仰、为临济，数百年来，衍迤盛大，多济子孙，它宗莫及也。（《道园学古录》卷四七《敕赐黄梅重建五祖禅寺碑》）

对于宗密来说，还有另一个不利因素。那就是其师澄观所传授的菏泽禅之要谛"知之一字，众妙之门"中的"知"字原本是不昧之灵知之意，既非缘境而分别之识，亦非照体而了达之智。尽管如此，按照纯禅的一方对宗密之批判，在其所谓渐修的过程中，此知被误解为并非真知的分别知，而因为有此分别知之存在，人无法获得真正的修证。宋濂云"神会则复流于知解，一去弗返"（《护法录》卷六《释氏护教编后记》），此外退隐之《禅家龟鉴》中所谓"知解二字，佛法之大害。……荷泽神会禅师不得为曹溪（六祖慧能）嫡子者，以此也"，均是就此事而言。故而高峰原妙嘲讽前述之语，而云"知之一字，众祸之门"（《高峰禅要》,第三五七叶,《续藏经》本)。此事虽为佛教界提供了特异之话柄,不过也可以说"众妙之门"若是有所迟滞便会成为"众祸之门",而"众祸之门"亦可转而成为"众妙之门",关键在于掌握其中机轴。无异元来云:"荷泽禅师云:'知之一字,众妙之门。'高峰禅师云:'知之一字,众祸之门。'诸大老敲唱傍提,各具一只眼。"(《无异元来广录》卷一,第五九叶,《续藏经》本)故而如方以智者断定"众妙之门即众祸之门"(《东西均》),周海门在发扬阳明致良知之真意之际对此两门皆加以采纳,而云:"阳明子不得已,以致良知三字为诀,苦心哉其言之矣!知之一字,众妙之门,学无有越于知者。知之一字,众祸之门,知无有妙于良者。千古圣贤,单传此窍,是为本根。"(《东越证学录》卷一六《不隔丝毫序》)不过声称在《大学》之三纲领八条目中当以"止至善"之"止"为基本、比起知来更加尊重止的李见罗曾有如下之说:

> 所谓从本立宗、从止发虑,真孔学之正法眼藏也,而可云鄙浅臆乎? 幸详之。至所云"知之一字,众妙之门",却又云"知之一字,众祸之门",语亦稍激。(《正学堂稿》卷一九《答曾惇吾书》)

对于李见罗来说,相对于止而更加注目于知,且轻易地将知抬高为众妙之门,又轻易地将其贬低为众祸之门的做法,令人难以接受。不管怎样,宗密所留下的顿悟渐修以及"知之一字,众妙之门"这两个题目为明末的思想界添上了浓墨重彩的一笔。请观顾宪成之语:

> 心,活物也,而道心人心辨焉。道心有主,人心无主。有主而活,其活也,天下之至神也,是谓众妙之门。无主而活,其活也,天下之至险也,是谓众祸之门。(《小心斋札记》卷

五,第八叶)

源自宗密的题目在儒教中已经渗透到如此之深。其中"知之一字,众妙之门"之语与良知相结合,在王门中时时得到使用,而顿渐论则在儒、佛两界中都产生了种种的解释。

二

对将一心无限制地膨胀、完全无视细枝末节、对自身宿业之深重完全不加反省,而只靠抓住那灼热的一团来达到究极之解脱的顿悟万能主义来说,宗密的顿渐论可以说指出了其傲慢不逊之处,对无始以来的习气之难以拂拭进行了反省,而主张即便一时进入了解悟之境(立于本来之地基),仍然需要按照顺序仔细搜寻残余的习气,以将其彻底洗净。而阳明学既然与禅同样具备心学之特性,那么其提倡的良知在性质上毫无疑问有着趋向于顿悟主义的一面。站在朱子学者的立场上,便会对阳明的格物致知论做出如下的攻击:

> 有物即有理,物外无理,故格物即所以穷理。有理方有知,理外无知,穷理即所以致知。外物而言理,外理而言知,则流于顿悟,非吾儒之所谓知也。(《困学录集粹》卷八,第六叶)

不过,阳明自身是否曾对顿悟渐修进行过思考呢?当受到友人顾东桥"但恐立说太高,用功太捷,后生师传,影响谬误,未免坠于佛氏明心见性、定慧顿悟之机,无怪闻者见疑"的责难时,阳明回答说:

区区格致诚正之说,是就学者本心日用事为间,体究践履,实地用功,是多少次第、多少积累在,正与空虚顿悟之说相反。(《传习录》卷中《答人论学书》)

只靠顾东桥之责难,还难以作为阳明尤其主张顿悟之根据。不过阳明之格物致知论并非像朱子学所说的那样对分散、个别的理进行积攒,而是将本来混一而无一物的良知确立为超经验的主体,令其对格物致知的情景过程之制定承担起全部的责任,故而将其称为顿悟亦无不可。所谓"良知无前后,只知得见在的几,便是一了百了"(《传习录》卷下),良知之进展乃是在每个瞬间都将过去、现在和未来集中于现在之一机而完成的。关于此事,欧阳南野提出了如下的告诫:

渐修顿悟,理本无二,而悟非可以晓解言也。譬如人在梦中,诸景现前,纷纭杂扰,既觉即景相尽灭,湛然澄寂,如是而后可以言悟。(未清楚地分别梦、觉而)徒事晓解,未有不涉于想象者矣。(《南野集》卷四《答刘华峰》)

所谓"晓解",当是指没有真切之体验作为支撑的似是而非的悟道(近于宗密所谓的"解悟")。悟与修之一致,乃是指所有的修都作为悟自身之流动而获得统御和操控,修乃悟之用,悟乃修之体,其间没有丝毫间隔。然而此种高度的体验绝非任何机根都能够轻易获得。悟之修与为悟之修有所不同。悟之修是悟已经实现之后的自我修炼,而为悟之修则是在尚未能够真切地体认到悟时,为求悟而进行的修。对于初学者,此种差异并不容易区分。然而要是对此差异有丝毫的误解,良知说便会面临崩溃的危机。这是因为此种误解会令人在未见本体、未体得良知的情况下便开始豪言悟修一体、体用一源:

> 来书谓"此心本体,原自与天地上下同流,一着念起,旋为障碍,而本来分量,有未能尽"。诚然诚然。……近时朋友,乃欲于自心体认个上下同流体段,而应用随作,应语随答,任运腾腾,无(自主之)作无往。以是为见本体、为无障碍,恐骎骎流入去玄虚莽荡。(《南野集》卷四《答王新甫督学》)

这正与在以顿悟为主的禅宗中流行野狐禅、盲暗禅的现象相似。故而明末的禅僧天然函昰亦曾将主张高蹈的顿悟而提出不可在意烦恼气习、若是有意去除烦恼气习反而是认贼为子的晦堂之说与前述的坚持重视多生习气之细微流注的圭峰宗密之说进行了比较,而训诫云:"以二老较之,则晦堂为宗,而圭峰为趣。众生根器高下不齐,苟废圭峰之说,则有执一切现成,反认虚妄以为真实。"(《庐山天然语录》卷一一,第一一叶)

在阳明学中,悟与修的关系之所以会引发白热化的议论,其中的一大契机当推王龙溪所提倡的良知现成论。而此说之源泉则在于之前引用的"良知无前后,只知得见在的几,便是一了百了"(《传习录》卷下)、"只存得此心常见在,便是学"(《传习录》卷下)等阳明之语。黄宗羲在比较了王门两大弟子王龙溪与钱绪山之后,认为当以绪山之学问为正统:

> 龙溪从见在悟其变动不居之体,先生(绪山)只于事物上实心磨炼。故先生之彻悟不如龙溪,龙溪之修持不如先生。乃龙溪竟入于禅,而先生不失儒者之矩矱。(《明儒学案·浙中学案一》"钱绪山"条)

然而，即便是钱绪山亦有过关注良知之现在性的言论：

> 格物之学，实良知见在工夫。先儒所谓"过去未来，徒放
> 心耳"。（与此相比）见在工夫，时行时止，时默时语，念念精
> 明，毫厘不放，此即行著习察（《孟子·尽心上》）、实地格物之
> 功也。于此体当切实，着衣吃饭，即是尽心至命之功。（《明
> 儒学案·浙中学案一》"钱绪山"条）

最后的"着衣吃饭"当是在模仿诸如"除却着衣吃饭、屙屎送尿，更有什
么事"（《景德传灯录》卷一九"云门文偃"条）之类的禅语。像这样，圣
凡一体、真妄一如之一心在日常之中经受种种盘根错节的阻碍而推进
工夫，到达究极之境地后，修被完全吸收到悟之中，悟则生杀自在地操
控着修，修悟一体的良知独用的世界便即时展开。这一世界中根绝了
所有的人为，无向上亦无向下，无圣亦无凡，无主亦无客，无未发亦无
已发，无动亦无静，而只有生生之天机无穷无尽地运转变化。此处可
引用龙溪之主张：

> 良知是天然灵窍，时时从天机运转。变化云为，自有天
> 则。（如程子《识仁篇》中所说）不须防检，不须穷索。何尝照
> 管得，又何尝不照管得。吾人不守道义、不畏名节，便是无忌
> 惮之小人。若于此不得转身法，才为道义名节所拘管，又岂
> 是超脱之学？……若真信得良知过时，自生道义，自存名节。
> 独往独来，如珠之走盘。不待拘管，而自不过其则也。（《龙
> 溪集》卷四《过丰城答问》）

所谓"转身法"，即相当于佛教中的"转迷开悟之法"。龙溪由此而就生

死界头示教云"即见在一念,便可取证"(《龙溪集》卷七《南游会纪》),又以现在良知之说为阳明之遗言:"先师提出良知二字,正指见在而言。见在良知与圣人未尝不同。"(《龙溪集》卷四《与狮泉刘子问答》)

据龙溪所说,阳明有解悟、证悟、彻悟这三种(三阶段)入悟之教法。由知解所得者为解悟,由静坐所得者为证悟,而忘言忘境、触处逢源、愈摇荡愈凝寂者为彻悟。解悟不离言语之表现,证悟有待于对境,乃是通过人事之练习所得,均不及彻悟(《龙溪集》卷一六《留别霓川漫语》)。① 此外,龙溪在《悟说》(《龙溪集》卷一七)中亦阐述过同样的旨趣,并将此入悟之三阶段对应到阳明的生涯之中,而云"先师(阳明)之学,其始亦从言而入,已而从静中取证,及居夷处困,动忍增益,其悟始彻。一切经纶变化,皆悟后之绪余也"。这与其说是龙溪借阳明之力而对自己的立场加以正当化,更应当看作是在陈述自其立场上所见的恩师之良知说成熟的过程。自良知说诞生之时起,良知现成论便已具备了能最终进展到如此地步的性质。欧阳南野所谓"良知不得彻悟,纵有格致功夫,终是影响"(《南野集》卷三《答吴苏山》),正可作为此事之一证。②

三

包括"彻悟"之语在内,将入悟之过程分为三个阶段的做法无疑是从禅门借用而来。龙溪曾与王门之中的沙门玉芝法聚③合

---

① 译者注:观龙溪之原文,当是以彻悟为通过人事练习所得,著者之理解似有误。
② 可参照以下南野之语:"学无巧法,惟是此心当体即真,纤尘不染,不由解悟,不待思惟,真如赤子之初,然后种种色色,莫非真觉,莫非实用。却愧从前浮想,认假为真。"(《南野集》卷三《答陈明水》)
③ 关于玉芝法聚,可参看拙著《明代思想研究》中所收的《禅僧玉芝法聚と阳明学派》一文。

作，为刊刻白沙之方外友无相太虚①所著的《法华大意》出力（参见
《龙溪集》卷十五《法华大意题辞》），此书之中曾如此使用"彻悟"
之语：

> （《法华经·方便品》中所见之）"本末究竟"者，一切目前
> 万法，一一皆有根本终穷，一一皆有穷尽实际（真实存在之样
> 态）。如目前卓子、香炉，乃至松树、桃树、人物等类，不能穷
> 尽实际，不足谓之格物。不能究尽根本，不足谓之参禅，亦不
> 谓之彻悟，亦不足谓之致知。致知彻悟，则目前卓子、香炉、
> 松树、人物，无不能格，无不能参其本末究竟者也。（《法华大
> 意》卷上，第三六三叶，《续藏经》本）

虽然无相生活在王阳明提出良知说以前，但上文所见的其对格物致知
的理解几乎已经完全禅化，故而能够打动龙溪的心弦。不管怎样，与
彻悟合体的良知现成论乃是最为究极的良知说。

龙溪云：

> 夫今心为念，念者见在心也。吾人终日应酬，不离见在。
> 千绪万端，皆此一念为之主宰。念归于一，精神自不至流散。
> 如马之有辔领，操纵缓急，自中其节也；如水之有源，其出无
> 穷也。圣狂之分无他，只在一念克与妄之间而已。一念明
> 定，便是缉熙之学。一念者，无念也，即念而离念也。故君子
> 之学，以无念为宗。然此非见解所能臆测、气魄所能承当，须

---

① 关于无相太虚，可参看拙著《明代思想研究》中所收的《陳白沙と太虚法師》一文。密
藏之《藏逸经书》中以《法华大意》为法舟道济之俗弟子太虚居士所著，误。

时时从一念入微处归根反证。(《龙溪集》卷一五《趋庭谩语付应斌儿》)

又云：

> 吾人欲直下承当,更无巧法。惟须从心悟入,从身发挥,不在凡情里营窠臼,不在意见里寻途辙,只在一念独知处默默改过,彻底扫荡,彻底超脱。(《龙溪集》卷九《答季彭山龙惕书》)

从这些流畅阔达的文章之中,能够看出龙溪在将良知的力量发挥到最大限度的同时,在其彻悟的背后也安排了对俗尘妄想的彻底扫荡,绝不是在传授单纯的自我满足。在王门之中,龙溪大概是对佛魔一体、真妄一如理解得最为透彻的人物。[1] 而正因为如此,龙溪也应该十分清楚现在一念如果有瞬间的迟缓,便会导致由佛而堕入魔、由天而堕入地狱。当时终究还是有人看穿了龙溪的苦心,而不吝赞叹之声。此人便是文豪王世贞：

> 阳明先生于中点出醍醐,然服之既久,仍以为酪。自翁再一点破,使人咽喉间作甘露快。(《弇州山人续稿》卷二〇三《答王龙溪》)

而被称为明末最大异端思想家的李贽则比较了当时最为风靡的禅宗

---

[1] 杨复所云："此老(指龙溪)乃实修之士,其修也过于其所悟。"(《家藏文集》卷七《与邹南皋丈》)

大慧宗杲（参照后章所论）之语录与王龙溪的文集，并云：

> 世间讲学诸书，明快透髓，自古至今未有如龙溪先生者。
> 弟旧收得颇全，今俱为人取去。诸朋友中读经既难，读大慧
> 《法语》又难，惟读龙溪先生书无不喜者。以此知先生之功在
> 天下后世不浅矣。（《焚书》卷二《复焦弱侯》）

此外，李贽还云龙溪之文集"字字皆解脱门"（《焚书》卷二《复焦弱侯》）。能够从李贽这个反抗传统、痛骂儒家，甚至不惧与政治权力正面对抗的毫无忌惮的人物那里获得至高的称赞，说明良知说本身便具有打破现状、令心绪一新的本质。自王阳明提倡此说之初开始，良知说便拒绝被束缚在一定的规矩之内，防范依凭于既有价值观的做法。与此同时，王阳明屡立战功，为社会带来了安宁，这足以作为其思想能够适应时代的证明而吸引人们的关心。且阳明自身亦曾反对用激进的方法来推行社会改革，而主张留有余地的渐进论："京师近来事体如何？君子道长，则小人道消。疾病既除，则元气亦当自复。但欲除疾病而攻治太厉，则亦足以耗其元气。药石之施，亦不可不以渐也。"（《全书》卷二一《与黄宗贤》第三书）

然而龙溪的良知现成论与后述的无善无恶论合体之后，开始不拘于格套、不检点形迹、无视规矩、不顾毁誉，力图打破绳墨，而欲从混沌之无中开拓出生机活泼的真血脉之路。能够说出"吾人在世，所保者名节，所重者道谊。（然而）若为名节所管摄、道谊所拘持，便非天游，便非独往独来大豪杰"（《龙溪集》卷一二《与魏敬吾》）这种话，必然要求对支撑现实秩序的道义感进行重构。李卓吾的着眼点亦在于此处。如此一来，遭受承袭朱子学的稳健派的攻击自不待言，就连王门内部也不免出现指责其出格的声音。而这些批评中共通的，便是对良知现

成论在没有任何习练、缺乏深切体认的情况下自认为是大豪杰,主张随心所欲地打烂规矩而前进乃是天然之自由的做法的忧虑。身处龙溪门下但后来转为稳健派的张阳和云:

> 近世谈学者或不然,但知良知之本来具足、本来圆通,窥见影响,便以为欛柄在手,而不复知有戒慎恐惧之功。以嗜欲为天机,以情识为智慧,自以为寂然不动而妄动愈多,自以为廓然无我而有我愈固,甚至于名检荡然而良心尽丧。孔门之所谓仁、阳明之所谓良知,果若是乎?(《不二斋文轩》卷三《寄查毅斋》)

王门的罗念庵也做出如下的声讨:

> 世间那有现成良知?良知非万死工夫断不能生也,不是现成可得。今人误将良知作现成看,不知下致良知工夫,奔放驰逐,无有止息。茫荡一生,有何成就?谚云:"现钱易使(手上的钱很快就会花光)。"(《念庵集》卷八《松原晤语》)

像这样,产生了将阳明与龙溪进行区分的说法。高忠宪云"良知何尝误龙溪,龙溪误良知耳"(《高子遗书》卷五,第二四叶),而公安之袁中道则做出了高下之分:"龙溪、近溪将最上一乘十分泄漏,亦是一病。阳明却不如此。"(《珂雪斋外集》卷一二,第一五叶)而在保守的三教合一论者管东溟周围,甚至有人怀着赤裸裸的憎恶而发出了以下的呼喊:

> 阳明标致良知之目,大洗支离之宿障,极快人心。仅一

传，而王汝中（龙溪）诸人公然悖其师说，贼仁贼义，不律不禅，如禅门中之阐提，几殆可杀，其流祸迄今未已。晓晓然此倡彼和，终日拨弄精魂、一切落空，如蒸砂之不可饭、琢砖之不可针，而于自性之实际处，曾无一悟。①（《酬咨续录》卷三《候刘大廷尉芝阳旧公祖道丈》附录《周念庭柬书》）

像这样，龙溪之高言导致对阳明学派的批评愈发激化。

四

如以上所述，良知现成论对明末的思想界造成了极大的冲击，不过龙溪自身并非只依靠此论来普及良知之说。中国的思想大抵都考虑到开悟与机根之间的关系，既有只为上根之人立论的做法，也有考虑到中下根之人的不足而立论的时候。因此著名的《天泉证道纪》（《龙溪集》卷一，后章中将详述）中亦云"但吾人凡心未了，虽已得悟，不妨随时用渐修工夫。不如此，不足以超凡入圣"。由此龙溪又进一步说道"智虽顿悟，行则渐修，……悟有顿渐，修亦有顿渐。着一渐字，固是放宽；着一顿字，亦是期必。放宽便近于忘，期必又近于助"（《龙溪集》卷一二《答程方峰》），认为通过顿渐之相互结合的种种形态，可以将不同的机根都吸收到良知之中：

> 人之根器不同，功夫难易亦因以异。从先天立根，则动无不善，见解嗜欲自无所容，而致知之功易。从后天立根，则不免有世情之杂，生灭牵扰，未易消融，而致知之功难。势使

---

① 译者注：此段文字系译者由原书中的日文训读转译而来，与原文的字句可能有所出入。

然也。(《龙溪集》卷一六《陆五台赠言》)①

初学者与圣人之间只有先后、深浅、生熟之别,两者其实是行走在同一条道路上。学步之步与纵步之步虽有不容混淆的优劣之分,但两者均是脚踩大地,此点没有任何区别(《龙溪集》卷一一《与林益轩》)。阳明曾云"良知之说从百死千难中得来"(《年谱》五十岁条),而龙溪则如此阐述此语之背景:

> 先师所谓良知是万死一生中体究出来,多少积累在。若谓良知无功夫,是未悟致知者也。良知是先天,致良知是后天奉天时之指诀。世人看得良知太易,又谓良知不足以尽天下之变,必假闻见以助发之。是疑目不足以尽天下之色,耳不足以尽天下之声,必假青黄清浊以为之准,聪明之用反为所蔽,其不至于聋聩者几希。此同异毫厘之辨,(颜)回、赐(子贡)之学所由以分也。(《龙溪集》卷一六《赵望云别言》)

按照以上所述,在到达现在良知的完全形态之前,必须经历在生死关头死而复生这般炽烈严格的工夫,良知说之首倡者阳明的经历便是典

---

① 罗念庵云:"圣贤岂不知教人之法哉?盖能与不能在人,而学问源头,则亦有不可混失者矣。"(《念庵集》卷二《寄曾梅台》)吕泾野对良知说原本就未必抱有好感,而其对于将良知说应用于每一个人的做法似亦感到忧虑:"何廷仁言:'阳明子以良知教人,于学者甚有益。'先生曰:'此是浑沦的说话。若圣人教人则不如是。人之资质有高下,工夫有生熟,学问有浅深,不可概以此语之。是以圣人教人,或因人病处说,或因人不足处说,或因人学术有偏处说,未尝执定一言。至于立成法、诏后世,则曰'格物致知'、'博学于文,约之以礼'。盖浑沦之言可以立法,不可因人而施。"(《泾野子内篇》卷一三,第二叶)

型。① 本然之良知为何会被遮蔽？这是因为人们不知生意之根源所在，不到本来之基体中寻求归结，而只向外驰求，故而意气愈盛，知解便愈烦琐，格套愈多，本来之生机便愈是窒塞，纵使功业掀天、文才盖世，也只不过是采摘枝叶的伎俩，与清明之根本没有分毫交涉（《龙溪集》卷一二《与宛陵会中诸友》）。反过来说，舍弃知解、脱离格套，防止心的分散化并复归于本来生机之根源，乃是最为紧要的事情。所谓生机，乃是指心所天然具有的自主之活机。良知乃是不容已之生机，因此当然伴有自由自在的行动意欲以及对其结果的自负、自信之念。龙溪虽然根据机根之高下而为良知之现成态引入了渐修的过程，但在主体具有本来之生机这一先验前提上则不可能有丝毫的让步。对这一先验前提的自觉便是证悟，在获得解悟之后，便必须向着彻悟前进。不过正如高忠宪所谓"悟前妄为主，见真体固难；悟后真为主，消妄想更不易"（《高子遗书》卷八上《答罗匡湖》），悟作为悟而实现自我充足的道路并不总是一帆风顺。如前文所提到的，在朱子学中有尽量避免提及"悟"的倾向，而其理由之一便是"悟"具有禅宗中所见的那种玩弄精神来应对事物的色彩，会导致人们轻视深潜缜密的格物致知。朱子学的格物致知乃是不断积累对一事一物之理的探求，可以说其追求的是以理为前提的个别判断的连锁。然而阳明学的格物论要求首先觉悟到天真的良知，再以此良知的灵明来规范主客一体的行为之场域，故而其不承认理的先导，而是对生机进行整体性、包括性的发挥。因此通过悟做出的的判断并非个别性的，而是整体性的。由此说来，就算将朱子学称作渐修之学，阳明学中的渐修之意味也与其完全不同。如果因为朱子学和阳明学都斥责禅悟空虚无实，而认为两者至少在渐

---

① 高忠宪云："王文成曰：'吾良知二字，从万死一生得来。'其致知之功何如乎？其所经历体验处，皆穷至物理处也。身由程朱之途，口驳末学之弊，犹之可也。学文成者，口袭其到家之语，身不由其经历之途，良知从何得来？"（《高子遗书》卷二，第三叶）

修这一点上具有共通性,这是完全错误的看法。相对于个别判断之缺乏全体生机的魄力,整体判断没有对心、意、知、物进行区分的余地,因而能够保持全体应现的姿态。在悟境之中,不管多么微小的个别判断都是在整体活动,并且在整体活动的同时解决个别判断。也就是说,作为根源之统一体的良知不论精粗大小,均以无限之节律来对应,而不会损害到自身的整体统一性。部分即全体,全体即部分。故而阳明云:"一节之知即全体之知,全体之知即一节之知,总是一个本体。"(《传习录》卷下)

王龙溪亦曾云"将全体精神打并归一,时时惟以寡欲去蔽为事,蔽障愈辟,神明愈显。从此悟入,一得永得,更有何事"(《龙溪集》卷九《答茅治卿》),以及"弟于良知两字,实未致得尽,尚有许多疏漏在。果能觌体承当,便须一了百了,尚何彼此分别之有"(《龙溪集》卷十《答谭二华》)等等,频繁地展开应用一即一切的理论,而这几乎可以说是王门中的共同现象。龙溪述阳明最晚年之悟境云:

> 既悟之后,则内外一矣,万感万应,皆从一生,兢业保任,不离于一。晚年造履,益就融释,即一为万,即万为一,无一无万,而一亦忘矣。(《龙溪集》卷二《滁阳会语》)

其中将阳明描写为已经穷尽了对一即多之体认。朱子学中虽然也时常引用"一月普现一切水,一切水月一月摄"(《证道歌》)之禅语,但这只是为了浅显地说明理一分殊之状态所做的比喻,并不意味着一即一切的理论构成了朱子学的核心。

如以上所述,虽然龙溪之论旨并非只局限于现成论,但总的来说,其为了说明现成良知的效用而花费了大量口舌,而对于到达现成良知之过程中的人性弱点之追究则不可避免地有趋于简略之嫌。故而如之前所云,龙溪遭受了需承担"误阳明"之责任的批判。然而所谓悟并非成立于遵循秩序的体验及逻辑之上,而是通过某种超越性、直观性而获得,故而必然具有超越言诠的特性,其内容亦没有共通的评价标准。故而高忠宪曾告诫世人不可轻言悟:"悟者,虚灵之偶彻,本体之暂现也。习心难忘,本真易昧,故非真修不足以实真悟。"(《高子遗书》卷八上《与刘云峤》)孟云浦曾论述龙溪一派的学说如何陷世间于混乱云:

> 慨自顿悟超识、不由阶级之说兴,而世依凭虚见为实际,忽于躬行多矣。甚者大庚典刑,使天下目圣学为赘疣。此岂圣学使然? 良由其人原无真为圣人之志,直假以济其私耳。……学者正不宜藉口圆融,以为有道之诛,只宜随吾职之所及、分之所在,利害死生以之。如此,然后谓之立得脚跟定。(《孟云浦集》卷一《答杨晋庵》)

聂双江一度赞同罗念庵的学说,但最终形成了比念庵更为稳健静寂的学风。而双江亦曾经以禅为例,抨击当世学者之放纵云:

> 世之学者乐放肆而恶拘检,喜顿悟而鄙积渐,至有倡言戒谨恐惧为不见本体之学。引禅家指授,谓只论见性、不论禅定解脱,而以戒惧为禅定解脱第二义。自误可也,以之误人,可乎?(《双江集》卷一四《困辩录·辩过》)

双江在此处以禅之艰难修行为例,并不只是出于其个人的关心。在当时,佛教正逐渐进入复兴期,这一点从王龙溪的会语中尤其可以明确地看出。而通过与佛教的知识、体验进行比较,双江对欲满足于轻易之悟的儒家发出了强烈的警告。前文中介绍了龙溪曾协助刊刻无相太虚的《法华大意》一事，而湛甘泉则指出龙溪在其讲说中时常引用佛教之法义（参照《湛甘泉集》卷二三，第三四叶）。刘念台就此点而提出告诫云：

> 阳明先生未尝不涉足二氏，而其后亦公然诋之，且援子静（陆象山）为非禅，则必有独觉禅之为谬者。而后人（指龙溪）辄欲（以良知）范围（儒释道）三教，以谈良知之学，恐亦非（阳明）先生之心矣。（《刘子全书》卷一九《与王弘台年友》）

上文中的"范围三教"明显是引用自"大抵我师良知两字，万劫不坏之元神，范围三教大总持"（《龙溪集》卷九《与魏水洲》）之龙溪之语。而在儒学与异学相对立的传统仍然很浓厚的儒教界，龙溪将良知之性质定义为不但是三教并存，而且是包容三教的做法导致儒教界对其的排斥愈发强烈。不过需要注意的是，龙溪绝非无条件地认为三教之教义相同，而是提出站在良知这一人类之原点上，由此出发而打破既成的价值观、人类观和社会观，并建立起独自的世界观之际，从儒、释、道三者之中均可去寻找素材。简单地说，即是要将历来局限于狭隘的辟异意识的主体从教理中解放出来，为其开辟自由地定位自身的道路。作为心学的良知说若是忠实于自身而不断深入探求其本质，最终必然要自觉到自身具有脱儒教的性质。这可以说是为了使长年为官方朱子学所歪曲的人性正常化而提出的重要路径。明末之所以连续出现重量级的三教一致论者（林兆恩、颜茂猷、管东溟、杜文焕、袁了凡等），在思想界刮起一股旋风，在很大程度上亦是拜龙溪这一大胆的言论所赐。没有意识到将心性深化至此乃是通往真正自由之路的儒者肆口咒骂龙溪在思想上缺乏节操，然而同时也有一些人表达了对龙溪之赞同：

三教有不同，三家学一个心性。（唐一庵《木钟台集》第
五册《积承录》，第九叶）

儒以名教也，为陈其理。佛以空教也，为释其念。老以
虚教也，为柔其气。凡得其一，必兼其两。而三者并陈于世，
天之爱民也。（杨复所《家藏文集》卷四《书与甸南许子》）

一句无义语，时时提起，即是念念放下之妙诀也。愚近
日依而行之，深信舍此无法，亦甚觉省力。此是三教中了心
性的第一神丹，一超直入的秘旨。（陶石篑《歇庵集》卷一五
《与我明弟》）

诸家之中，袁了凡便曾云"盖宋人尚议论、主异同，其同于己者，必援而
升之，而其不同于己者，必挤之于深渊"①（《两行斋集》卷一《王伦
论》），明确地指出了拘执于冷彻的理意识的宋儒在思想上的偏狭所带
来的弊害。

五

依照用法之不同，良知现成论的确既可杀人，亦可活人。若要不
令其成为杀人的武器，便也只有尊重渐修式的自觉。曾经严肃指出这
一点的是罗念庵。其在与龙溪会面之际坦承自己"欲根种种未断"
（《念庵集》卷五《冬游记》，第三叶），而作为印证，又引述了湛甘泉的
"自有知来，欲即相染，岁复一岁，已成深痼。而今无有顿去法，亦须渐

---

① 译者注：此段文字系译者由原书中的日文训读转译而来，可能与原文有所出入。

次岁减一岁耳"之语,其又向龙溪说道:

> 夫本体与工夫固当合一,原头与见在终难尽同。弟平日
> 持原头本体之见解,遂一任知觉之流行,而于见在工夫之持
> 行,不识渊寂之归宿。……夫工夫与至极处,未可并论。何
> 也?"操存舍亡"(《孟子·告子上》),夫子固已言之,非吾辈
> 可以顷刻尝试,遂自谓已得也。……今之解良知者曰:"知无
> 不良者也,欲致良知,即不可少有加于良知之外。"此其为说,
> 亦何尝不为精义?但不知几微倏忽之际,便落见解。知果无
> 不良矣,有不良者,果孰为之? ……人品不齐,工力不等,未
> 可尽以(良知)解缚语,增它人之纵肆也。……乃知致良知之
> "致"字,是先圣吃紧为人语。(《念庵集》卷三《答王龙溪》)

也就是说,在念庵看来,良知现成论过于轻率地认为良知基体可以现
前成就,因而信赖并非自良知流出的表面知觉之流动,只关注眼前之
流动,而忽视了端居于静寂之中的根源之地。由此可能会导致已经到
达顶峰的自大自满横行无忌,而良知—工夫—良知—工夫之本体与工
夫间的关联操作被付之等闲。故而念庵才"自冬至后即屏坐一室,更
不见诸宾客,亦欲收拾精神,了自家一心"(《念庵集》卷四《与泉口果斋
侄》),一心沉潜于工夫。其所谓的"寂"并不只是单纯的静寂、虚寂,此
点从高忠宪读过相关记述后所发出的以下之感叹亦可推察:

> 其学大要以收摄保聚(将心收缩于一点而加以保持)为
> 主,而及其至也,盖见夫离寂之感非真感,离感之寂非真寂,
> 已合寂感而一之。至其取予之严、立朝之范,又正阳明门人
> 对病之药也。(《高子遗书》卷十《三时记》,第三八叶)

耿天台亦云：

> 念庵文沉着浑厚，读之有余味，诚可以消鄙薄。此其所
> 养之厚致然。(《天台文集》卷三《与胡庐山》第九书)

此外，其至连厌恶王学的于孔兼都曾云：

> 近读罗念庵集，有"一室之中，便可了得天下万物"之句。
> 初未其解，既静思之，即(《中庸》所谓)"中和位育"之景象也。
> (《山居稿》卷五《简薛玄台》，第二九叶)①

如此看来，对狂飙突进的王龙溪加以勒止而意欲沿着渐修式的坚实道路前进的念庵之立场，亦应当被视作建立在良知说基础上的一种典型。② 顿悟与渐修在对立的同时，也有着互相补足之处。故而顾宪成云：

> 龙溪之于本体亲矣，而其语功夫也，又不如念庵之精细。
> 如此切磋，方是以水济火，以火济水，见在各有实受益处也。

---

① 孔兼还曾云"江门(白沙)学脉，真在阳明之右"(《山居稿》卷四《简吴安节》)，对白沙给予了比阳明更高的评价。而对于朱子，则评价道："晦庵之说，虽嫌训诂太详，终是步步着实工夫，可持循向尽之地也。"(《山居稿》卷四《寄邹南皋刑部》)此外，如"聚徒开讲，非学之真境"(《愿学斋亿语》卷三，第六四叶。译者注：此语系译者据原著中的日文训读转译而来。)之语，当是对龙溪等以讲学游说为使命者的劝告。

② 刘念台云："阳明只说致良知，而以意为粗根，故于'慎独'二字，亦全不讲起，于《中庸》说戒慎恐惧处亦松。所以念庵有收摄保任之说。邓定宇先生云：'阳明必为圣学无疑，然及门之士概多矛盾。其私淑而有得者，莫如念庵。'盖为此也。夫定宇学佛者，而持论如此。"(《刘子全书》卷一二，第一六叶)此处所引的邓定宇之语见于《邓文洁公佚稿》卷二《试岁贡生策问》。

（《当下绎》，第一四叶）

像这样，在良知现成论流行的同时，顿悟渐修论也拥有了不可小视的影响。葛寅亮在解释《中庸》之际云：

> 正惟悟后更须用修持工夫。盖理虽顿悟，功必渐修。一悟便了，无有是处。（《中庸湖南讲》，第二五叶）

而著名的三教合一论者管东溟也在会通儒佛的同时说道：

> 释氏有六度圆修之说，一曰布施、二曰持戒、三曰忍辱、四曰精进、五曰禅定、六曰智慧，谓之六波罗密。梵语波罗密，华言彼岸到（到达悟之彼岸），即《大学》止至善之义也。儒家以为异端之教而排之，禅宗亦以为渐修之阶而排之。然六度如之何其可扫？（《楞严经》云）理须顿悟，事以渐除。渐除非六度不可。五常百行、三百三千之仪，无一而非六度也。（《从先维俗议》卷五《儒者兼修六度》）

"顿悟渐修"之语源于《楞严经》，此点之前已经提及。而随着顿悟渐修之流行，《楞严经》也风靡一时。耿天台云"今江左之学胥从《楞严经》中参会，入者只会得一无便了"（《天台文集》卷三《与邹汝光》），吕新吾云"《楞严》者又禅家之脍炙也，足下爱而梓之，所得必深"（《去伪斋文集》卷四《答康庄衢礼部》）。王门之穆孔晖曾以"忆楞严经"为题而歌曰：

> 四外虚空尽本心，却将形识认来深。

阿难忽听如来咄,恸极欢生泪满襟。(钱谦益《楞严经解
蒙钞》卷末三,第三八六叶,《续藏经》本)

据王顺渠所撰的《文简穆公墓志铭》(《顺渠文录》卷九)所述,穆孔晖抉
去学问之藩篱,即便对于佛老亦精择而学之,认为"性中固无是分别
相也"。

六

如以上所述,在王门之中,顿悟渐修也逐渐成为重要的实修之法。
而此处所谓"顿悟"自然意味着切实自觉到人人皆本来具有良知。然
而为了避免满足于强行伪装出的良知之现成状态,就必须在本心日用
事为之间对良知自身加以体究践履,逐步积累实地工夫。而此工夫之
核心,便是《大学》所谓"格物致知"和《中庸》所谓"戒慎恐惧"。阳
明云:

> 必欲此心纯乎天理而无一毫人欲之私,此作圣之功也。
> 必欲此心纯乎天理而无一毫人欲之私,非防于未萌之先而克
> 于方萌之际不能也。防于未萌之先而克于方萌之际,此正
> 《中庸》"戒慎恐惧"、《大学》"致知格物"之功,舍此之外无别
> 功矣。(《传习录》卷中《答陆原静》第二书)

关于此语之背景,邹东廓曾如此说明戒慎之性质:

> 戒惧于未病,谓之性。戒惧于已病,谓之复。复也者,复
> 其天性之本明,非有添于性也。先言戒惧,后言中和,中和自

用功中复得来,非指见成的。若论见成本体,则良知良能,桀纣非啬,尧舜非丰,何以肺肺浩浩渊渊独归诸至圣至诚乎?指其明体之大公而无偏也,命之曰中;指其明体之顺应而无所乖也,命之曰和。一物而二称。……世之以中和二致者,是静存动省(静时操存,动时省察)之说误之也。以性上不可添戒惧者,是猖狂而蹈大方之说误之也。(《东廓集》卷六《复高仰之诸友》)

据此处所说,不论本性是否有所障蔽,均须施用所谓戒惧之功,而中和则是随之而来的效用。中与和为一体,乃是在本体上施用戒惧工夫后得来。当时有不少人认为戒惧之功亦须依照时机和情境来施用,甚至因为害怕本体受到损害而只将戒惧之功当作一种兴趣。对于此种世相,东廓曾叹息道:

近来讲学,多是意兴,于戒惧实功全不着力,便以为妨碍自然本体,故精神泛浮,全无归根立命处。间有肯用戒惧之功者,止是点检于事为、照管于念虑,不曾从不睹不闻上入微。(《东廓集》卷六《简余柳溪》)①

最后三句有些难以理解,而按照龙溪之说明,此乃东廓自身所经历过的戒惧工夫的三个阶段。所谓"戒惧于事为",只是检点事物之表面而

---

① 黄宗羲曾对东廓之学问总结云:"先生之学,得力于敬。敬也者,良知之精明而不杂以尘俗者也。吾性体行于日用伦物之中,不分动静,不舍昼夜,无有停机。流行之合宜处谓之善,其障蔽而壅塞处谓之不善。盖一忘戒惧,则障蔽而壅塞矣。但令无往非戒惧之流行,即是性体之流行矣。离却戒慎恐惧,无从觅性;离却性,亦无从觅日用伦物也。故其言道器无二、性在气质,皆是此意。"(《明儒学案》卷一六《邹东廓略传》)

已,所志仍是末端枝节。"戒惧于念虑"虽防于心之发露之端绪,但仍不免生灭之扰。而"戒惧于本体"则是时时刻刻皆见本性,以收敛于一处。到此地步之后,念虑便是本体之流行,事为则是本体之发用,已经达到"圆融照察,日以改过为务,无复本体内外之可言"之境界。此乃东廓之学问。(《龙溪集》卷一四《寿邹东廓翁七秩序》)

至于罗念庵,更是断定戒慎恐惧乃是"孔门用功口诀"(《念庵集》卷八,第二二、二七叶等),并云:

> 若吾辈求讲,固自有序,戒慎不睹、恐惧不闻,非孔门传授乎? 不睹不闻与虚静字面何异? 然而孔门不讳(云不睹不闻)者,舍此更无用力处耳。(《念庵集》卷三《寄尹洞山》)

且其又曾就心之实相详细论述道:

> 心有时而不存,即事亦有时而不谨。所谨者,在人之可见闻耳。因见闻而后有着力,此之谓为人(《论语·宪问》),非君子反求诸己之学也。故戒慎于不睹不闻者,乃全吾忠实之本。然而不睹不闻,即吾心之常知处。自其常知不可以形求者,谓之不睹。自其常知不可以言显者,谓之不闻。固非窈冥之状也。(《念庵集》卷三《答刘月川》)

尽管东廓以及念庵都没有明确地使用"顿悟渐修"之术语,但其思想之结构毫无疑问可归入这一范畴,而其思想之背景中无疑也存在着对良知现成论的批判。顾宪成以程明道之《识仁篇》为悟后之语(因其中有"不须防检,不须穷索"之语),并云:

悟后转觉工夫难，其究也，可以入圣。悟后便觉工夫易，其究也，率流而狂。(《小心斋札记》卷一，第六叶)

而高忠宪亦云：

悟前妄为主，见真体固难；悟后真为主，消妄想更不易。(《高子遗书》卷八上《答罗匡湖》)

其中之意趣均应与邹、罗二子相同。如前文中所云，朱子极力避免使用"悟"之语，在阐明其与禅之间区别的同时，又论述了应当踏实地循序进步：

究观圣门教学，循循有序，无有合下先求顿悟之理。但要持守省察，渐久渐熟，自然贯通，即自有安稳受用处耳。千岐万径，杂物并出，皆足以惑世诬民。其信之者既陷于一偏而不可救，其不信者又无正定趣向，而泛滥于其间。(《朱子文集》卷五三《答刘公度》第六书)

<h1 style="text-align:center">七</h1>

尽管朱子曾发出如此忠告，然而到了明末，就算其用法因人而异，"悟"也已成为一种流行语，舍此便难以阐述己见。以下尽量选择学风各异之人，列举其主张：

理须顿悟，事则渐修。顿悟易，渐修难。(《澹园集》卷四

七《崇正堂问答》）

　　离悟言修，非真修也；离修言悟，非真悟也。……大抵真
修必本于能悟，而真悟自不容不修。（《冯少墟集》卷一三《薛
文清先生全集序》）

　　悟有顿，修无顿。立志在尧，即一念之尧；一语近舜，即
一言之舜；一行师孔，即一事之孔。而况悟乎？若成一个尧
舜、孔子，非真积力久、毙而后已不能。（《呻吟语》卷一
《谈道》）

　　近时之弊，徒言良知而不言致，徒言悟而不言修。仆独
持议，不但曰良知，而必曰致良知；不但曰理以顿悟，而必曰
事以渐修。盖谓救时之意。（张阳和《不二斋文选》卷三《寄
周海门》）

　　夫学人者，以渐而修，得之于顿；以顿而得，顿不废修。
（王世贞《弇州山人稿》卷七〇《天台四教仪序》所引天弢居
士语）

作为参考，还可以举出一些禅家之语。万历三大高僧之一的紫柏达
观云：

　　道可顿悟，情须渐除。（《紫柏老人集》卷二，第一二叶）

憨山德清将《楞严经》与《大乘起信论》相结合，而论述道：

"理须顿悟，乘悟并消"，此则不历诸位矣。"事须渐除，
因次第尽"，此又约断以明位也。此经先悟后修，正与论(《大
乘起信论》)义相符。(《梦游集》卷一一《答段幻然给谏》)

而云栖袾宏在撰写其主要著作《阿弥陀经疏钞》之际一贯使用了顿悟
渐修之理论。[①] 无异元来则区分了解悟与彻悟，认为前者系从语言文
字中得来，故而力弱，后者乃是从自己分上参究得来，故而力强，并详
细阐述了区别使用这两种悟的禅弊(《元来广录》卷二三，第一四三叶，
《续藏经》本)。且元来又更进一步，在被问及《楞严经》中的"理则顿
悟，乘悟并销；事非顿除，因次第尽"之语时，说"(《楞严经》)发明妙明
真体。有志丈夫，向者里全身担荷，又何待劬劳，肯綮修证"(《元来广
录》卷二三，第一六三叶)，将修与悟集约到了修证之一点上。

如以上所论，以阳明所提倡的良知论为契机，儒家内部产生了对
悟的关注，而通过应当将悟理解为现成态还是未完成态的争论，顿悟
渐修之风潮开始流行，甚至与禅家之再兴亦有所关联。而在顿悟的基
础上展开渐修之际，虽然戒慎恐惧被尝试用作其代表性的工夫，但悟
与修之融合的形态却并不固定，甚至有人将重点置于"戒慎乎其所不
睹，恐惧乎其所不闻"中的不睹不闻之本体，而非戒慎恐惧之工夫上，
轻视戒慎恐惧之效果。正如吕晚村所言："自禅学乱儒，以不睹闻为真
体，遂谓君子专于此用工夫，圣学日湮矣。"(《四书讲义》卷二四，第五
叶)如此一来，顿悟与渐修之间的紧张关系亦为戒惧与不睹不闻之间
的力量对比所左右，可能导致不是渐修助长顿悟之发展，而是顿悟包
摄渐修的局面。而此种事态之起因可能就在阳明本人的戒惧论之中。
阳明曾云"戒惧之念是活泼泼地，此是天机不息处，……一息便是死。

---

① 关于云栖袾宏，可参看拙著《雲棲袾宏の研究》(东京：大藏出版，1985)。

非本体之念,即是私念"(《传习录》卷下),而龙溪亦承此语说"活泼脱洒由于本体之常存,本体常存由于戒慎恐惧之无间"(《龙溪集》卷三《答南明汪子问》)。与其期待戒惧制约本心之奔放的运动,令其能够保有一定的节序,两者均更倾向于将戒惧用作令良知之生机得以活泼化的催化剂。朱子的《中庸章句》中将戒惧改称为"敬畏",而阳明、龙溪对敬并不重视,东廓、念庵则与此相反,对敬抱有很强的关心,这正可以说是良知说分化的表现之一。展望如此复杂多样的王门之周边,亦可观察到主张良知并非顿悟的言论。许敬庵在回答"阳明致良知之说专主顿悟,不知于孔子下学上达之旨……果吻合与"之提问时说道:

> 致良知之说专主顿悟,此学者沿袭之见,其实不然。良知即是明德,致良知即是明明德。知体亦即是仁体,致知亦即是求仁。立言不同耳,无顿渐之异也。(《敬和堂集》卷五《答沈实卿》)

而杨复所则在称赞《楞严经》的同时,又忠告说所谓顿悟渐修之说只不过是权宜之论:

> 春初承翰,示云悟后不妨做工夫。今见此语何如?果极则之谈否?老丈若执此语为是,则工夫且置,请问悟事何如?所谓理以顿悟、习以渐除者,不过权宜之说,岂可执以为实乎?若见有习,安得不除?若待除习,安得不渐?原来本色中求习,了不可得。岂惟求习了不可得,就求理亦了不可得。二俱了不可得,又欲求除求悟,岂可得哉?(《证学编》卷下《蒋阑居年丈》)

换个角度来看,这亦可以说是站在良知现成论的立场上所做出的反击。此外,当时被称作"超出李卓吾的奇人"的邓豁渠亦云:

> 学人信受不及,透不得这个机关,都说理由顿悟、事由渐修,是由李家路欲到张家屋里去一般。《(楞严)经》云:"一人发真归元,十方虚空,皆尽消殒。"良有旨哉!(《南询录》,第九叶)

此处的"一人"云云以及顿悟渐修之说原本都是出自《楞严经》。而豁渠虽然很清楚此点,但仍然以前者来攻后者。对其来说,经典正可谓不过是求道之路上的干屎橛。对历代的心学家来说,不为文字、经典所拘束都是基本原则。何况顿悟渐修这一口号自身根据理解、实践方法之不同,既可向右,亦可向左偏移,不可能形成固定的教旨和实践论。"说虽有顿渐,其实无有一定之次第"(德清《楞伽经补遗》)。不过对于良知家来说,顿悟渐修论毫无疑问乃是倾尽全力保障良知之顿悟性之际的一道堡垒。若其失守,便可能会导致良知之解体,而由此被困在朱子学的罗网之中。像是倾心于朱子学的高忠宪,便可以说是期待良知解体的人物之一。[①] 在其看来,相较于阳明,薛敬轩、吕泾野这样的思想家要可靠得多。故而其认为不能因为两人之语录中没有透悟之语便轻视之,而高度评价两人为平平常常、脚踏实地、始终没有差

[①]《高子遗书》中随处皆可找到能够证明此点的文字。此处姑举一例:"姚江天挺豪杰,妙悟良知,一破泥文之蔽,其功甚伟,岂可不谓孔子之学? 然而非孔子之教也。今其弊略见矣。始也扫闻见以明心耳,究且任心而废学。于是乎诗书礼乐轻,而士鲜实悟。始也扫善恶以空念耳,究且任空而废行。于是乎名节忠义轻,而士鲜实修。"(《高子遗书》卷九《崇文会语序》)此外,陆桴亭曾云:"五经四书皆无悟字。非圣贤无悟,亦非圣贤不用悟。凡言觉者,皆悟也。又言知、言喻,亦皆悟类也。但言觉、言知、言喻,理其平常。禅家换个悟字,便有饰智惊愚的意思。"(《思辨录辑要》卷三《格致类》)

错,甚至提出了悟无用论:"既不迷,何必言悟?所谓悟者,乃为迷者而言也。"(《高子遗书》卷五,第二〇叶)相对于复所、豁渠超越阳明学派而以顿悟渐修为权法,忠宪则从阳明那里后退,提倡悟无用论。然而对王门中人来说,无论怎样以顿悟渐修来防止良知的过激化,甚至是空疏化,都不可能放弃良知至尊主义。而从朱子学的角度来看,这种实践论是绝对不能容忍的。罗整庵曾在阅读佛书之后叙述其感想云:

　　虽顿渐各持一说,大抵首尾衡决,真妄不分,真诐淫邪遁之尤者。(《困知记》,第四四页)

清儒陆稼书则云:

　　讲良知,更讲致良知。讲理以顿悟,更讲事以渐修。此明季诸儒所以救阳明末流之弊也。然不知从朱子之格物入,则所谓悟与修,皆不可据;不知尊程子性即理也之解,则所谓理者先不真。此只救得龙溪诸人之弊,不曾救得阳明之弊。(《松阳抄存》,第九叶)

如此一来,问题又回到了良知说之提倡这一原点。①

---

① 关于顿悟渐修,祈请参看拙著《仏教と儒教》(京都:平乐寺书店,1963)、《仏教と陽明学》
　　(东京:第三文明社,1979)。

第五章 知行合一

一

王门之黄久庵提出阳明之学问有三要，即良知、亲民与知行合一。（《久庵文选》卷一五《明是非定赏罚疏》）知行合一论是阳明学早期开始提倡的重要命题，然而从后来阳明思想的发展来看，应当将其与良知论、格物致知论、万物一体论等一起进行论述。如果将其分离出来单独讨论，便难免产生各种误解、歪曲。为了方便讨论，下文将概观当时在阳明学以外提倡何种知行论，及其与阳明的关系。

首先讨论一下朱子学中提倡的知行一体，这在朱子与吴晦叔的书信中有集中反映（《朱子文集》卷四二《答吴晦叔》第九书）。朱子的门人陈北溪云：

> 大抵圣学以力行为主，而致知以副之。以力行为主，则日日皆是行底事；以致知为副，日间讲究，皆是所以达其行，彻首尾无容丝发间。要之，以极至而论，知与行其实只是一事，不是两事。凡以知行为两事，或分轻重缓急者，皆是未曾切己真下功夫，徒猎皮肤之故耳。（《北溪集》卷二八，第八叶）

其以知为目，以行为足，"正如行路目足相应，目顾足，足步目，无顷刻可偏废处"。这大概是受到朱子之语的启发（《朱子语类》卷九），而朱子针对此语又补充说"论先后，知为先；论轻重，行为重"，表示在具体的行为中，知行并非占有相同的比重。上引北溪之文中可见"要之，以极至而论"之语，这亦是在设想知行关系有极为理想与并不理想的状态，故而才需要提醒并非"只要知得，便自能行得"。正因为朱子学的知行论有着如此全面的展望和如此细心的注意，才能令后学耸肩而赞叹上述的朱子之语，嘲笑只执着于知行合一者：

> 此尤万世不易之论，《传习录》乃谓知行合一，行而后知。
> 其横说竖说，诳吓众生甚矣。（《学蔀通辨》终篇卷中）

即便是对阳明学不这么抱有敌意，依然有不少人站在知行的结合方式不免存在多面性这种常识性见解的立场上，对阳明学在各种选择中只择其一而对其他选项不屑一顾的主张表达了不满。东林学派的顾宪成列举前人有关知行的说法，并得出结论说："合前后观之，朱子之说，四方八面，无不周遍。阳明止窥见一隅而已。"（《还经录》，第八叶）同为东林学派的高忠宪提出"凡人之言合者，必二物也。本离而合之之谓合，本合则不容言合也"，责难知行合一说云：

> 夫知行亦未尝不合一，而圣人不必以合一言也。故有时对而言之，则知及仁守（《论语·卫灵公》）是也。有时互而言之，则智愚贤不肖之过不及而道之不行不明（《中庸》第四章）是也。有时对而互言之，则知至至之，知终终之（《易经·乾卦·文言》）是也。有时偏而言之，则夫子叹知德之鲜（《论语·卫灵公》），孟子重始条理之智（《孟子·万章下》），傅说

非知之艰、行之惟艰(《书经·说命中》)是也。有时分而言之,则知及而不能守(《论语·卫灵公》),有不知而作者(《论语·述而》)是也。吾故曰:圣人不必合一言之也,而知行未尝不合。惟其未尝不合,故专言知而行在,专言行而知亦在。(《高子遗书》卷三《阳明说辨三》)

忠宪的门人陈几亭更加详细地对阳明进行追究,提出:

> 阳明言:"闻恶臭属知,恶恶臭属行。"(《传习录卷上》)然恶之之心既属行,掩鼻而过,又下一层,当属何事。孟子言"知爱知敬",不复言能。闻恶臭属知,恶恶臭之心(不属于行)即能也。言知行一,不如言知能一。俗称能为会,如能歌,云会歌。能书,云会书。会本是解悟意,而以当能字,大有妙理。行字则有时属心,有时属身。如知之未尝复行(《易经·系辞下》),便是属心处。掩鼻而过,便是属身处。属心止是好恶,好恶与知觉可以言一,属身便是运动,谓知觉与运动为一,即有未安。(《几亭外书》卷一《知行有难一处》)

几亭在知行以外引入能的概念,攻击了阳明知行论的混乱。不过这其实是阳明所使用的比喻之巧妙与否的问题,不能认为阳明之说由此而受挫。

毛奇龄同样注意到能字,并反过来以此提出阳明与朱子相贯通的可能性。对于"(据知行合一之说)能知自然能行,不行只是不知的说话,惟佛家教外别传,才有此等言语"之提问,毛奇龄反驳道:

> 知行合一四字,予前已明言之矣。孟子曰"孩提之童无

不知爱其亲也",孩提知爱亲,无所谓行也,然而行矣。且孩提只爱亲,无所谓知也,然而知矣。故孟子前说知能(良知良能),此(因为知中包含了能,故而)只说知,以知能合一也。此其义紫阳亦言之,紫阳注《中庸》(第五章)曰"由不明故不行",此非不行只是不知乎?(第八章)又曰"颜子惟真知之,故能择能守如此",非(如阳明所谓)能知自然能行乎?然则阳明此言即紫阳之言,而子妄谓教外别传,何与?(《西河集》卷一二〇《折客辨学文》)

几亭解能为能力,奇龄则解为良能。良知、良能乃是一体,故而孩提之童已经知行合一。东林一派在指责阳明缺陷的同时,也承认其有一定的道理。而一些朱子学者则与此相反,对阳明之说毫不赞同。张伯行云:

> 致知力行,如车两轮,如鸟两翼,缺一不可。阳明乃以知行合一为学,岂知两轮合一,车不能行;两翼合一,鸟不能飞,盖不自知其谬也。(《困学录集粹》卷八,第一一叶)

张杨园云:

> 问:"知行合一之说如何?"先生曰:"知自知,行自行,岂可合一?此邪说害人,学者最宜审察也。"(《杨园全集·门人所记》,第六叶)

李光地云:

> 今为知行合一之说者,曰:"知之精切即行也,行之著察即知也。"夫知之精切即行,是朱子所谓知愈真则行愈力也。行之著察即知,是朱子所谓行愈笃则知愈至也。然则朱子之所谓知行者,初未尝离而二之也。虽未尝离而二之,而终不得混而一之。此朱子之教所以为不偏而无弊也。(《榕村全集》卷二,第二七叶)

这是在主张朱子学在诞生之时,已经包含了阳明学式的思想,以此来避开称朱子学为支离的批评。然而"初未尝离而二之""终不得混而一之"之结论,终究暴露出了朱子学并未能完全包容阳明学。

无论是在朱子学中给予阳明学一席之地,还是将阳明排除在外,若是知行合一论有助于知行之成就,就没有必要进行激烈的争吵。但是知行之野合只会带来冥知妄行的泛滥。吴苏原提出知行虽常在一处,但却本有先后,虽然知一分行一分、知二分行二分是稳妥的前进次序,但若是致知与力行轻易地一体化,便会产生"其始也以行为知,其流也以知为行"的弊病,因而知行合一说"足以掩其知而不行之过"(《吉斋漫录》卷下,第一八叶)。其又诘问道:"若行便是知,则即其所行,不问当与不当,一切冥行,曰我能致知,则许之乎?"(《吉斋漫录》卷下,第二一叶)

张净峰也认为"知之真切笃实处即是行"(《传习录·卷中》)之语显然是以知为行,只是大言不惭而没有实质内容的见解,会招致无视实行的弊病。(《小山类稿》卷六《答参赞司马张甬川》)而赵南星则提出"知而不行,徒为戏论,此阳明之门多无赖也"(《赵忠毅公文集》卷一六《答札直指》),认为知行合一之说是使人堕落的偏论。以上看法可能存在对阳明知行合一论的重大误解,那么此处再来看一下与阳明较为亲密的人物的看法。阳明的好友湛甘泉云:

> 谓"只存此心,不放僻杂扰便是行",此说足以破后儒只
> 以处事应物为行之说;若谓"精明不昧处便是知",则又堕于
> 近时以知觉之知为良知之弊矣,不可不仔细察识。盖知觉是
> 心,必有所知觉之理,乃为真知也,如此涵养便是行,久而熟
> 之,则圣域有不可到耶。(《甘泉集》卷八,第二九叶)①

这种警告不可令知流为知觉从而卷入良知说之弊害,并忠告说应当察
识到知觉中存在理的态度,不难令人感受到朱子学思想的影响,而甘
泉与阳明最终不能同流的理由在此也得以显现。

再看一下在受到甘泉影响的同时,比甘泉还要稍稍保守的思想家
吕泾野对知行合一论的评价。其云:

> 知得便行为是,谓知即是行,却不是。故知者行之始,行
> 者知之随,犹形影然,又犹目视而足移然。(《泾野子内篇》卷
> 一五,第七叶)②

这里的"知者行之始,行者知之随"显然是在模仿阳明的"知者行之始,
行者知之成"(《传习录》卷上)。但是相较于阳明之语始终保持知行一
体的特征,泾野所说却难以掩盖知先行后的倾向,由此即可以说其偏
向朱子学。他与王门之邹东廓在南都共职之时,有机会相互讲求,但
见解十有二三不合。据说有一次,东廓说"行即是知,譬如登楼,不至

---

① 甘泉还提出:"夫学不过知行,知行不可离,又不可混。……若仆之愚见,则于圣贤常格内
寻下手,庶有自得处。"(《甘泉集》卷七《答顾箬溪金宪》)很显然,这样的说法与之前所引
用的朱子学派诸家之语调非常类似。
② 泾野还云:"问'致良知'。先生曰:'阳明本孟子良知之说,提掇教人,非不警切,但孟子便
兼良能言之。且人之知行,自有次第,必先知而后行,不可一偏。傅说曰:"非知之艰。"圣
贤亦未尝即以知为行也。'"(《明儒学案》卷八《吕泾野语录》)

其上,则不知楼上所有之物",而泾野则回曰"苟目不见楼梯,将何所以加足,以至其上哉"。使用比喻的对话常常容易止于互相扯后腿,而此处亦有此感。① 不过,东廓始终论述知行合一,而与此相对,泾野则持知先行后的观点,此事从这段对话中亦可以读出。故而在此文之后,泾野云:"世之先生长者,恐人徒知而不能行,至于立论过激,以为行然后真知耳。"(《吕泾野集》卷七《别东郭子邹氏序》)而此处的"过激"之学者不用说是指阳明一派。

此外,罗整庵提出"知行当并进,而知常在先"(《困知记》附录《答黄筠溪亚卿》),黄陶庵云:"圣贤论学,知行二者,必不相离,离之不可以为学。近世王伯安拈出良知教人,盖以知透处行即在内,不知行不到者知亦不到。"(《陶庵集》卷九《自监录》)

以上所见的诸家之知行论都只是寻求结合知行二者功用的方法,而对使知、行得以成立的主体、根据则几乎都没有论及。无论是论述知行的必然联结,还是否定知即行,其立足点无疑都在于知行对立。在这种层次上再怎么讨论知与行的结合关系、纠缠其先后轻重,都终究无法把握知行合一的真意。刘念台云:

> 文成(阳明)云:"闻见非知,良知为知。践履非行,致良知为行。"言约义精,真足以砭后学支离之弊。然须知良知之知正是不废闻见,致良知之行正是不废践履。文成专就救弊一边言耳。(《刘子全书》卷三八,第一四叶)

---

① 冯少墟记载过一则逸闻:"或问先知后行、知行合一。曰:'昔吕泾野与东廓同游一寺,泾野谓东廓曰:"不知此寺,何以能至此?"东廓曰:"不至此寺,何以能知此寺之妙?"二公相视而笑。可见二说都是,不可执一也。虽然,道之不行章(《中庸》第四章)先后合一,业已详言之矣,吾辈又何疑?'"(《冯少墟集》卷七)

仅仅是在闻见、践履上奔逐,终究不能进入阳明学之域内。

二

知行合一之说缘何势必要被提出? 如前文所述,心与理不一导致的苦恼使阳明重审人之存在结构,在深刻直视对承担社会体制的官僚士大夫的公愤、对被压迫的百姓的恻怛之念后,对体制化学说的不信任油然而兴,并将纠葛之处归结到知识与实践的关系,以至于立志打破"后之人惟其不知至善之在吾心,而用其私智以揣摸测度于其外,以为事事物物各有定理"(《大学问》)的状况。为了理解阳明的这一心境,虽然文章较长,但以下仍引用周海门之说。

> 或曰:"知行本两事,何不兼言?"先生曰:"但凭言说,分两何妨? 求之实诣,必然合一。后儒(指朱子)之言曰'格物致知,知之事也。诚意、正心、修身,行之事也。'如此则知且虚悬,行须等待。孔门学派,不无相悖,故阳明子特指知不离行,行即在知,不可分析,亦无从分析。《孟子》(尽心上)谓知爱知敬,即(行)能爱能敬者矣。《中庸》(第二十章)谓'知所以修身,知所以治人,知所以治天下国家',即(行)能修能治者矣。以至(《孟子·尽心上》所谓)知性知命知天,皆已实造其域。故知行原非两事,无俟兼言。"
>
> 曰:"'致知为入门,践履为实地',先儒所言,自有定序。且如人欲到京师,必须先问去向,讲明路程,方可发足。岂无先后?"
>
> 曰:"既云入门,足必着地。由此践履一步进一进耳。入门行之始,实地知之终。先儒所言,非二时也。世有真欲到

京之人，此念一萌，此足随举，随行随问，随问随行，历过夷险，谓之知夷险。到了京师，谓之知京师。岂有全不动足，坐而图度，图度不谓之知。《书》(说命中)曰'知之非艰'，正指此图度之知耳。图度一时，误了一时。图度终身，误了终身。"

……

曰："吾辈今日讨论，终属知边事。"

曰："即今讲《论语》，便已体验。体验(并非单纯的道理)就是实地。(《中庸》)讲天命之性，当下即性。讲学而时习，当下即习。岂离得行。"

曰："讲孝弟，父兄不在前。讲经济，事权不到手。岂不用(暂且不管行而)先明其理?"

曰："父兄不在前，而爱敬之心，起口不忘，是真讲孝弟。事权不在手，而天下一家、万物一体之心，盎然充塞，是真讲经济。口耳乎云哉，此知行之所以不二也。"(尊经阁本《东越证学录》卷一，第三二叶)①

此处周海门亦为了证明知行合一而频繁使用比喻和与此类似的解释经典之方法。与之前的邹东廓一样，都让人怀疑能在多大程度上说服批评者。但是在此问答中，至少有两点值得注意。其一是所谓"入门行之始，实地知之终"，虽然这大概源于阳明的"知者行之始，行者知之成"(《传习录》卷上)，但海门的脑海中设定了人无论行还是止、无论左

---

① 周海门的《东越证学录》有尊经阁文库所藏二十卷本和文海出版社影印出版的十六卷本两种版本。两个版本都有万历乙巳(三十三年)邹南皋所作的序，似乎刊行于同一时期。但出现两个版本的具体原因不详，亦尚未对两者进行比较研究。本书主要使用十六卷本，在使用尊经阁本时特别加以说明。

还是右都绝对无法离开的场所(大地),将知与行的结合形式作为此场所的屈伸往来之动力而思考。阳明称这一绝对的场所为良知,此点将留待后文讨论。海门之语中另外值得注意的一点是,其讨论的主题并不止于理论性的问答,而是提出应当直下(当下)成为自身的体验。阳明提出"良知只是一个,随他发现流行处,当下具足"(《传习录》卷中《答聂文蔚》第二书),龙溪所谓"若此一真当下自反,即得本心,良知自瞒不过"(《龙溪集》卷一《三山丽泽录》),都是完全与当下合体。如顾宪成《当下绎》所云,当下是此时的流行用语,寄托着不同使用者的整体思想,因而不免产生各种各样的意蕴。在宪成看来,当下就是当时,而且必有源头,能通摄过去、现在、未来者可谓圆满之当下。此即绝对现在之意,而关于其在阳明学中的用法,将稍后再做讨论。

如上所述,主体与客体之相交具有多样性,知与行的交流形态亦非一定,这是朱子以来的传统观点。那么,为什么阳明要特别提出知行合一呢？其主张如下:

> (问曰)如知食乃食,知汤乃饮,知衣乃服,知路乃行。未有不见是物,先有是事。此亦毫厘倏忽之间,非谓有等,今日知之而明日乃行也。
>
> (答曰)夫人必有欲食之心,然后知食。欲食之心即是意,即是行之始矣。食味之美恶,必待入口而后知,岂有不待入口而已先知食味之美恶者邪？必有欲行之心,然后知路,欲行之心即是意,即是行之始矣。路岐之险夷,必待身亲履历而后知。岂有不待身亲履历,而已先知路岐之险夷者邪？
>
> (《传习录》卷中《答人论学书》)

据阳明之说明,行为之意欲是行之始动,而知则通过实施此行为而得以实现。然而此种说明虽能阐明知行结合之紧密,但却不能成为知行合一的证据。因为这里使用的例子都是本能的感觉,并不一定能够针对潜藏着无数割裂知行之条件的伦理课题做出充分的回答。不过从这里可以看出,阳明的意图在于表明在行为的初始阶段,看起来容易落后于知的行其实已经具备了始动状态。然而阳明要想证明知行合一,还需要再进一步说明行为意欲的根本来源,并证明其所说的知、行之特点与一般所理解的知行特征之间的差异。于是有了以下之问答:

> 问:"若真谓行即是知,恐其(不在知行上下功夫而)专求本心,遂遗物理,必有暗然不达之处。"

这里提出本心一词,大概是阳明期待之处。阳明在此说出了"知之真切笃实处即是行,行之明觉精察处即是知,知行工夫本不可离"之名言。这既非据私意而上下其手,亦非只想要应付一时,而是断定"知行之体本来如是"。所谓"专求本心,遂遗物理",即是"失其本心者也"。阳明由此更进一步,提出本心与物理的关系:

> 夫物理不外于吾心(所措定而得以成立之物),外吾心而求物理,无物理矣。遗物理而(只向内面)求吾心,吾心又何物邪?心之体,性也,性即(心所措定之)理也。故(基于心、性、体一体之原理)有孝亲之心,即有孝之理,无孝亲之心(则会丧失心的措定能力),即无孝之理矣;有忠君之心,即有忠之理,无忠君之心(则会丧失心的措定能力),即无忠之理矣。理岂外于吾心邪?(《传习录》卷中《答人论学书》)

这里需要注意的是,若对于知行问题追究到底,则会浮现包含知行、产生知行的本心，这才是最根本的实在。由此看来，"知之真切笃实处"
以及"行之明觉精察处"都不外是本心（良知）。所谓知行合一，不外是
指无论知还是行都是此绝对本心（良知）以不同形式进行的跃动和自
我实现。就是阳明之说的根本宗旨。若能明白基于此本心的知、行功
能之意义，则论述知行合一自身便正是"对症之剂"（《传习录》卷上）。

> 我今说个知行合一，正要人晓得（良知）一念（全体、自主
> 地）发动处便即是（顺应良知之脉络的）行了。发动处有不
> 善，就（由良知负责）将这不善的念克倒了。须要彻根彻底，
> 不使那一念不善潜伏在胸中，此是我立言宗旨。（《传习录》
> 卷下）

阳明所说的心（良知）具有如上所述的绝对根本性的资格、权限，此点
前文已经多次提及。阳明提出"真知即所以为行，不行不足谓之知"
（《传习录》卷中《答人论学书》），此语即使从阳明的语境中抽出，也可
以是稳妥的知行论。朱子学者冯贞白亦曾承认"亦有此理"（《求是编》
卷四"知行"条），但是接着又说"只是据其极言之，而非平常之道，终归
（知行之）混淆而已"。贞白意识到了阳明所说虽然看起来妥当，但却
掺杂着其独自的知行观。陆稼书即明确指出了这一点：

> 阳明谓知行合一，亦似近理。知乌喙之不可食，程朱固
> 亦有此论。但阳明所谓知，不是程朱所谓知。阳明所谓知，
> 乃离物之知，而非格物久后豁然贯通之知。（《松阳讲义》卷
> 一，第六叶）

由此又牵涉到如何解释格物致知的问题，而关于此点，前文已经有所

论述。持有与稼书相似的观点而批评知行合一的,还有罗泽南。

> 彼(阳明)自有所谓知行合一者,非圣贤之所谓知行也。
> 盖其为学只在心地上用功,见得此心本体历历孤明,炯然莹
> 然,此即是其知处。常念此心本体历历孤明,不涉见闻,不累
> 事物,此即是其行处。即知即行,原无分别。若夫事物之来,
> 凭此良知做去,随物现形,此心毫无所着。此是他无上妙法。
> (《姚江学辨》卷二,第二六叶)

泽南认为即便"行之明觉精察处即是知"可以接受,而"知之真切笃实
处即是行"一语则令人张其虚见,矜其觉悟,终以为自己有绝大的神通
而忽于实践。(《姚江学辨》卷二,第二五叶)良知既有如此之神通,则
阳明希望浑然一体化的并不只是知行合一。博约合一、理气合一、心性
合一、动静合一、已发未发合一、明德新民合一、格致诚正修合一等,皆应
如此。而这是在无视古代圣贤分言以上诸语而成其实际的意图,将一切
都归于空寂,乐简易而怠实修。(《姚江学辨》卷二,第一三叶)

泽南主张阳明学的浑一性不止于知行合一,其他的一切德目、工
夫都是如此,这在一定程度上是符合实际的。然而其将由此所形成的
人之形象以及由此产生的判断、行为都简单地归为傲慢不逊,甚至使
用神通这样的佛教术语以压制良知的自主性,由此不得不指出其根深
蒂固的朱子学思维的停滞性。若要再列出补充事例,则是曾经专门编
集《阳明要书》、从阳明学中吸取应该吸收的内容、具备灵活思考力的
陈几亭,也认为若是盲信心之虚灵而回避从格物入手,便不可能有心
与理、知与行的合一。其云:

> 学从虚灵直入,其病有二。真者不察于事物之精微,则

修身立教，不能无弊。伪者蔑裂大闲，反为乡人之所不屑为。
（不依心之虚灵而）唯格致修身之为本者，始而不敢肆，久之
而戒惧出于自然矣。故学必始于格物，然后心理知行，真合
为一。（《几亭外书》卷一《不格物之病》，第一八叶）

据此处所说，轻视朱子学之格物穷理的阳明学派所提倡的知行合一皆
只不过是假合而已。

在阳明学中，不论何种议论都以良知一念为核心。就知行合一而
言，朱子学派之学徒所提出的只要有了知，是否便可以疏忽行（或者相
反）这种反驳，不得不说与阳明的"立言宗旨"相隔万里。王龙溪发挥
阳明所说，提出：

知之真切笃实处即是行，真切是本体，笃实是工夫，知之
外更无行；行之明觉精察处即是知，明觉是本体，精察是工
夫，行之外更无知。故曰："致知存乎心悟，致知焉尽矣。"
（《龙溪集》卷二《滁阳会语》）

这里所说的"无行""无知"，与朱子学者提出的所谓疏忽论意思完全不
同，指的是原本知之中包含了行，行中包含了知。故而龙溪又云：

知非见解之谓，行非履蹈之谓，只从一念上取证。"知之
真切笃实即是行，行之明觉真察即是知"，知行两字，皆指工
夫而言，亦原是合一的，非故为立说，以强人之信也。（《龙溪
集》卷七《华阳明伦堂会语》）

欧阳南野如下之语可谓简而有要：

> 心之知行本一,而人之不能一者,失其本心者也。故学
> 之道,必念念明觉精察,念念真切恳到,然后为道心精一之
> 功。读书如此,即是读书知行合一;应事接人如此,即是应事
> 接人知行合一。盖心体本如此。(《南野集》卷四《答冯州
> 守》,第四一叶)①

至此,可以说知行论已经完全为本体论所吸收。要实现知行合一,无
论如何丰富知、锻炼行,如果只在知行对立的层面纠缠,就终究是做不
到的。只有两者分别否定各自受到限定的身份,在本体中得以复活,
真正的知行合一才能成立。到了此时,得到丰富的知识和受到锻炼的
行为将以新的面貌发挥其功用。提升心之功用意味着以心之自主独
立而自由地发挥知行。虽然乍看之下好似有知而无行,但其实行亦在
充溢流动;虽然乍看之下好似有行而无知,但其实知亦在贯通。自然,
这与一般的知行论设定的"知而无行,行而无知"这两个极端具有完全
不同的性质。

三

若按照上文所述对阳明学的知行论进行理解,则可以说其为浑一
之心所紧密掌握,而作为其自然之流动,或是知的现象,或是行的现象

---

① 作为参考,此处介绍聂双江之语:"知行合一自是本体,犹云知即行也,行即知也。不知不
得谓之行,犹不行不得谓之知也。故《(传习)录》云:'知之真切笃实处是行也。'则凡知之
不真切而笃实者,可谓之知乎? 知必真切笃实而后谓之知,则凡做知的工夫,必须真切而
笃实也。做知的工夫,果能真切而笃实,便是做行的工夫也。'行之明觉精察处是知也。'
则凡行之不明觉而精察者,可谓之行乎? 行必明觉精察而后谓之行,则凡做行的工夫,必
须明觉而精察也。做行的工夫,果能明觉而精察,便是做知的工夫也。是本体也,即工夫
也。外却明觉笃实,则求一个知行的工夫,不可得也。"(《双江集》卷一一《答董明建》,第
五五叶)

得以浓厚表露,而且一切操作皆委之一心。而即便穷究知行合一之真意至此,仍有部分学者感到一丝不安。李见罗批评阳明所说的"知之真切笃实处即是行,行之明觉精察处即是知",认为此说"理虽是,语近窒",并提出了如下理由。其首先云:

> 知即是行,行只是知,此知行所以本来合体也。知到极处,只体当得所以行。行到极处,只了当得所以知。此知行所以本来同用也。人莫不饮食也,鲜能知味。谁能出不由户,何莫由斯道也。信口一句道来,知行两到。(《观我堂稿》卷四《答李汝潜书》)

在此前提之中,"知极处""行极处"已让人感觉到与阳明学的心体归一论之区隔。而见罗又进一步引述阳明之语云:

> 知食必食、知衣必衣(《传习录》卷中),知事亲必服劳奉养,知事君必陈力就列(《论语·季子篇》)。喫紧为人,要取知行合一,而语意亦稍近执。

其意谓"知食"为知,"必食"为行,"知衣"为知,"必衣"为行,如此知行已经有所区隔。然而如前节所述,阳明想说的是"欲食之心即是意,即是行之始矣。食味之美恶,必待入口而后知",在从追寻食欲起直至知美恶的一系列过程的同时,认为知行表里一体而得以达到满足食欲的目的。故而其云"知行之体本来如是"。见罗又自信地提出:

> 亲在而孝以事之,君在而忠以事之者,则其分尽。亲与君不在而念其不得事之,或讲求其所以事之者,则其分不尽

　　而为物之格、知之致，一也。此最得知行合一之理。盖随知

　　所到者，行即在其中矣。

然而其中没有指明讲求的方法和方向。虽然其云"知之所到，行亦随之。行之所到，知亦随之"，但若将此语替换为"我们想要知某事，乃是因为欲行之；想要行某事，乃是为了加深对其之知"，这便是极为一般的知行论，必然导致知行之间的紧张关系所带来的自我提升的意欲变得平庸化。对此，阳明提出若是在作为孝之对象的亲上求孝之理，那么孝之理究竟在于吾心，还是在亲之身？如果是在亲之身，那么亲殁之后，吾心便没有孝之理了吗？阳明以此种论证指出了将心与理分离之非，认为吾心才是天理，致（发挥）其于万事万物便是格物致知，知行由此而完全一致。这并不是说需将知的概念与行的概念通过无法分割的因缘联系在一起，而是说使知得以成立的基点（良知）与使行得以成立的基点（良知）原本便是一体。

　　与此相比，见罗所说的"知之所到"与"行之所到"到底是何种境地并不明白。最终他以如下的比喻结束该文：以桴击鼓之时，无法区别何者先鸣。若勉强分析，似乎应当是桴先鼓后，但是一方碰到另一方时，双方均与对方相触，其间终究无法做出先后之分。以上比喻是物理性的说明，恐怕难以直接用于伦理问题。然而这一比喻无疑从一开始就设定了桴与鼓（即知与行）的对立。这一点上，见罗没能正确地理解阳明的知行合一论。以"修身知止"（或者"修身知本"）为学问之关键的见罗终究无法理解良知说所蕴含的充满张力的知行论，以至于提出了"理虽是，语近窒"的批评。毫无疑问，这背后所舞动的，是其"后之以致知为主脑者，是知有流行而不知有归宿者也"（《观我堂稿》卷一一《答董蓉山丈书》）之良知观。所谓"欲就灵明拣别其是非善恶，则可倏而危，倏而微"（《正学堂稿》卷六《答吴养志书》），正是其与良知说的诀别之辞。

东林学派顾允成曾比较阳明与见罗,云"阳明先生提良知似虚而实,见罗先生提修身似实而虚。两者如水中月、镜中花,妙处可悟而不可言。真所谓会得如活泼泼地,会不得只是弄精神者也"(《小辨斋偶存》卷六《答曾金简仪部》),对两者皆献上赞词。① 然而王龙溪曾云"见罗之学,似得其大,但果于自信,未能以虚受人,不免尚从气魄盖过"(《龙溪集》卷一六《书见罗卷兼赠思默》),对其缺乏圆通、近乎傲慢的态度提出告诫,而许敬庵亦与龙溪有同样的感受:

> 见罗兄力量精神,迥出吾侪之上,其揭修身为本一语,以
> 为圣门宗要,此亦何疑。但主张太过,反费词说。(《敬和堂
> 集》卷五《答万思默年兄》)

至于刘念台,甚至冷笑道:"见罗先生曰:'心性古人无辨者,辨之自仆始。'然予阅其道行善篇,大抵言情善知良,皆指心之用言,而所以情善知良者性也,则心之体也。如此则依旧只是先儒之说,曷云破荒。"(《刘子全书》卷一二,第三三叶)② 在念台看来,见罗在思想的独创性上远不及阳明。黄宗羲虽云"其以救良知之弊,则亦王门之孝子也"(《明儒学案·止修学案案语》),然而在见罗之略传中又云"(其实先生之学)与宋儒无异,反多一张皇耳",与上述诸学者得出了相同的结论。

---

① 耿天台也说:"窃疑令师(见罗)自负才倦,颉颃文成,便角标门户如是。"(《天台文集》卷六《与涂黄冈》第二书)
② 龙溪之门人丁宾云:"江右李见罗公,痛惩时弊,提出修身知本四字,为学者把柄。而台台曩与见罗公往来,若所云云,其果相信相得,不少扞格否? 妄意古人之学,要在会其本原。探本之功,贵于知所悟入。诚知所悟,即致良知即修身知本,何有分别,何有异同? 顾悟入亦难言哉。"(《丁清惠公遗集》卷七《复宁波徐二府》)

四

一般来说,在禅门之中,对知表现出过敏反应的倾向较为强烈。之前所引用的荷泽禅"知之一字,众妙之门"之语中的"知"原为灵知之意,但一旦发觉其有孤高绝对化,反而亦有流于分别知之虞,此语便立刻被改换为"知之一字,众祸之门"。而明代《楞严经》的流行则使得这一问题更加尖锐。此经(卷五)云"知见立知,即无明本。知见无见,斯即涅盘",对于无顾虑地突出知的做法非常警惕。耿天台所谓"余尝观《楞严经》,中晓晓然,于不可加知处,欲使人知"(《天台文集》卷三《与焦弱侯》第九书),可能即是此意。试观德清之解释:

> 佛以一大事因缘故,出现于世,欲令众生开示悟入佛之知见。然佛之知见,即众生之知见。众生知见,即生死知见。故曰:"知见立知,即无明本。知见无见,斯即涅槃。"斯则圣凡知见无二,而有迷悟不同者,过在(知)立不立耳。祖师道:"若立一尘,国破家亡。"以其知见本无凡圣。但有立即有我,有我则诸障顿起,无我则万法平沉,是知我为生死之本也。(《梦游集》卷一《示慧侍者》)

天知惟则的《楞严经会解》(卷五)云:

> 执知见实有,名立知见。此即妄心,是生死轮回之本,故云即无明本。达知见无性,名无知见。此即真心安乐妙常,故云斯即涅槃无漏真净。是则惟一真心,更无别法,故曰"云何是中更容他物"。(《楞严经圆通疏》卷五,第三〇九叶所

引,续藏经本)

据其中所说,佛知见与众生知见本来一体不二,但以我执妄尘而立知见时,即会产生凡圣迷悟的割裂,迷于流转生死的世界。知、见之语本身自儒家来看,可能是极其单调的日常词语,但是如果追问如上所说的寸尘未立的知见之本质特征,儒家并没有充分的准备来做出回答。王门中经常说到良知之知与闻见之知的不同,如杨东明云"'良知'的'知'字不与'知行'的'知'字对"(《山居功课》卷六),但正如所谓"良知,是非之心,天之则也。正感正应不过其则,谓之格物"(《龙溪集》卷五《颍滨书院会纪》),良知说终究是要与人伦世界密切相接,并在自我设定的主客能所的对立场域中发挥全部机能,故而即便是在规范意识上不留痕迹,也绝不会允许消灭规范意识。而且既然推动良知的原动力就是真诚恻怛的同朋之爱,①就会伴随赤身裸体投入污泥之中的勇猛情绪。避免分别而投身真空的做法也必定是出于勇猛之行为,而通过创造规范来不断在人伦世界中开辟令人复生之道的良知说,绝不会劣于悬崖撒手的禅家。比如德清很喜欢引用《庄子·让王篇》中的"道之真以治身,其绪余以为国家,其土苴以治天下"之语,②而龙溪则批评此语道:"若以身属至道,以家国天下属之绪余,精神所注,固已视万

---

① 可参考湛甘泉所云:"圣人言性,乃心之生理,故性之为字从心、从生。释氏言性,即指此心明处便是,更不知天理与心生者也。所谓心之生理者,如未发见有物跃如活泼,而谓之中。及发则见孺子入井,怵惕恻隐之心生,与羞恶、辞让、是非之心,皆是也。释氏以此生理反谓为障,是以灭绝伦理,去圣人之道远矣。阳明之说,惜乎当时只说里面生出光明,始复元性,未曾与之明辩所谓光明者何,所谓性者何物耳。"(《甘泉集》卷一三,第四叶)另外,魏庄渠云:"喜怒哀乐未发,性本空也。发而皆中节,其应亦未尝不空。圣人体用一原也。世人不无潜伏,故有前尘妄动,故有缘影,是故不可无戒惧慎独之功。释氏厌人欲之幻,并与天性不可解于心者,而欲灭之。将乍见孺子入井怵惕真心,与内交要誉、恶其声之妄心,同谓尘影,则与圣贤之学霄壤矣。"(《庄渠遗书》卷四《答王纯甫》)
② 参见拙著《陽明学の開展と仏教》所收《憨山德清の生涯とその思想》,第154页。

物为异己,未免有内外精粗之分。两歧则不贯,不贯则不摄,非一体之谓也。"(《龙溪集》卷一三《赠宪伯太谷朱使君平寇序》)①德清自有其真忠、真孝论(其中有大慧禅的影响),而依龙溪之见,要极天下国家、充斥万物一体之量,依靠"以土苴治天下"这种悠缓的心态是无法实现的。即便无论其优劣,但在讨论知行论时,也必须明白禅与儒必定还有类似的差异。

首先看一下永觉元贤的智行论。其以道士孙思邈所说的"智欲圆而行欲方"为基础,论述智行之关系云:

> 智欲圆而行欲方,此语非独在世法中为名言,即在佛法中亦为名言。凡有志于学佛者,首要一个大胆,直将成佛作祖为己分内事。一切人天小乘,俱非所愿,况区区声色之末乎。有此大胆,方有趣向分。虽有大胆,而无小心,则粗率卤莽,其流至于猖狂自恣。未得谓得,未证谓证。自以为高而实卑,自以为进而实退,故须一个小心。有小心,方能韬光敛彩。潜思密究,深造而至于自得也。深造而至于自得,则灵光浑圆,照满十方,更无偏滞之执。若未能至于自得,则东倚西靠,右牵左扯。如猕猴上树,无自繇分。无自繇分,岂有出生死分耶?故智欲其圆。智光既圆,其行必方。非智外有行,行外有智也。率此本圆之智,全无隐僻之碍,自无不方之行矣。若行而有未方者,必其智有未圆,或习气未净也。智有未圆,固当勉力参究,打破最后一结。若习气未净,更须照管保任。(《元贤广录》卷九《示太雅上人》)

---

① 参见《龙溪集》卷一三《重刻阳明先生文录后序》。

此处所说的智,即所谓的般若智慧,行则是基于此而出现的行道之意。所谓本圆智,是悟得究竟而获得的本来圆满之智慧,由此所生之行率皆方正,智行在此成为一体。然而般若之智终究依凭于空观,没有良知那样的人伦黏附力。在此元贤提出了如下之偈:

> 年少须穷理,心空理始观。
>
> 能所如未尽,犹自隔迷津。
>
> 忽然能所破,始见本来心。
>
> 为问宣尼老,何须说六经。
>
> (《元贤广录》卷二三《示张克一茂才》)

第一句使用穷理一词,是为了便于吸引熟悉儒家穷理说之人的注意,其理并非分别事物是非之理,而是贯彻第二句所说的空观后所获得的无所得、无执着之理。因而此处并非要以穷理来构筑与儒教的共通基础,相反是在指出儒教所说穷理的不彻底性,这在最后一句非常明显。朱子曾云"佛说万理俱空,吾儒说万理俱实,从此一差"(《朱子语类》卷一七),在元贤看来,朱子所说的实理是事物当然之则,其中"有名可识,有相可指",不能方圆曲直、自在运动。"理在己而不在物,理在心而不在事",此事朱熹完全没能理解。(《广录》卷二九,第三八〇叶)虽然"理在己"云云之语从某些角度看来非常接近阳明学的格物论,但其批评王门中最近于禅的龙溪、近溪云"龙溪、近溪二老讲阳明之学,而多用禅语。非有得于禅,乃以儒解禅也"(《广录》卷二九,第三八〇叶),将两人排除在禅门之外。也就是说在元贤看来,即便是良知说,也是需要小心提防的东西。故而王阳明的知行合一说与元贤的智行合一说虽然话语相似,但却是完全不同的两种理论。产生这一区别的原因是什么呢?简言之,元贤之说中虽可感知到出世间的自在性,但却缺乏像良知说那样的迫近现实的力量。而且其反而将此点理解为自身的长处,故而才会放言"阳明之良知正情也"、"乃以之睥睨今古,夸为独得,不亦谬乎"(《广录》卷二九,第三八二叶)。

紫柏达观在被问到世儒所说的知行合一的意义时,引用"尊其所知,则高明矣;行其所知,则光大矣"(《汉书·董仲舒传》)之语,认为显然是"知先行后",同时又认为知有解悟之知、修行之知与证极之知三个阶段,"无解悟之知,则修行之知无本矣。无修行之知,则证极之知无道矣。又证极之知,为解悟修行之知之所归宿也"(《紫柏老人集》卷八,第二一叶)。这与其说是对阳明所说知行合一的解释,其实不过是在叙述佛道修行中的知行关系,以及直至入悟为止的知之发展形态。达观又针对知的各个发展阶段,提出"行时非知时,证时非行时。到此地位,不可以智知,所知不能及。知既不能及,行亦不能及"(《紫柏老人集》卷八,第二一叶),认为穷极的悟境乃是"知行路穷"。在超越知行对立的层次这一点上,达观之论或许可以作为理解阳明学说的参考。然而其中也舍弃了事物之理与知的关系,缺少"物是良知感应之实事"这种确切的声音,难以成为对知行合一论的合适解答。

宗宝道独也相当强烈地排斥知,在被问到知行先后时,先是强调"山僧虽学佛,而不识儒",之后回答道:

> 宗门大旨,知外无行,行外无知。知到极处即是行,行到极处即彻知。恁么看来,知行合一。然亦不过强贴耳。岂不闻知之一字,众祸之门。知尚不立,而况行耶?到此田地,唤作先知后行不得,先行后知不得,知行合一亦不得,非情识见解可到。(《道独语录》卷五《答陈秋涛宗伯》,续藏经本)

其中的"到极处"云云让人联想到之前引用的陈北溪"要之以极致而

论,知与行其实只是一事"(《北溪集》卷二八,第八叶)之语,但又进而提出要超越之而到达"不立知"的境界。在其看来,似这般放下知、放下无知而可得灵知。(《道独语录》卷五《答金叔起文学》)然而其断定仁义忠信等一切道理皆依人而显,其人尚且不存,故而理无所依(《道独语录》卷三,第六八叶),与阳明式的知行合一论之间的鸿沟无法掩藏。

此外,法舟道济在被问到阳明的知行合一时,回答道:"知不差即是行,行不昧即是知,只是一事。说个合,已似费手脚了,况他说乎?"(《法舟济剩语》,第十叶,中华大藏经本)然而此说过于简明,远不及阳明之迫切。

明末的曹洞禅大家觉浪道盛亦曾回答良知性善论者云:"此孟氏之学,固不易到。据吾教,既为良善,正是六识功勋边事。至于知见立知,是无明本。必须参透向上活句,始得本地风光。"(《道盛全录》卷三,第二二叶)其仅将作为性善的良知置于六识边,并借用《楞严经》的论法,警告说若过于执着良善,反而是无明之本。要言之,以上诸家皆恐为良知所牵引而至于立知,故而有意回避对此深究。以此态度,要将阳明之知行合一纳入自己的行道体验,终不可得,其不能做出正确的评价,亦属合理。然而其中亦有如蕅益智旭者,虽云"知见立知,祸门也。知见无见,妙门也"(《蕅益智旭宗论》卷三之二《答湛持公三问》)而大致沿袭《楞严经》之说,但却不就此将其说移植应用于良知说,而对阳明在思想史上的贡献做出了很高的评价。其云:

> 世衰道微,由圣学不明。圣学不明,由功利惑志。不有豪杰振其颓,吾恐孔颜真脉不坠地者几希也。……下手直捷方便,莫如致良知。夫知善知恶,犹眼知色,鼻知臭,非不学而知哉!知善而不能如好好色,知恶而不能如恶恶臭,非不

致其良知哉！有良知而不肯致，则为自欺。自欺即自暴自
弃。(《蕅益智旭宗论》卷二之三《示马尧都》)

如最初所论，禅家对于知之一字有着过敏性的反应，而这导致其对知
行合一论进行深思熟虑的机缘受到限制。然而若以此而认为儒与禅
互不相关地发展，则又过于轻率。邹南皋指出"知禅者然后知先生(阳
明)学,知先生之学斯能知禅"(《愿学集》卷四《王门宗旨序》),此语可
谓洞彻当时的思潮。一元宗本歌曰：

> 山居寂寂养良知，唯在当人自保持。
>
> 情念易来为道怠，果然成佛已多时。
>
> (《归元直指集》卷下《山居百咏》第六首)

第六章　性善论与无善无恶论

一

对于阳明，顾宪成不吝尊敬之意："阳明先生一代儒豪，不得因其流弊归咎，此至公之论也。"（《南岳商语》，第九叶）然而对阳明之学说中将心之本体规定为无善无恶的做法，宪成却绝对无法容忍。对于"阳明言性，即与孔孟殊，亦未尝言性恶。何为非之"之提问，其回答说"阳明将这善压倒，与恶平等看，其流毒乃更甚于言性恶者"（《还经录》，第四叶）。而在与拥护无善无恶论的管东溟论战之际，宪成亦酬答道：

> 曰无善无恶心之体，居然与宗门之指不异矣。侈谈玄虚，而学者竞崇悬解，即欲不厌有而趋无不可得也。即已厌有而趋无，即欲不尚洒落、尚圆通不可得也。即已尚洒落圆通，即欲不掩战兢之脉不可得也。即已掩战兢之脉，即欲不成无忌惮之中庸不可得也。（《证性篇·质疑上》，第二四叶）

此外，清儒刁蒙吉怀疑《传习录》乃是阳明之门人所编纂，故而其中之语未必皆出于阳明,同时慨叹道《传习录》中除了有"至善者性之本体"这样的妥当之语外,不知为何又要云无善无恶乃是心之体。(《用六集》卷三《答范定兴诠部书》,第四叶)

围绕无善无恶之是非而与周海门激烈对立的许敬庵认为性善论绝非执着于善,并反驳道:

> 自古圣贤未有执着之理。若有执着,即非真善。消融脱化者,道之正所当然也。然非并其秉彝之天性而抹杀之也。若必待无善无恶之言而解粘去缚,非其至也。况非其人而语以无善无恶之言,正以重其猖狂自恣之习耶?(《敬和堂集》卷五《答周海门司封谛解》)①

对于许敬庵来说,像阳明这样立下如此之功绩、写下如此之名文、积攒下如此之德行的人物,为何要说出"无善无恶"这种看起来像是出自佛教、出自告子的话,正面提倡这种不但令善恶之区别暧昧不清,甚至还可能抹杀向善之意志的危险思想,将善恶之区别视若等闲而惑乱人心,其中之真意实在是难以理解。

正如许敬庵所忧虑的,"无善无恶"或是与此类似的表现在佛典,尤其是禅宗语录之中有如套话一般层出不穷。大珠慧海云:"一切善恶都莫思量。"(《顿悟要门》)而翻阅《景德传灯录》,尸弃佛之偈中云"起诸善法本是幻,造诸恶业亦是幻"(卷一),第十九祖鸠摩罗多云"一切善恶、有为、无为皆为梦幻"(卷二),南阳慧忠则有"善恶不思,自见佛性"(卷五)之语等等,不胜枚举。《六祖坛经》中云"佛性非善非不善",被称为宋代第一之法将的大慧宗杲则有"若以智慧照破,善恶都

---

① 译者注:此段文字系译者由原书中的日文训读转译而来,可能与原文有所出入。

不可得"(《大慧普说》)之语。为何禅宗要如此强调无善无恶呢?

关于此点,首先应当记住的是,禅是追求悟的体验,而并非以成为善人为目标的宗教。所谓善人,乃是遵守世俗的规范、拥有高洁的人格、一举手一投足皆不存私心的典型人物。时代稍早于阳明的罗一峰在其《善人说》(《一峰集》卷七)中云:"善者性之源,恶者习而后移者也。习于善则善,习于恶则恶。生而恶者,移于气者也。移于气与习,恶由是生焉。善非其初乎?……大学之教,在止于至善,教人以复其初也。"而作为此种善人思想的佐证、自古以来便受到尊重的,乃是《诗经》之《大雅·烝民》篇中的"天生烝民,有物有则。民之秉彝,好是懿德"之诗句。此诗亦为《孟子·告子上》所引用,在朱子学中则被当作性善论的依据。而朱子学者所瞩目的另一条经文则是《易经·系辞上》中的"一阴一阳之谓道,继之者善也,成之者性也"之语(如可参照《朱子文集》卷七三《读余隐之尊孟辩》,第八叶),阴阳—生成—性善这一朱子学的公式由此而得以成立。"流行造化处是善,凝成于我者即是性。继是接续、绵绵不息之意,成是凝成有主之意。"(《朱子语类》卷七四,第二四叶)

薛敬轩亦云:

> 《易》言"继之者善也",此善字实,指理言也。孟子言"性善",此善字虚,言性有善而无恶也。然孟子言性善,实自"继之者善"来。因继之者善,故性有善而无恶也。(《读书续录》卷一,第二二叶)

如此一来,有耳目便有聪明之德、有父子便有慈孝之心即被当作人类之常性。由此而充溢而出的,乃是对于造化之生生的深切信赖,以及不管克服什么样的障碍都要发挥此造化所托付的善之本性的高度使命感。胡五峰之《知言》(卷四"义理"条)中有提倡超越是非善恶之一条云:"人事有是非,天命不囿于是非。超然于是非之表,然后能平天下之事也。"而朱子则批判此种思想云:

> 盖性之与情虽有未发已发之不同,然其所谓善者则血脉贯通,初未尝有不同也。此孟子道性善之本意,伊洛诸君子之所传而未之有改者也。《知言》固非以性为不善者,窃原其意,盖欲极其高远以言性,而不知名言之失,反陷性于摇荡恣睢、驳杂不纯之地也。(《朱子文集》卷四六《答胡伯逢》)

似此般追问下去,则必然要提起的疑问,便是究竟何为善,以及本性为善究竟意味着什么。

作为性善说的直接根据而被援引的乃是孟子的四端说。然而见到将要坠井的婴儿便会兴起怵惕恻隐之情这一设定只捕捉到了人类意识之流动中反射性的一个瞬间,而并不能完全覆盖受到各种各样的家庭、社会、国家之制约而存在的人类之极端复杂的意识变动、分化和屈折。故而性善说愈是要寻找自身作为单纯明快的理论之基础,便愈是有可能游离于人类存在之实态。为了避免这一点,便需要不固执于最初被规定为善者,而对善意识加以重新构建,以能够应对事态之变化。而一旦言及此事,冥顽不灵的朱子学者们便会立刻将其非难为无节操、试图掩盖恶的计策。这种危险性的确存在。然而执着于某种善意识的做法,或者结合之前所提到的格物致知论来说,拘泥于某种理意识的做法,会导致无法从广泛的视野来透视当前所面对的事态的内部结构,结果虽欲守善、守理,却反而招致善和理的形式化、无力化。的确,朱子也曾担忧过对理的探求会过于僵化,而提醒道"但守此一定之法,则亦无复节节推穷、以究其极之功矣"(《朱子文集》卷四四《答江德功》)。然而要不受先人之见的影响而一路突破善与恶的对抗、天理与人欲的对立，冒天下之大不韪而对善恶理欲进行重新建构，却又不是能够轻易尝试的事情。试观以下之语：

> 天理固无对，然既有人欲，即天理便不得不与人欲为消长；善亦本无对，然既有恶，即善便不得不与恶为盛衰。(《朱子文集》卷四二《答胡仲广》)

保持着原初纯粹性的天理、善等等时刻不离意识，此乃朱子学的特色，同时也是随后朱子学之僵化的原因。而朱子所提倡的道学由此反而成为了脱离时代、独善其身的迂腐学说的代名词。如此一来，朱子学之性善论的性质迟早也必然受到重新审视。朱子之论敌陆象山所云"恶能害心，善亦能害心"(《象山集》卷三五)，便是这种趋向的先驱。阳明之门人欧阳南野则云：

> 吾人良知，非但不沾恶习，虽善亦未有着处。于此有得，则融化(善恶之)痕迹，削磨觚稜，内不失己(之本性)，外足以同人。(《南野集》卷三《答周以介》)

此处所说的"削磨觚稜"，可以说是切中了因拘执于性善论而带来的不近人情的正义感的弱点。而南野又更进一步，提出为了摆脱定型的善恶论，应当不被一定的规范(格子、格式)所束缚，而忠告道：

> 凡事求讨格子，固是舍本逐末。然心之良知怵惕必于入井，惭愤必于呼蹴，恭敬必于省察，虽屡变而不乱，至于凡事莫不皆然，谓之有格子可也，(《诗经》)所谓"有物有则"者也。

然（世上之事）变易无常，恻然而怵惕矣，忽赧然而惭愤，又忽
肃然而恭敬，虽不乱而屡变，至于动静、有无，莫不皆然，谓之
无定格子可也，（《易经》）所谓"无方无体"者也。（《南野集》
卷五《答贺龙冈》）

南野将常格与变格巧妙地综合在一起，其锐利眼光在此处闪耀着。不
管怎样，南野对固定的性善说提出了挑战，认为在承认人类具有反射
性的善意识的同时，也应当根据现实的复杂多变而对善进行重新发现
和灵活运用。在给予性善论相应地位的同时，也必须具备超越性善论
的意识。阳明提倡无善无恶论的意义正在此处。

二

阳明最初以明确的形式提出无善无恶论，且由此在学界引发一场
浩大争论，这一场景乃是被王门之罗念庵称为"此万世之大关键"（《念
庵集》卷四《与钱绪山论年谱》）、见于《传习录》卷下的在天泉桥上教示
四无说一事。众所周知，此教示围绕着《大学》中"正心""诚意""致知"
"格物"之四条目与善恶之关系而展开，但为了论述之方便，此处仍一
一开列其内容。钱绪山所传的四有说（实际上是一无三有，但在此仍
采用历来之称呼）为：

无善无恶是心之体
有善有恶是意之动
知善知恶是良知
为善去恶是格物

而与此相对,王龙溪所谓的四无说为:

> 心体是无善无恶
>
> 意亦是无善无恶
>
> 知亦是无善无恶
>
> 物亦是无善无恶

此说彻头彻尾地贯彻了无善无恶。对此,阳明提出四无说乃是用来接利根之人,而四有说则是用以接中人以下者,提醒道"若各执一边,眼前便有失人",并且又叮嘱说利根之人世上难遇,应当以四有说来引导众人。龙溪之门人查毅斋云:"四无之说,盖因既见本体,则名言俱忘。若初学之士,安得执四无之说,至茫无入头也?"(《水西会语》)机根之不同暂且不问,将四有说与四无说进行比较,便可发现两者之第一句均提出心体乃是无善无恶。那些拼命想要让阳明学向朱子学靠拢的人物认为以上所说的无善无恶论乃是龙溪所创,而与阳明无关。方本庵便是此类人物之一,不过关于此人将在下文中再论述。而此种主张形成的根据之一,是阳明门下的邹守益将绪山之四有说的第一句记为"至善无恶者心"(《东廓集》卷二《青原赠处》)。不过东廓并没有身处天泉桥之现场,而只是得之于传闻,故而或许将自己所理解的良知说代入其中,而不自觉地将"无善"改写为"至善"。阳明曾称赞东廓之风格,认为其类似"有若无、实若虚"(《论语·泰伯》)的曾子(《传习录》卷下),此种风格就此成为东廓之学风,对于龙溪一派过于俊敏的趋向起到了抑制作用。东廓曾云"至善者,良知之真纯而无杂也"(《东廓集》卷五,第九叶),而正是此种平素对良知的理解,才使得东廓毫不迟疑地对四句教进行了如上之诠释。不过东廓之同门、与东廓相比对良知说之理解更为稳健的聂双江以"阳明先生云"开头而原样引用了绪山的四有说(故而第一句乃是"无善无恶者心之体",见《聂双江集》卷十《答戴伯常》,第四叶),而《全书》中所收的《年谱》之嘉靖六年九月条的记述亦与《传习录》一致。由此来看,阳明不管机根之如何,均将良知之体规定为无善无恶,此点率无疑义。[①]

如之前所述,"无善无恶"之语并不符合儒家之传统,反而与佛教关系较为密切。然而阳明曾云"佛氏着在无善无恶上,便一切都不管,不可以治天下;圣人无善无恶,只是无有作好,无有作恶,不动于气。然遵王之道、会其有极,便自一循天理,便有个裁成辅相"(《传习录》卷上),认为自己所说的"无善无恶"绝非超脱于人伦界的手段,而是要摆脱私意而遵循天理,具有治天下的功效。若将阳明此语推论到极致,则无善无恶并非只停留于悟之境界,而是要为了治世安民而不囿于既有的善恶观念、根据自身独自的判断而在人伦界积极推行改革。正是因为无善无恶,才能够实现至善。秦弱水认为"无善无恶"之语并无不妥之处,而云:

> 良知本教为善去恶最着力。却先说个无善者,只为人心胸怀柴栅,廓辟不开,直教他掀翻着。(《广理学备考·秦弱水集·读阳明语录》)

即便如此,依照其实际之应用,"无善无恶"这一口号的确具备足以动摇性善论之基础的破坏力,不仅可能扰乱安定的秩序,甚至可能化为酿成各种私意放纵的渊薮。对彻底拥护性善论的一侧来说,这种思想

---

① 管东溟《师门求正牍》卷上第三七叶、李见罗《观我堂稿》卷八第一三叶、方本庵《庸言》等皆作"无善无恶"。此外,本书所使用的方本庵之著述皆为《桐城方氏七代遗书》中所收版本。

无论如何都要拒绝。湛甘泉云：

> 或云："有善有恶为二，无善无恶为不二法门，如何？"曰："谓不着有善恶之见则可。（《易经》）既云'继之者善'，无善无恶终是（放弃善恶判断的）寂相。吾儒自有不二法门，正以其能善善而恶恶耳。"（《湛甘泉集》卷二三，第三七叶）

此外，湛甘泉还云"近时又以无是无非、无善无恶为密，亦昧也"（《湛甘泉集》卷二三，第三八叶）。此前曾引用过的顾宪成揭露了无善无恶论者巧妙地主张此论与孟子之性善论相合的策略，而说道：

> 迩时论学率以悟为宗，吾不得而非之也。徐而察之，往往有如所谓以亲义序别信（等儒教伦理之根本）为土苴、以（《中庸》所谓）学问思辨行为桎梏，一切藐而不事者，则又不得而是之也。识者忧其然，思为救正，谆谆揭（扩充悟之）修之一路指点之，良苦心矣。而其论性，则又多笃信无善无不善之一言，至以为（孟子之论敌）告子直透性体，引而合之孟子之性善焉。不知彼其以亲义序别信为土苴、以学问思辨行为桎梏，一切藐而不事者，其源正自无善无不善之一言始。而无善无不善之一言所以大张于天下者，又自合之孟子之性善始也。（《东林会约》，第七叶）①

---

① 顾宪成著作中随处皆有对无善无恶论的批判，而清儒魏裔介则称赞其功绩云："自阳明有无善无恶之说，而天下之好异者纷纷趋于禅宗，莫有敢指其非者。顾端文先生乃于群言淆乱之时大声疾呼，力辨其讹，而后天下之学者始晓然，如拨云雾而见青天。"（《兼济堂文集》卷四《顾端文先生罪言序》）

湛甘泉门下的冯少墟亦云：

> 良知"知"字，即就心体之灵明处言。若云无善无恶，则心体安得灵明？又安能知善知恶邪？其灵明处就是善，其所以能知善知恶处就是善，则心体之有善无恶可知也。是无善无恶之说之误，即就先生"知善知恶是良知"一句证之也。（《冯少墟集》卷一五《答黄武皋侍御》）

其又云：

> 阳明先生致良知三字，泄千载圣学之秘，有功于吾道甚大。而先生又曰："无善无恶心之体，有善有恶意之动。知善知恶是良知，为善去恶是格物。"夫"有善有恶"二句与致良知三字互相发明，最为的确痛快。"为善去恶"一句，虽非大学本旨，然亦不至误人。惟"无善无恶"一句关系学脉不小，此不可不辨。何也？心一耳，自其发动处谓之意，自其灵明处谓之知。既知善知恶是良知，可见有善无恶是心之体。今曰"无善无恶心之体"，亦可曰"无良无不良心之体"耶？近日学者信致良知之说者，并信无善无恶之说，固不是；非无善无恶之说者，并非致良知之说，尤不是。（《冯少墟集》卷一六《别李子高言》，第十叶）

而针对以上所述的顾、冯两人对无善无恶论的批判，黄宗羲基于自身独特的理解，又反过来展开了批判：

> 阳明言无善无恶心之体，原与性无善无不善之意不同。

性以理言,理无不善,安得云无善? 心以气言,气之动有善有
不善,而当其藏体于寂之时,独知(即良知)湛然而已,亦安得
谓之有善有恶乎? 且阳明之必为是言者,因后世格物穷理之
学,先有乎善者而立也。(接下来周海门指出以性为无善无
恶者失却阳明之本旨)……后来顾泾阳、冯少墟皆以无善无
恶一言排摘阳明,岂知与(并未将性规定为无善无恶的)阳明
绝无干与? 故学阳明者与议阳明者,均失阳明立言之旨。
(《明儒学案》卷三六《周海门略传》)

黄氏将心与性进行区分而展开论述,虽然其中潜藏着朱子学的影子,
但以此来为阳明辩护,抨击顾、冯二氏对阳明的非难之不当的做法,亦
可以说是凸显出了明末思想界之错综复杂的一道风景。

三

前文中暂且引用了一些认为阳明学亦有其长处、承认良知说亦有
相当之效用的人物之语。而那些心胸狭窄的朱子学者则从一开始便
认定良知说乃是异端邪说,无时无刻不试图将其彻底抹杀。清儒张伯
行曾对阳明之四有说进行了如下之改订:

有善无恶心之体
有善有恶意之动
知善知恶是致知
为善去恶是力行
(《困学录集粹》卷一,第一二叶)

需要注意的是,无善无恶以及良知在其中均已销声匿迹,而贯穿始终的,则是区分善恶的意识。劳余山云:

> 昔阳明以无善无恶为心之体,从此句错起,直错到底。盖心之体为性,即仁义礼智是也。今以仁义礼智之性具于心者,谓之无善无恶,断断不可。如以仁义礼智未发之际,隐而难见,因谓之无善无恶,请问此仁义礼智到发见时,岂凿空生出四端乎? 吾知人身上舍未发时,无以见仁义礼智之性矣。然谓隐而难见者,亦就阳明不能见而言之耳。在知性之君子,于心体无不昭然可见(仁义礼智)。(《劳余山遗书》卷七《辩王门宗旨之非》)

此外,将阳明区分上根和中下根的做法批判为"阴实尊崇夫外氏,阳欲篡位于儒宗"的罗泽南发出了如下之诘问:

> 夫人之为学,只欲复其本体而已。即"为(不及上根的)其次立法"(《传习录》),亦使之由"其次"至于"利根"而已。虽曰资有不同,教亦因之而异,要不能于本体之外改废绳墨以示人。如阳明(区别利根及以下)之言,岂利根之人可令还其本体,其次则能于本体之外做工夫乎? 岂今日暂使为善,他日始教以无善乎? 他日复其无善之本体,始举今日所为之善而弃之乎? 且弃善易也,为善难也。其次不免有习心在,虽以性善示之,犹难遽望其善。(《姚江学辨》卷一,第二叶)

也就是说,在这些人看来,无善无恶论与性善论不可能同时成立,而无善无恶论会彻底颠覆认为人先天具有仁义礼智之德的儒教传统原则。

然而阳明曾明确论断"仁义礼智,性之德也"①(《传习录》卷中《答陆原静书》第二书),在肯定此点的同时,又将心体规定为无善无恶。这是不是一种矛盾?

阳明还曾云"仁义礼智,也是表德"(《传习录》卷上),而"表德"当是作为表征、记号之德的意义。问什么王阳明不主张仁义礼智之具德＝性善论的说法,而要提倡仁义礼智之表德＝无善无恶论之说呢? 仁义礼智具于心中,此点确实不错。然而只依靠自然反射以及现成的规范,是不可能在千变万化的发动之场景下适当地表现出这些德目的。并且世相在激烈变化,人情也在大幅转移,四德之表现形式也必须随之而变化。若无视此点而只执着于所谓四德之固定条目,将只会剩下姑息之仁爱、徒有其表之义理、有形无实之虚礼和失去理性之智。

查毅斋云:

> 若只从事为上修饰、名节上检点,纵外面做得无破绽,于本来真性毫无相干。此诚伪之辨也。(《阐道集》卷二《与张复吾父母书》)

此外,其还以《易经》中所见的"典要"(一定之规范)之语为主题,而论述道:

> 知其不可为典要,则天地万物,莫非变迁之迹也,安所执之以为常? 知其有典要,则食息语默,莫非天则之存也,安可忽之而不慎? 故君子身在天地万物之中,心超放天地万物之

---

① 译者注:译者验诸《传习录》,原文为"仁义礼智,性之性也",此处恐是作者引述有误。

外。(《阐道集》卷五《典要》)①

在毅斋看来，没有超出典要的自由，便不可能有真正令本性得以满足的道德实践。而为了达到这种获得解放的心境，便必须让四德回归其原本之所有者心，在其中重塑其性质、改换其样貌。而越是活力旺盛、责任意识浓厚的心，越是能够自由自在地进行判断、改变自己的认识。阳明将此种心称作良知，而说道："下之节目时变不可胜应矣，毫厘千里之谬，不于吾心良知一念之微而察之，亦将何所用其学乎？"（《传习录》卷中《答人论学书》）被传统的价值观层层裹挟的心绝不可能有此回天之术，而必须首先具备从其中摆脱出来的决心以及灵活的思考能力。由此产生的放之四海而皆准的伦理之基根，即被表达为无善无恶。故而此无善无恶在本质上与朱子学的性善论绝不可能相容（所以那些无法摆脱以上所引用的朱子学思考方式的人们才会全都反对无善无恶论）。而从四有说（一无三有说）也可以看出，无方能生有。那种认为无善无恶论乃是放弃了善恶判断的非人伦之学说，甚至不过是不负责任的临时敷衍之词的看法，完全是一种误解。这也是为何阳明会肯定地说"良知只是一个良知，而善恶自辨，更有何善何恶可思"（《传习录》卷中《答陆原静书》第二书）。

_____

① 此段文字略为难解，故而亦在此将其前文引用如下："盖天地原有变者，有不变者。刚柔所以立本，变通所以趋时，道之全者如此也。彼昧于立本者，既流荡情识、出入内外、罔知所止，昧于趋时者，又拘执典要、通志成务、难与成能。其于易道，胥失之矣。此圣人所以不得不反覆开示也。知其不可为典要，则天地万物，莫非变迁之迹也，安所执之以为常？知其有典要，则食息语默，莫非天则之存也，安可忽之而不慎？故君子身在天地万物之中，心超放天地万物之外。此外，若要了解这一时代非道学士人对性善论的看法，可以虞淳熙之言为例：夫情善、才善，因征性善。如木具四时之火，木非是火；珠含五方之色，珠非是色。木即是火，青青者灰；珠即是色，灿灿者失。性即是善，必碍情才而无别。故性中有善，善原于性，一而二、二而一者，何容拟议耶！况世固有不哀墟墓、不钦宗庙、不救入井之孺子者。"（《虞德园集》卷二三《复孟我疆》）

　　不过从四有、四无说之对立也可以看出，在阳明一门中最为强调无善无恶论的乃是王龙溪。王敬所云：

　　　　龙溪先生在门高第，独因无善无恶之旨悟入，深参密悟，
　　结发以至白首，从事于此学，而无二事。(《王敬所文集》卷六
　　《寿龙溪王先生序》)

龙溪因为过于强调无善无恶，甚至被抨击为背离了阳明之真意。而在探讨其无善无恶论之际，有三点需要留意。第一，正如所谓"良知两字，是照妖大圆镜，真所谓赤日当空，魑魅潜消者也"(《龙溪集》卷九《与陆平泉》)，龙溪对良知所天然具有的是非判别能力寄予了莫大的信赖，认为其赫赫之照射有着不放过任何细微之恶的透视力。第二，龙溪经常使用"无中生有"之语，而此无并非固定的寂静之无，而是泼剌剌的，有着创成万有之活力，正如所谓"夫万物生于无而显于有。目无色，然后能辨五色；耳无声，然后能辨五声；口无味，然后能辨五味；鼻无臭，然后能辨五臭。(同样地)良知无知，然后能知是非。无者，圣学之宗也"(《龙溪集》卷八《艮止精一之旨》)。第三，龙溪一再重复诸如"良知无是非，知是知非""良知知是知非，而实无是非"之语。也就是说，龙溪已经将分别即无分别、无分别即分别发挥到了极致。而在倡言此种绝艺的龙溪那里，孟子之性善论、《易经》之继善说又是如何被理解和接受的呢？

　　　　孟子道性善，本于大《易》"继善成性"之言。人性本善，
　　非专为下愚立法。先师"无善无恶"之旨，善与恶对，性本无
　　恶，(故而)善亦不可得而名，"无善无恶是为至善"(《传习录》
　　卷上)。非虑其滞于一偏而混言之也。孟子论性，莫详于公

都子之问。世之言性者纷纷不同，性无善无不善，似指本体而言；性可以为善为不善，似指作用而言；有性善有性不善，似指流末而言。斯三者各因其所指而立言，不为无所见。但执见不忘，如群盲摸象，各得一端，不能观其会通，同于（《易经·系辞上》所谓）"日用之不知"，故君子之道鲜矣。孔子"性相近，习相远"（《论语·阳货》）、"上智下愚不移"（《论语·阳货》）三言，又孟轲氏论性之本也。至于直指本原，征于《烝民》之诗（"天生烝民，有物有则"）、孔子说诗之意，（《易经》中）断然指为性善。……而诸子之议，乃谓性本无善无不善，既可以言善，亦可以言恶，有善有恶，亦可以言善恶混。而性善之论，若有时而穷，大都认情为性，不得孟子立言之本旨。先师性无善恶之说，正所以破诸子之执见而归于大同，不得已之苦心也。（《龙溪集》卷三《答中淮吴子问》）

据此处所说，阳明的无善无恶即至善论才是以经书为依据的、最为正当的关于性的学说，而其他说法在龙溪看来要么是片面之词，要么是将性与情混为一谈。不管怎样，龙溪自认为是性善论、继善论的正统继承人，此点毫无疑问。不过需要注意的是，此段论述亦以"性无善恶"来收尾。然而尽管龙溪辩才无碍，但对无善无恶与性善加以统合之说仍然无法令其他学派轻易接受。就四有说而言，在此说引发疑问之际，李见罗回答道：

（如《中庸》之所谓"中和"）从性率由，从本流出，盖实实落落一个至善也。故顺性之本色，（其行为、判断）则皆仁，则皆义。违性之本色，则皆不仁，皆不义。此孟子之所以谓"义内"（《孟子·告子上》）也。其学之见地，盖始于此也。善所必有,岂可言无? 恶所本无,又不待说。(若本性)无善,则仁义礼智,从何种植? 恻隐、羞恶、辞让、是非,从何发苗? 无善无恶既均,则作善作恶亦等。盖总之非吾性之固有也,夫安得不认善事为矫揉,而义果(如告子所说)在外者乎? 见性一差,弊盖至此。(《观我堂稿》卷八《答涂清甫书》)①

这段批判所体现的,依然只是仁义礼智为善、轻视仁义礼智者为恶这种短浅的逻辑,而对于仁义礼智之内容是否需要反思,也就是说是否需要从根源上对仁义礼智的内部结构进行重新考虑,则没有任何涉及。最终,对天赋之仁义礼智出手进行修正这种无法无天的事情被归因于未将此四德看作性,而是将其看作情。而既然将四德理解为情,则其必然要受到后天的、外在的制约。故而见罗在上引之文后又接着说道:

推其原故,则以其只就用上看体,直于知觉运动(而不是未发之本性)之中认其发根之良者,据之以为天命之体。岂知天之发露固有,人之作用亦多。

那些为朱子学的善恶论所束缚的人们终究无法到达阳明、龙溪提倡无善无恶论之际的意图和境界。见罗在年轻时曾受到邹东廓、王心斋及王龙溪的感化,一时受良知说之洗礼。然而良知说的自由豁达之性格

① 顾宪成在将朱子、阳明与见罗三者进行比较后说道:"朱子揭格物,不善用者流而拘矣。阳明以良知破之,所以虚其实也。阳明揭致知,不善用者流而荡矣。见罗以修身收之,所以实其虚也。皆大有功于世教。然而三言原列于《大学》一篇之中也,是故以之相发明则可,以之相弁髦则不可;以之相补救则可,以之相排摈则不可。"(《小心斋札记》卷一一,第十叶)

与其说是令见罗之心魄沉浸于悦动之欢喜,毋宁说是令其陷入了情绪之不安。由此其对《大学》进行了独自的重新解读,结果是注目于其中的"知止"和"修身"二语,觉悟到修身乃是知本之归宿,而知止则是定性之枢要。经历此种进学之过程后,在见罗看来,良知说如所谓"欲就灵明拣别其是非善恶,则可倏而危、倏而微"(《正学堂稿》卷六《答吴养志书》),不得不说是一条不安定的、危险的道路,故而其亦不断忠告要充分理解"知本"与"本于知"之间的区别。龙溪曾在给见罗的信中写道"吾世契所见,非有异于师门致知之旨,盖彼此各从重处题掇(《大学》之文辞)"(《龙溪集》卷一二《与李见罗》),而这应当是对已经大名在外的见罗的一种礼貌性的奉承。①

此处再回到顾宪成。对于无善无恶论,宪成曾下过如是之判词:

> 告子无善无不善一语,遂为千古异学之祖。得之以混世者,老氏也;得之以出世者,佛氏也;得之以欺世者,乡愿也。(《还经录》,第二叶)

根据此语,则阳明、龙溪所提倡的无善无恶当被归入乡愿之部类。而乡愿"于流俗污世,不为倡而为从也,即欲名之以恶而不得矣;其于忠信廉洁,不为真而为似也,即欲名之以善而不得矣。是谓无善无恶"(《证性编·罪言上》,第七叶)。也就是说,在宪成看来,阳明、龙溪试

---

① 在见罗提出自己独特的思想之前,龙溪曾对其提出如下劝告:"吾子气魄大,负担世界心切,与众人琐琐伎俩自不同。但未免为气魄所胜,功夫未能时时微。……悬崖撒手,直下承当。若撒不得手,舍不得性命,终是承当未得在。"(《龙溪集》卷四《过丰城答问》)而见罗在万历六年写给知己的信中则如此评价阳明学:"每以阳明真命世之才,有度越千古之见,诸所论著者,无一非学圣之真工。而独其所提揭者,以救弊补偏,乃未惬孔曾之心要。今'致知'二字,虽列于八目之中,而知本、知止,乃特揭于八目之外。以致知为知本,于理固所不通;为知止即致知,于用亦有未协。必欲略知本而揭致知,少明训解五尺之童子知其不可矣。"(《观我堂稿》卷五《答董蓉山丈书》)

图以无善无恶来对仁义礼智进行移形换位的做法,并不是为实现至善
的不得已的手段,而是悍然要弄变幻自如地谄媚世间的卑劣阴谋者的
阴险手法。① 继承了宪成之学风的刘念台曾将四句诀更改如下:

> 有善有恶者心之动
>
> 好善恶恶者意之静
>
> 知善知恶者是良知
>
> 为善去恶者是物则
>
> (《刘子全书》卷十,第二六叶)

而以无善无恶为异学(禅学)之说(《刘子全书》卷十,第三叶)的念台还
曾云"古人学问全向静存处用,更无一点在所发处用"(《刘子全书》卷
九《答史子虚》),且为了避免流于偏静,又注目于意,不像朱王那样将
其定义为心之发处,而是将其理解为心之存处,认为有好恶而无善恶
之意才是心之初机。故而以上所引四句之关键,乃是其中的第二句,
其他三句则都从此句中展开。由此良知虽得以保存,但其吃紧之处则
变为诚意。通过此种仍吸纳良知但却否定无善无恶的做法,阳明与龙
溪被切割开来,天泉桥上的问答也被说成是出自龙溪之演绎(《刘子全
书》卷一二,第一五叶)。而念台的这种看法又为其门人黄宗羲所继承
(《明儒学案》卷一二《王龙溪略传》)。

---

① 关于乡愿,众所周知阳明曾赤裸裸地吐露其自身经历云:"我在南都以前,尚有些子乡愿
的意思在。我今信得这良知真是真非,信手行去,更不着些覆藏。"(《传习录》卷下)龙溪
曾对狂者、狷者和乡愿三者进行对比论述(《龙溪集》卷一《与梅纯甫问答》),而袁宗道则
对其中的乡愿论表示激赏:"龙溪论乡愿极细极彻,真能令学者赧然惭,又惕然惧也。"
(《白苏斋集》卷一九,第二〇叶)

四

　　天泉桥上之会语随即在学界引发了轩然大波,而相关之议论中较为著名者,有许敬庵和周海门之间的九谛九解之问答。敬庵曾评价阳明云"文成明睿,学几上达,若夫动不踰矩、循循善诱,犹非孔氏家法"(《敬和堂集》卷五《答沈实卿》),一直认为其有背离儒家正统的一面;而海门则曾云"阳明与颜子合德,孟子齐功,濂溪、明道同心,而衍一脉之传,他儒皆不能及也"(《东越证学录》卷五,第四九叶),对阳明寄予了绝对的信任。故而此两人之见解自最初开始便绝不可能一致。然而天泉之会语既是阳明"传心之秘藏",则围绕此处所展开的问题,尤其是以无善无恶为心之体的是非,又必须得出明确的结论。从这一点来说,许、周两家之问答可以说是势所必有,而此问答在同席于现场的诸学徒之间也引发了强烈的反响。海门之知己陶石篑如此理解这场问答之意义:

> 无为有药,善是恶医。症投则牛溲有却病之功,服误则甘露成丧身之祸。是则昔日钱(绪山)王(龙溪)、今时周(海门)许(敬庵),义无胜劣,教有开遮,所谓各具一只眼、共济群盲,各出一只手、同扶众跛者也。(《歇庵集》卷一四《书周子九解后》)

据此看来,石篑似乎是认为只要投药不误,两家之主张均可以引导后学。然而石篑之思想较之海门更加向佛教倾斜,故而其也必然肯定无善无恶论,在此段文字之后又说道"无善即进善之捷径,无非乃去非之要津"。顾天埈也叙述自己阅读海门之九解后的印象云"再三细读,知门下深矣微矣，开迷决滞者弘矣。彼敬奄陋甚，岂足发药也"（《顾太史文集》卷七《与周海门》），以海门为辩论之胜利者。不过清儒王炜在全面研习九谛九解之后，认为"性善一言，儒教根柢也"，提倡无善无恶者乃是废人道、灭五伦、息宇宙（《鸿逸堂稿》卷头《九谛解疏·一解疏》），而龙溪之意不过是在"标新自喜，以为名高耳"（《鸿逸堂稿》卷头《九谛解疏·结语》）。

围绕九谛九解之问答尚有后续之展开，而其发端则是敬庵在重读谛解之后致书海门，针对海门之解中在自己看来尤为不当的几处指出了其谬误（《敬和堂集》卷五《答周海门司封谛解》）。而此时敬庵展开反驳的基本立场与之前毫无不同，故而没有必要一一介绍。不过为了明确凸显出两者的对立之处，此处还是引用其中两条，说明其大意。

海门之解一中有"维世范俗，以为善去恶为堤防，而尽性知天，必无善无恶为究竟"之语，对此敬庵评论道：

> 此言似矣，而未精焉。修道之谓教。自本于天命之性以来，至于诚尽己之性以尽人物之性，以参化育、参天地，其理岂有二耶？……尽性、知天，非别是一路、不可与维世导俗等论也。①

也就是说，敬庵认为尽性知天与维世导俗乃是一以贯之者，故而不需以前者为无善无恶，而以后者为为善去恶。"海门深病宋儒之学不提主脑，盖祖阳明也"（《刘子全书》卷一一，第二〇叶），此语正是出自敬庵之弟子刘念台之口。而敬庵则没有像海门那样意识到宋学已走入死胡同，故而其也一定未能悟到海门解中"无善无恶即为善去恶而无

---

① 译者注：此段文字系译者由原书中的日文训读转译而来，可能与原文有所出入。

迹,而为善去恶悟无善无恶而始真"之语的真意。

接下来,在海门之解二中有"有不孝而后有孝子之名,孝子无孝;有不忠而后有忠臣之名,忠臣无忠。求忠孝之名而犹不可得,又何悖逆之足言"①之语,而敬庵则评价此语云:

> 此老庄之余谈也。为子则思尽孝,为臣则思尽忠。圣贤教人千言万语,犹恐其不能至,如何语之以无孝无忠? 有忠孝之实,不妨有忠孝之名。若云并忘忠孝之名而无有悖逆自然之事,此圣贤之所不敢道也。②

海门提出"孝子无孝,忠臣无忠",是针对认为需在"赏善罚恶、善福祸淫"之前提下奖励忠孝的敬庵之说,认为此说犹是与不忠不孝相并列的两头语、功利性的增损法,真正的忠孝必须超绝于此。而所谓忘忠孝之名,并非对忠孝毫不关心,而是要追求自真心涌出的无垢自然之忠孝。③

由以上可以看出,无论经过多少轮辩论,双方的见解都绝不可能一致。这是因为一方立足于性善论,而另一方则立足于无善无恶论。故而海门也悟到了再讨论下去亦没有意义,而向对方提出停止论辩:"谛语所云,颇与不肖承于师门者未合,即欲作解,再求印正。既而思长者之言,未宜抗辩。"(《东越证学录》卷十《上许司马敬庵公》)继承了敬庵之无善无恶否定论的念台便认定上述之争论以敬庵之胜利告终,

---

① 译者注:此段文字系译者由原书中的日文训读转译而来,可能与原文有所出入。
② 译者注:此段文字系译者由原书中的日文训读转译而来,可能与原文有所出入。
③ 陈几亭曾责骂周海门云:"近世周汝登,遂直谓佛骂祖,古今一人,隐然以儒门中释迦,可夺尼山之席。充其邪见,将使弃父者乃真孝,背君者乃真忠,其为斯道斯民之贼,不又甚于乡愿耶?"(《陈几亭全书》卷五四《皇明儒统凡例·诸儒语录上下篇》)

而云：

> 吾师许恭简公与周海门在南都有九谛九解，辩有辩无，可谓详尽。而师论辞严而理直，凛乎日月为昭。今即从海门作妙解，亦只是至善注脚，终脱不得善字。（《刘子全书》卷一三，第五〇叶）

不过此处需要留意的是，据冯梦祯之日记（《快雪堂集》卷五〇）所述，此著名之佛教居士为敬庵所邀而滞留其家中之际，两人热心地讨论探究了有关生死的问题。梦祯对此大感诧异，而记叙道："儆老十年前似儒门立帜，此日议论颇以生死为急。一变至道，甚可敬也。"此事发生于庚寅年（万历十八年，1590 年），比上述的许周论战还要早两年。而在这场论战的两年之后，敬庵又与当时佛教界的大施主陆五台等人合力完成了湖州天圣寺的重建（《梦游集》卷二〇《重修湖州天圣寺因缘序》）。敬庵极为执着于儒释之辨，以至曾云"儒释之道，毫厘千里，姑未易言"（《敬和堂集》卷五《简耿叔台丈》）。而其却一再与佛教居士结缘，此事该如何解释？黄宗羲记云"先生（敬庵）信良知，而恶夫援良知以入佛者"（《明儒学案》卷四一《甘泉学案五·许敬庵略传》），但看起来很难认为其抱有之思想与其实际生活之间能够毫无二致。实际上，此种事例在明末处处可见，与其以此来指责敬庵，更应将其当作是心学横流的一种表现。故而邹南皋才会致书敬庵，敦促其继续与海门切磋：

> 贵里有周海门者，不肖心友也。……所谓九谛，二公良工苦心矣。此君（海门）贵里一只眼人，翁幸廓然共之。（《愿学集》卷三《柬许敬庵司马》）

五

曾有人大体信奉性善之说，并且在绵密分析了《天泉证道记》之后，认为无善无恶说乃是创始自龙溪，故而由此产生的诸弊端亦当归于龙溪之责任；同时又提出以四无说为上根之立教、四有说为中下根之立教的做法如同有两套规矩，而认定此乃阳明在出战的忽忽之际所发的非究竟语。此人便是方本庵。而之所以云其"大体"信奉性善论，是因为其壮年时期曾倾倒于《天泉证道记》，至五十八岁而始觉其非（《性善绎》，第一八叶①），经此之后便相信阳明之良知说接性善之统，而开始攻击龙溪一派。本庵将阳明与龙溪分割开来的理由如下：阳明入禅三十年，其后翻然逃禅而归儒；其入禅之时或许"以无善无恶为性"，而归儒之后便"以善为性"。其证据乃是《传习录》（卷上）中有"至善者性也，性原无一毫之恶，故曰至善"之语，由此可以明白地看出阳明不以无善无恶为性。阳明乃是大贤，故而其一旦归儒，便为真儒，绝不推禅附儒。然而龙溪却不如此。其阳宗儒而阴宗禅，在《天泉证道记》中伪称无善无恶之说乃是阳明之秘传，拈虚寂而播弄禅机，驱后进而联袂入禅，使得秉持正道之士反而怀疑阳明为禅（《性善绎》，第一八叶）。

本庵之所以如上所述，没有走到连良知说也否定的地步，是因为其知道在阳明之门下亦有像罗念庵那样宣称"天下无现成之良知"、对只谈本体而轻视工夫的一派提出严厉告诫的人物（《东游记》卷一，第一八叶）；且其自身在多年探求良知之说后，体认到了依工夫之做法，

---

① 执笔于嘉靖十六年的陶石篑《重修阳明先生祠记》（《歇庵集》卷六）中云："方公尊人谈道，江淮之间蔚为儒宗，人称本庵先生。公绍明庭闻，超然自得于良知之传，独契微奥。"

良知亦可对性善论加以巩固。顾宪成云："世方以无善无恶附会性善，先生独以性善扫除无善无恶，真狂澜之砥柱也。"(《东游记》卷二《读会语》)在拥有如此之经历与学识的本庵眼中，《天泉证道记》究竟被视作何物(以下论述依据《庸言》中所收之《读〈天泉证道记〉》)？首先，关于阳明之学问，本庵论断道：

> 新建之学，以良知为宗。良之为言，善也，如良士、良农、良工、良贾，必由士农工贾之善而得名。……新建所谓良者，从(《大学》)经文"至善"变化而来也。人之知有良有不良，天下国家之感应、身心意物之存发，莫不有良有不良。致良知，则必格良物、诚良意、正良心、修良身、齐良家、治良国、平良天下，大都去不良以还之于良，充其良以达于所不良。

接下来，本庵说四有说乃是阳明之教，四无说则是龙溪之悟，而心体只是一善，故而善即无恶，无恶即善，不可能无恶又无善。若恶固本无、善亦非有，那么以善为根基的天地、人心亦无以成立。若曰无善无恶、从无处立根基，那么既已是无，又有何根基可立？如此一来，身、意、知、物将会皆堕于无，而天下国家将会皆灭于无。对于此种事态，阳明已有充分的洞见，却为何又要分设两途，为上根立四无之说，为中根、下根立四有之说？此处应当注意的是，《传习录》的此段记载之最后有"人有习心"云云之语，而语中之所以点出虚寂之弊，其意不在中下根，而是在上根之人。其中端的，或许是为了于片时之间诱掖高才之龙溪而采用了便法。而自从《天泉证道记》问世以来，学者喜谈虚寂而不务实修，其弊不可胜言，这对阳明来说着实是一大憾事。

　　通过以上对本庵之批判的概览，可以看出其提倡的无善无恶否定论乃是针对流行虚寂的当时之思想界，欲以理之内实来拼死保卫善。

虚寂乃是使所与之理解体、连善恶之区分亦加以解消的境地。那么，龙溪之无善无恶论果真只是止步于否定善恶而浮游于朦胧之境地吗？关于龙溪对良知与规矩关系问题的态度，前文中已经有所触及。此处仅举一例，以资参考：

> 后之儒者不明一体之义，不能自信其心，反疑良知涉虚、不足以备万物，先取古人孝弟爱敬、五常百行之迹，指为典要，揣摩依仿，执之以为应物之则，而不复知有变动周流之义。是疑目之不能辨五色，而先涂之以丹臒；耳之不能辨五声，而先聒之以宫羽。岂惟失却视听之用，而且汩其聪明之体，其不至于聋且聩者几希。今世学术之弊，亦居然可见矣！阳明先师生于绝学之后，首发良知之旨，以觉天下。学者苟能不泥于旧闻，务实致其良知，去物欲之间，以求复其虚体，其于万物之感，当体具足，虚中而善应，不屑屑于典要，而自不过其则。（《龙溪集》卷二《宛陵会语》）

此处所贬斥的乃是典要、旧闻，所推崇的则是虚体、变动。对此，本庵说道："圣人之虚无止于去恶，（佛老）二氏之虚无兼去善恶。去恶以存善，故终于至善。兼去善恶，则既出乎善矣，遂并四德、五伦、七情、百行，一切去之，安得不入于大恶？"（《庸言》所收《虚无论》）此处所重视的是四德、五伦等典要，所忧心的则是善之实体之丧失。结果，本庵之伦理感虽已接近良知说之门前，却又对彻底的身心脱落感到恐惧。不仅是本庵，固执于性善论者皆有必要玩味公安袁中道的以下之语：

> 为善去恶乃学问中家常茶饭。圣人与常人皆同，其中有难有易、有纯有驳、有安有勉耳。……故知宗门老宿，皆不离

为善去恶之旨耳。然须识得孰为善、孰为恶，不然将以恶作
善矣。圣贤亦有恶。以心体微有不虚不灵处，即是恶。(《珂
雪斋外集》卷一二，第二七叶)

中道乃是承认顿悟渐修为正统之修行法的人物，故而其思想并非与龙
溪完全一致，例如其便曾说过"龙溪、近溪将最上一乘十分泄漏，亦是
一病，阳明却不如此"(《珂雪斋外集》卷一二)。虽然中道承认在天泉
桥之问答中，龙溪之角色乃是阳明思想的究极阐发者，但其提醒称醍
醐之上味反而会成为毒药，且又称赞阳明最后叮嘱的"吾人凡心未了，
虽已得悟，不妨随时用渐修工夫"之语为极为稳密(《珂雪斋集》卷二〇
《书学人册》)。故而对中道来说，天泉桥上的师徒问答绝非没有意义，
亦非出自龙溪之演绎。在其看来，正是因为触及了四有、四无两说，才
使得良知说的特征更为鲜明，本体与工夫的关系问题也由此得以凸
显。尤其是中道强调反思何为善、何为恶之姿态的重要性，此点显示
出其比起本庵等人更能够从高处俯瞰整个时代。本庵虽被称赞为"狂
澜之砥柱"，但其实并不具备看穿此狂澜之本来面目的眼力。在其看
来，见性、自得、彻悟、自由、灵机等术语之流行，乃是令狂澜更为激越
的导火索。而与此相反，中道等袁氏三兄弟则投身于狂澜之中，最终
在佛教信仰中寻求安居之所。

　　有着深厚传统的性善论当然挺过了狂澜暴风，而坚守着其特性。
关于构建起了比本庵庞大得多的思想体系的刘念台，前文中已经有所
触及。此处再补上一处其极为坚决的论断："后人将无善无恶四字播
弄得天花乱坠，一顿扯入禅乘。"(《刘子全书》卷一九《答韩参天》)

　　如以上所见，对于朱子学者来说，无善无恶是最为可厌的毒物。
清儒朱止泉曾比较朱王两学，认为王学"以无善无恶、直透心体，立为
宗传"，而与此相反，朱子"所涵养者，是涵养仁义至善之性，而非涵养

无善无恶之性也"(《朱子圣学考略》自序)。此外,陈几亭将白沙与龙溪进行比较后说道:

> 白沙论学浅于龙溪,然尚谨。龙溪绝有深妙处,然恣矣。进退辞受,儒者大节。白沙一生皎然,龙溪不堪道。(《陈几亭集》卷五四《皇明儒统凡例》)

不过,不论是赞美龙溪还是非难龙溪都需要注意的是,良知现成论、无善无恶论并非头脑中的观念性操作的产物;如阳明的"拔本塞源论"(见后述)所示,其诞生于欲在闭塞的时局中找到突破口、从根本上对士民之精神构造进行改革的社会性意图。尤其是阳明所经验的屡次之军事行动以及与此相关的宫廷之轻举妄动,都应当是必须将良知发挥到极限的生死关头。巧合的是,禅僧元来正是将说法开导比喻为战阵,而说道:

> 大凡教中论事论理、论定论散,如用兵之法式。临阵决胜,贵在当人,必不以法式楷定,然后为正论者矣。(《元来广录》卷二四,第一五〇叶,《续藏经》本)

对于那些不能领会此种临机之敏捷判断以及变化自如的行动方式之意涵的人们来说,变动周流、自在无碍之良知的动静中所蕴含的秘义亦是绝对无法容忍的。故而其将明末士风颓废的根本原因皆归于良知说、无善无恶论,而完全没有意识到自身所犯下的反历史之言行的错误。而若是这些人们看到以下所引的方望溪之语,又当作何感想呢?

阳明之门，如龙溪、心斋，有过言畸行，而未闻其变诈以
趋权势也；再传以后，或流于禅寂，而未闻其贪鄙以毁廉隅
也。若口诵程朱而私取所求，乃孟子所谓失其本心、与穿窬
为类者，阳明氏之徒且羞与为伍。（《方望溪集》卷一四《重建
阳明祠堂记》）

六

最后对本章之开头言及的禅与王门无善无恶说之关系再略加论
述。据记载，宗宝道独曾将出自天泉桥上的四句诀改订为：

不可思议心之体
有善有恶意之动
知而无知是良知
物而无物是格物
（《宗宝道独语录》卷三，第六六叶，《续藏经》本）

若将其与王门的四有说进行比较，则引人瞩目的是，四有说乃是以善
恶，即伦理判断为中心而展开的，而与此相对，道独之四句只是在第二
句的意中包含了善恶，其他三句都与善恶没有关系而分别独立完结。
此三句之涵义，当是超越一切之思量分别者为心体，在知的同时甚至
没有"知"这种意识者为良知，以及就此承认外物之存在而对其没有任
何执着者为格物。而第二句中的意之所以被附加上善恶之对立，其实
与"意者心之所发"这一儒家的定义没有任何关系，而是因为佛教理论
中一般将"意"理解为末那识（我执之意识）或者分别意识等。之所以
会产生上述的差别，当是因为王门之四句诀围绕着良知而展开，而禅

门之说法则以无所得空观为背景。之前在提到菏泽禅的问题之际曾述及，在"知之一字，众妙之门"的说法被提出之后，立刻便有人将其推翻而高喊"知之一字，众祸之门"。与王门对于良知之性质的规定不同，在佛教之中，即便是知，也不允许将其绝对化。道独云：

> 欲究无上大道，知之一字，最为亲切。然知之一字，成却多少人，败却多少人，不可菽麦不分也。凡有所知，皆是缘虑心。苟有个道理存在胸中，亦是缘虑心。假如一切放下，但守个知字，亦是缘虑心。连这个知字都放下，单单守个无知，亦是缘虑心。缘虑心者，生死（流转之）根本也。（与此相对）灵知者，无上大道也。……到者里，不许有知，不许无知，又异于木石。（《宗宝道独语录》卷五《答金叔起文学》，第七五叶）

此处使用了"灵知"之语，而据前文可以推知，此语必是放下道理之意。对禅门之此种立场，可借由对《大学》之经文进行解释的憨山德清之《大学纲目决疑》（《梦游集》卷四四）而更加明了。其中阐述"至善"一词的涵义云：

> 自古以来，人人知见，只晓得在善恶两条路上走，只管教人改恶迁善。此是旧来知见，有何奇特？殊不知善恶两头，乃是外来的对待之法，与我自性本体了不干涉。所以世人作恶的可改为善，则善人可变而为恶，足见善不足恃也。……今言至善，乃是悟明自性本来、无善无恶之真体，只是一段光明，无内无外、无古无今、无人无我、无是无非，所谓独立而不改（《老子》第二十五章），此中一点着不得，荡无纤尘。若以善破恶、恶去善存，此犹隔一层。即此一善字，原是客尘，不

> 是本主，故不是至极可止之地。只须善恶两忘，物我迹绝，无
> 依倚、无明昧、无去来，不动不摇，方为到家时节。到此，在己
> 不见有可明之德，在民不见有可新之民，浑然一体，乃是大人
> 境界。无善可名，乃名至善，知此始谓知止。

这段话极为明晰地表达了将至善规定为无善无恶的佛教之立场，而问题是此无善无恶究竟有何作用。阳明亦云"无善无恶，可称至善"（《传习录》卷上），但立刻便补充道"佛氏着在无善无恶上，便一切都不管"，认为儒佛之间有所不同。那么，佛教果真只是着在无善无恶上，而缺少对于社会的关心吗？新民之本在于一身。只有一身正确发挥功用，才能有效地参与社会活动。那么，要保持一身之正，应当留意于何处呢？

> 夫人之一身，作障碍者，见闻知觉而已。所谓视听言动，
> 皆古今天下，人人旧有之知见。为仁，须是把旧日的知见一
> 切尽要铲去，重新别做一番生涯始得，不是夹带着旧日宿习
> 之见可得而入。以旧日的见闻知觉都是非礼，杂乱颠倒，一
> 毫用不着。故剔心摘胆，拈出个（《论语》所谓"四勿"之）勿
> 字。勿是禁令驱逐之词，谓只将旧日的视听言动尽行屏绝，
> 全不许再犯，再犯即为贼矣。此最严禁之令也。

此处所使用的"旧日的知见""旧日的见闻知觉"等等，应相当于王学的资料中所见的典要、格式。如此看来，必须认为德清的身体一新论与王门的主张有着极为类似之处。若要进一步证明此论断，则可举出德清对于格物的解释作为证据。据其所说，物乃外物，亦即见闻知觉、视听言动所取之境。若以真知对应，则物可被感格；而若以妄知对应，则

物将与我相扞格。也就是说,如先前所述,格物致知是否能够顺利地进行,都取决于一个"知"字。故而"此一知字,为内外心境、真妄迷悟之根宗,古人云'知之一字,众妙之门,众祸之门'是也"。无需多言,此格物解比起朱子学来更加接近阳明学。因此德清才会豪言道"虚无寂灭者,吾佛早已不容矣"(《梦游集》卷五《示袁大涂》),并针对人生而具备的性之特征解释道:

> 此性一尽,则以之事君为真忠;以之事亲为真孝;以之交友为真信;以之于夫妇为真和;施之于天下国家,凡有所作,一事一法,皆为不朽之功业。(《梦游集》卷三九《自性说》)

至此再回过头来思考,则不能不说尽心性之精微而立论的禅之所本是不生灭,而儒之所本则在生灭(《梦游集》卷五《示李福净》)。

德清之如上主张乃是对宗门内所蓄积的自利利他之大乘精神的活性化,或许同时亦有学习当时开始流行的良知说之处。不管怎样,佛教所发动的攻势已经到了如此地步,只凭凡庸之儒者断不可能与其争锋,而有良识的儒者亦不可能对此客观事实视而不见。欧阳南野云:

> 夫穷理尽性,以言乎天地之间,则备矣,而良知其要乎?佛氏以觉为至,然谓空为真、诸相为妄,圆明寂照,而非吾心灿然伦理之知。世儒①以(穷)物理为功,然谓物为外,谓理在物,毫分缕析,而非吾性之自然明觉之理。故佛氏沦于寂灭,而儒者之论,则未免博而寡要。(《南野集》卷七《诸儒理

---

① 此处所说的儒者当意指朱子学者。

学语要序》）

此语虽然有对佛教评价过低之嫌，但其中正确地指出了凭借历来的儒学之力已难以防止佛教的流行。而相较南野更加富于佛教之学养的龙溪则不得不承认"二氏之学，虽与吾儒有毫厘之辩，精诣密证，植根甚深"（《龙溪集》卷一六《水西别言》）。

不过德清虽然提出应当悟到"自性本来、无善无恶之真体"，并以此为出发点来推行不为旧套所束缚的社会伦理，然而具体的人伦世界建立于诸多分化、变形以及远近亲疏等关系之上，若无视这些而只听从自性真体之发挥，则最后只会产生践踏顺序本末的自以为是的善行。故而阳明在阐明心之本体之际说道"能细微曲折无所不尽，则私意不足以蔽之，自无许多障碍遮隔处"（《传习录》卷下），又叮嘱说"念虑之精微即事理之精微"。其认为客观界之细微曲折即是心之分化、分相、分节所带来，故而即是主观界之细微曲折。此处较之对主、客对立的担忧，更为在意的是应对客观界之起伏之际的工夫之节次的巧拙。通过此种节次，良知之无善无恶触探到事物之核心，重新确定其本质，并依据自身之自慊而展开善恶之判别。这便是所谓无内外之区别的事上磨炼的工夫。

不过如之前所引用，《六祖坛经》中有"不思善、不思恶，正与么时，那个是明上座的本来面目"之语，而阳明则认为这只是"为未识本来面目者设此方便"（《传习录》卷中）而已。的确，此语与儒家之无善无恶论有相似之处，然而在阳明看来，佛教之基本在于"自私自利之心"（这并非利己主义），与儒家之原本志于治国安民在性质上有异。不过阳明去世之后，从嘉靖末年到万历年间兴起了新的佛教潮流，其核心乃是大慧禅中可以见到的那种"佛法即世法"的信念。故而与阳明相比，龙溪对于佛教的看法必然产生若干变化。龙溪曾告诫动辄倾向于主

静的罗念庵"大乘禅宗尚不肯作自了汉"(《龙溪集》卷十《与罗念庵》),
又云"佛老自有佛老之体用"(《龙溪集》卷七《南游会纪》)、"吾儒极辟
禅,然禅家亦有不可及者,故昔智者大师有四弘誓"(王宗沐撰《龙溪王
先生集序》中所引),承认禅家悟后之活跃的出色之处。从之前所引用
的德清之语可以推测龙溪的这一观察不误,而以下的紫柏达观之语亦
值得参考:

> 能会万物为一己,一己则己外无物,物外无己。以物外
> 无己,故我用即物用也。以己外无物,故物用即己用
> 也。……我能转物,谓之如来;则我被物转,谓之如去。如去
> 即众人也,如来即圣人也。(《紫柏老人集》卷首《警大众》)

儒佛之隔,的确已经只有毫厘。而若要追究此毫厘之别究竟在于何
处,则当如阳明所指出的,关键在于细微曲折,也就是已经彻悟的本心
能在多大程度上精密地渗透到现实世界的波澜之中。或者也可以说
在于格物之厚薄。欧阳南野云:

> 致知云者,非增广其见闻觉识之谓也。循其恻隐、羞恶、
> 恭敬、是非之知,而扩充之以极其至,不使其蔽昧亏歉,有一
> 念之不实者,(《中庸》第二十三章)所谓致曲以求诚,故知至
> 则意诚矣。此与佛氏所谓圆觉、所谓含藏识者,既已不同,而
> 其功在于格物,益与佛氏异矣。……彼佛氏以事为障,以理
> 为障,既不知所谓格物,而其径超顿悟,又焉有积累就将之实
> 哉?(《南野集》卷一《答罗整庵先生寄〈困知记〉》)

事障、理障之语见于《圆觉经》。依经文所说,若不消除对于事、理的执

着,便不能实现真正的觉悟。也就是说,彻悟之境乃是连仁义礼智亦皆不留痕迹的绝对空的世界。空观彻底至此,方能反过来明白洞察现实世界之曲折。紫柏达观云:

> 知无所得,则一切众生,可以交神之道见之。见之者,乃痛民饥即我饥,民寒即我寒。如未见之,不过率情之痛,非率性之痛。情属生灭,性无生灭,故以有生灭者痛民,终有倦时。(《紫柏老人集》卷二三《与李君实节推》)

而曾与达观等众多禅僧有所交流的陶石篑云:

> 以无善为善,故见过愈微;以罪性本空,故改图甚速。(《歇庵集》卷一五《与周海门》第一书)

若是以池水愈是澄清,其所映照出的阴影便愈是精密鲜明为比喻,或许此类言论更为容易理解。但若是将其理解为要求停止主体之运动,则可能会误解这些以全体大用为本旨的人们之意图所在。此处所谓的无所得空观乃是自在无碍的行动力与活泼的一体意识的产物。然而对于不明确阐述格物的方法而只依靠悟之直觉的洞察,又能够在多大程度上期待其对现实世界进行重新构建呢?此乃儒家一侧所发出的理所当然的疑问。不过,站在佛家的角度,则不得不认为儒家所谓见性、彻悟依然包藏着四德之影像。故而就连与龙溪关系密切的云栖袾宏亦驳斥以爱亲敬长(《孟子·尽心上》)为本来之具德的良知说,而云"所知敬爱,涉妄已久"(良知所具备的爱敬其实已在很大程度上被妄念所污染),此与佛教之真知完全不同(《竹窗随笔·初笔》之"良知"条)。而此袾宏提倡儒教与佛教的分工,儒主经世,佛主出世,因此儒教不需要高远的理论,只需向世人教示泛常之伦理即可。这的确像是力图稳妥处理一切事态的袾宏的提议,然而如此一来,王门的无善无恶论所蕴含的现实破坏力将会彻底成为空架子,而佛教亦会完全退缩到超俗的层次之中。对于此种儒佛分工论,儒家一方立刻表示反对,而佛门中亦有人提出了异议。其中之一便是永觉元贤,其云:

> 世谓:"周孔之道宜于经世,释迦之道宜于出世,各择所宜而宗之。"是浅之乎论二教者也! 夫使周孔无出世之实德,则所谓经世者,非杂于功利,必束于名相,何世之能经? 使释迦无经世之实用,则所谓出世者,非堕于邪计,必局于自私,何世之能出? 故知经世、出世实无二道,实无二心。周孔盖得释迦之妙用,以弘经济;释迦盖得周孔之密印,以证涅槃。世俗徒执其外迹而二之,如冰炭之不相入,则亦未之深考也。(《永觉元贤广录》卷九《示刘孔学茂才》)

如龙溪所云之"良知两字,范围三教之宗",标榜无善无恶的良知说之普及逐渐混淆了儒佛之间的分界线,处处皆令二者得以合体,以发扬心之自由。思想界历来的稳定秩序由此崩溃,随心所欲的新鲜言论交相出现,而这引发了社会的变动,导致陆续出现可谓是不逞之辈的人物。其中著名之例便是儒之李卓吾、佛之紫柏达观。对于以往年平静的时代为理想的人物来说,此种霸儒、霸禅之横行乃是他们不堪忍受的社会现象。儒忘礼而佛犯律,迄今为止约束行为的规范逐渐松弛,各种欲求一举开始爆发,以至于触犯法网者层出不穷。对于此种世态,来斯行感慨道:

> 近世若憨山、达观、李卓吾,皆聚众都邑,竟烦白简(弹劾

文)。达观、卓吾,俱不得死,然而憨山亦谪戍岭表。千古之
事,真如一辙。佛律,比丘不得亲近王公、聚居都市,可谓虑
患深而垂戒远矣。以此为训,而今犹有奔走贵戚、依恋京都、
巧媒名称、虚贪信施者。岂徒人王之罪人? 抑亦法王之罪人
也已。噫!(《槎庵小乘》卷三四《僧祸》)

将李卓吾称作"名教之罪人"(《愿学斋亿语》卷三,第四三叶)的于孔兼
告诫不可混同儒佛,说道:

> 我辈要讲明学问,而不立门户。躬行要实践,而不在工
> 文章。说儒学儒。以禅混儒,吾道之蠹。说禅单说禅。扯禅
> 以入儒,甚者尊禅以抑儒,而夷考其行,则贪名觅利之尤,何
> 能障人耳目、掩己肺肝耶? ……不佞不穷于道,而立身行己
> 之方,略知尺寸;不著于书,而片言只字之述,谨守程朱,写一
> 句不若行一行也。[1](《愿学斋亿语》卷一《复顾泾阳论学书》)

不管怎样,当时众多意见都认为诱发此种无视教派区别之风潮的源头
在于王龙溪的"良知两字,范围三教之宗"之语,以至又催生了将阳明
与龙溪区别对待之说,或是认为王门自身之特质导致了此种现象之
说。而与此同时,却很少有人能够指出招致此种异说的远因其实潜藏
在朱子学自身之中。此处试窥清初张尔岐的明代学术史观,以确证朱
子学独尊意识之根深蒂固:

> 明初学者宗尚程朱,文章质实。名儒硕辅,往往辈出。

---

[1] 译者注:此段文字系译者由原书中的日文训读转译而来,与原文字句可能有所出入。

国治民风,号为近古。自良知之说起,人于程朱始敢为异论,或以异教之言诠解六经。于是议论日新,文章日丽,浸淫至天启、崇祯之间,乡塾有读(朱子)集注者,传以为笑。大全、性理诸书,束之高阁,或至不蓄其本。庚辰(崇祯十三年)以后,文章猥杂,……何以至此极也?追究其始,菲薄程朱之一念,实渐致之。何以故?师严,然后道尊。举世师紫阳(朱子)者近二百年,一旦以为不足信而弁髦之,其心固已侈矣。侈心渐肆,必且不信孔孟。人而不信孔孟,其心之所存可知矣。(《蒿庵闲话》卷一,第二五叶)

第七章　阳明学与大慧禅

一

　　禅宗之要点，被普遍认为是"直指人心，见性成佛"，此"直指"之说本身，如果与朱子学的"格物致知"渐进形态相比，显然是很不同的。而且朱熹对自己的格物致知之说做了如下解释："我这里正要思量分别。能思量分别，方有豁然贯通之理。"（《朱子语类》卷一一六，第一九叶）①其中必须经过分析、解释、思虑、推论等过程，在此期间，知、情、意、念等心之曲折分散是难以避免的。然而，禅宗始终是知情意念等未分别的浑然一体之心，在此一进一退之中达成心量的自我充足与心悟的开发。这里正是理学与心学的分歧之所在。② 理学对于超越"理"而进行自由操作的"心"没有绝对的信赖。所以朱子云"盖人心无形，出入不定，须就规矩绳墨上守定，便自内外帖然"（《朱子文集》别集卷四《何叔京镐》），试图将"心"安定在"规矩"（理）之上。陈北溪云：

---

① 包括门人的提问在内，全文如下："先生曰：'公向道甚切，也曾学禅来。'曰：'非惟学禅，如老庄及释氏教典，亦曾涉猎。自说法华经至要处乃在'是法非思量分别之所能解'一句。'先生曰：'我这里正要思量分别。能思量分别，方有豁然贯通之理。'"
② 理学与心学之区别，可参看拙著《明末宗教思想研究》（东京：创文社，1979）序章以及《仏教と陽明学》第五章以下。

"大抵圣门工夫,自有次序,非如释氏妄以一超直入之说,欺愚惑众。须从下学方可上达,须从格物致知,然后融会贯通,而动容周旋,可以无阻。"(《北溪集》卷三一,第二叶)

不过,阳明学将知情意念等一体化之心命名为良知:"毫厘千里之谬,不于吾心良知一念之微而察之,亦将何所用其学乎?"(《传习录》卷中《答人论学书》)他将一切都押在了良知一念的考察与决断之上:"夫良知之于节目时变,犹规矩尺度之于方圆长短也。"(《传习录》卷中《答人论学书》)这就是将良知视为执掌规矩之物。如此主张,自然与朱子的"将心放在规矩之上加以固定"是完全对立的。亦即是说,在将"心"作为第一义存在这一点上,阳明学也可以被称为是一种"心学",而王阳明也将自身的学问界定为心学。不过,禅宗之心学是以"空"或者"无"为根基,对"理"的关注比较单薄,而良知心学则必须在创造规矩的同时周流变动,在此我们可以看出儒佛之间的差异。然而,正如王阳明在说明"四句教"的时候所论述的那样,如果良知实际上具有"无善无恶"之性格,则无论他如何辩解说良知之学与"空虚顿悟之说相反"(《传习录》卷中《答人论学书》),"佛氏着在无善无恶上,便一切都不管(也就是说佛教不关心对于社会生活而言必要的理之创造)"(《传习录》卷上),其与禅门心学之间的差异确实不得不说是非常微妙的。所以欧阳南野云:

> 今人徒以不立文字、直指人心,为佛学之独见超悟,而不知吾儒之学,正直指人心者也。惟夫致知在于格物,明德在于亲民,不若佛氏之空虚渀、荡遗弃人伦焉耳。(《南野集》卷一《答陈盘溪》)

当时有不少人认为,佛教说"明心见性",道家说"修心炼性",儒教说

"存心养性",三教都在心性上下工夫,只是其作用有所不同而已。对此看法,王一庵提出了异议:"二氏初未识心性本然分量,原是万物皆备,原能参赞位育,而妄以清虚寂静观心性,却只见得心性中之一隅。"(《王一庵遗集》卷一,第二一叶)

从世俗之人情中摆脱出来,游心于无依无住无执着的境界,以此作为求道之本,禅者在说明此悟境的时候,经常会使用《金刚般若经》的"应无所住而生其心"(《大正藏》卷八,七四九下)——表明所谓无住处涅槃的用语,其大意是:一切万法都由心而生,若悟得真性,就不会有所执着,如此就会产生无所执着之心。这就是能够脱却诸多烦恼之后的智慧。① 据说六祖慧能在读到《金刚经》这句话的时候,当下大悟,明白了一切万法都不离自性。(《六祖坛经·行由》)

王阳明将此语和程明道的"情顺万事而无情"(《二程全书》卷四一《定性书》)相结合,认为"未为非也"(《传习录》卷中《答周道通书》)。这是因为在阳明看来,此语适足以表现良知之体之明有若明镜,毫无影迹,映照或美或丑之物,则各自相应而成形,而且镜随后也不留下任何痕迹。欧阳南野也在接受此说的基础上做出了如下的忠告:

> 私意一齐放下,则良心流行不息矣。学与思即是一齐放下的功夫。无所住而生其心之说,若善用之,即是"情顺万事而无情"。"情顺万事而无情"之说,苟不善用,即流于猖狂自恣。(《南野集》卷一《答问》,第三二叶)

到了聂双江这里,则更加慎重:"佛书云'应无所住而生其心',又云'常住真心',不知与吾儒同异何在?"(《双江集》卷一四《困辩录》"辩仁"

---

① 参看永乐内府刻本《金刚经集注》第四八叶以下。

条)思想越是稳健化,则佛语所具备之向背无论如何都会被视为有流向危险的可能。特别是对于仅仅在安静稳坐的层面理解佛教并为之倾倒的人那里,此语有能够颠覆其预想的效果。对这种体验,罗念庵这样论述道:

> 佛近于儒,其为言曰:"应无所住而生其心。"应生所无住心,未尝两言之也。近见禅者与之,语深以落静为戒,每语必曰"道能应物"。予始闻而愧之。彼非主于应物者也,而拳拳以应物言,乃知儒异于禅,未易言也。(《念庵集》卷三《与友人论咸艮二卦》)

罗念庵有《异端论》(《念庵集》卷七)这样排斥佛教的长篇大论,其中就有佛教虽然表面上假托名教,实则对后者进行分裂而肆行己意的图谋的说法。其越是觉察到佛教与自身思想的相近性,就越是因佛者在"无所住"之势头中向现实世界进发而感觉受到威压。聂双江曾送出书信,认为罗念庵的上述不安只是杞人忧天。(《双江集》卷九《寄罗念庵》第九书)聂双江认为,佛教所谓"应无所住而生其心",乃是认为在一切人伦之理法方面,如果自己的心意稍微向这个方向发展,就会产生执着,而一有执着即死。构成人类之五蕴皆空,人心虚明广大,与天同体,凌驾古今,佛教是以上述看法为第一义而引以为傲的,由此我们就可以知道儒佛的异同。聂双江的儒佛异同论并没有任何新意,对佛教的理解与罗念庵相比也不免显得更浅薄。黄宗羲云:"先生(双江)所以自别于非禅者,谓'归寂以通天下之感,不似释氏以感应为尘烦,一切断除而寂灭之',则是看释氏尚未透。"(《明儒学案》卷十七《聂双江略传》)可以说是非常妥当的判断。正如黄宗羲所说,当时的思想界非常复杂,不能单纯地"以感应有无别之"。

如前所述,以中正为基准,以"随处体认天理"为主眼,试图调整良知说的过激之处的湛甘泉,就根本不会把"无所住"的佛者的活动放在眼里。

> "心求中正,便是天理",良是。然亦须达得天理,乃可中
> 正。而不达天理者有之矣,释氏"应无所住而生其心"是也,
> 何曾达得天理。(《湛甘泉集》卷八,第一五叶)

湛甘泉对于《金刚经》的反感是如何地彻底,从下面这则事例就能看出。该经有如下之文:

> 须菩提,于意云何? 如来得阿耨多罗三藐三菩提耶? 如
> 来有所说法耶?"须菩提言:"如我解佛所说义,无有定法名阿
> 耨多罗三藐三菩提,亦无有定法如来可说。(《大正藏》卷八,
> 七五一上)

这是描述所谓"即非"之理论。湛甘泉对此进行了批判:

> 阿耨多罗三藐三菩提是无上正等正觉。既云依摩诃般
> 若之大智慧,得阿耨多罗三藐三菩提,而又云不得阿耨多罗
> 三藐三菩提,此理障之见。无卓锥之地,方是了事之人,更有
> 何说。(《大正藏》卷二三,第五五叶)

无论如何,与王门相比,湛甘泉的《金刚经》批判都可以说是更加严厉的。这是因为他在所谓"即心即佛"即是"非心非佛"的佛教之活生生的理论与体验中,完全没有找到能够赞同之处。湛甘泉尚且如此,那

么打着反陆王大旗的朱子学者试图完全抹杀佛教，也是当然的举措了。

本来，《金刚经》的上面这句话在朱熹自身的《论语集注》（里仁篇）之"君子之于天下也"章的注释中，曾被借谢上蔡之语而完全摒弃。接受朱熹观点的陈清澜认为，自古以来之圣贤都主义理，不任凭心之所动，其痛骂王阳明是师心自用，并曰：

> 惟释氏乃不说义理而只说心，惟释氏乃自谓"了心""照心""应无所住而生其心"，而猖狂自恣。呜呼！此儒释之所以分，而阳明之所以为阳明与！（《学蔀通辨》续编卷下）

从上述资料来看，围绕《金刚经》的朱王对立似乎完全只是在重复老一套的争论而已，但在明末的时代思潮之中，这种对立是以更加复杂且出人意料的形态而逐渐展开与进行的。为了让此过程明确地展现出来，在此让我们有请"名教之罪人"李卓吾登场。在他看来，朱子的论语注释中暗含了很巧妙的机关，在否定从字面意思上理解朱子之语的末流浅见之后，李卓吾说道：

> 说者谓朱夫子曾辟此语，以为得罪于吾圣门。不知朱子盖有为也，盖见世人执相求佛，不知即心是佛，卒以毁形易服，遗弃君亲之恩而自畔于教，故发此语，初非为全忠与孝、能尽道于君臣父子之间者设也。使其人意诚心正而伦物无亏，则虽日诵《金刚》，亦何得罪之有？今观朱夫子平生博极群书，虽百家九流靡不淹贯，观其注《参同契》可见矣。然则学者但患不能正心耳。（《续焚书》卷二《金刚经说》）

那么,所谓"正心"是指什么?"心之不正,始于有所。有所则有住,有住则不得其正,而心始不得自在矣。"(《续焚书》卷二《金刚经说》)李卓吾如是说。与《金刚经》的步调完全吻合的上述"正心"的解释,毫无疑问是彻底偏离朱子之本意的。而在完全清楚这一点的基础上,李卓吾想要吓破那些理解能力低下的朱子学亚流的胆子。与此同时,对于部分认为只要向佛教有所涉猎就能获得自由的狂妄肤浅之徒,李卓吾也进行了指责。自己身披僧衣却又对伪装为僧人者以"遗弃君亲之恩"进行谴责的李卓吾的论调,看起来似乎非常恣意妄为,实则是他通过《金刚经》而燃起了超越朱王之心的救世之悲愿。对于"李龙湖之学,说得太易,全不用工夫"之提问,袁中道回答说:"不然。龙湖常云:寔寔欲明明德者,工夫正好艰难在。埋头二三十年,尚未得到手,如何可说无工夫。"[①]当然,此处所针对的乃是李卓吾之工夫的性格与内容,但袁中道的回答可以说是反省将李卓吾视为轻佻浅薄之徒而轻易打发这种不正确观点的一例。

二

不过,在王门之中,被视为最接近禅的是王龙溪,他甚至已经说出"良知两字,范围三教之宗"。而如本书前一章所述,有两种说法,一种是认为从王阳明开始就已经与禅宗思想有所结合,另一种则视王龙溪为开启此风气的源头。许敬庵在罗列了薛、胡、陈、王各自的长处与短处之后,认为"得禅之精者,王文成先生"(《敬和堂集》卷五《答沈实卿》),而董其昌则曰:"禅之所默者,知之一字也。文成则易之曰良知,

---

[①] 此文后面还有如下的记述:"龙溪先生,年至九十,自二十岁为学,又得明师,所探讨者,尽天下书,所求正者,尽四方人,到末年方得实诣。可谓无工夫乎?龙溪至不易言学如此,彼空腹高心者,未涉其藩者也。"

而面目毕露。"(《容台集》卷七,第二〇叶)这是认为良知说将禅宗之面貌从"无言说"推进到了"有言说"。到了袁中郎,则盛赞"仆谓当代可掩前古者,惟阳明一派良知学问而已。"(《袁宏道集笺校》卷二一《答梅客生》)另一方面,他也承认"近代之禅,所以有此流弊者,始则阳明以儒而滥禅,继而豁渠诸人以禅而滥儒。"(《袁宏道集笺校》卷二二《答陶石篑》),认为儒与禅之混合始于王阳明。在之后不久,祖源《万法归心录》(康熙十五年序)之郑际泰序有言:"旨虽殊涂,理本一致。故王文成先生与人谈儒,恒以释宗诠之。与僧谈禅,恒以儒书晓之。"朱子学者攻击王阳明之学为禅学,此不胜枚举,平心而论,从王阳明发展到王龙溪,禅宗的色彩越发鲜明,此殆无疑义。

湛甘泉明确指出,王龙溪经常在讲会上谈论佛学,而且非常详尽。(《湛甘泉集》卷二五,第三四叶)曹洞宗的大家觉浪道盛曰:"自姚江倡学以后,龙溪、海门诸公始不讳言佛。"(《觉浪全录》卷一七,第六叶)对此,同门诸家未必就是抱着好感而看待的,黄久庵就对王龙溪的儒禅并学提出了委婉的告诫:"子学于阳明先生有年矣,闻先生之言亦熟矣,亦闻西方之学有显宗者乎?即其宗而显之,斯无弊,(然而)吾学岂西方比哉!"(《石龙集》卷一三《赠王汝中序》)《天宁法舟禅师剩语》(《中华大藏经》第一五九册所收)中记载了王龙溪与法舟道济的如下问答:

> 师与王龙溪讲次。溪曰:"老师闭口。"师曰:"闭口且从。且道鼻孔撩天,作么生闭。"溪曰:"多口阿师。"

> (龙溪)问:"人心何以悦义理?"师曰:"义理元是此心流出。如母见子自然爱。"[1]

---

[1] 此处的"悦义理"指的应该是《孟子·告子上》的"理义之悦我心,犹刍豢之悦我口"。

上述禅机问答可以说已经达到非常熟练适切的程度,可见王龙溪的禅体验是认真的,且极有热情。陈几亭曰:"圣足以该禅,禅是圣学中一点微机。"(《几亭全书》卷二〇,第八叶)由此可见在维持圣学之基干的前提下,允许儒家接近禅学、活用禅学的风潮在明代末年非常顽强地蔓延开来。① 但是如果将儒教与佛教的权威进行逆转,并弱化尊重人伦、维持世间秩序之念头,则很明显脱离了儒家所设定的容许范围而不得不被视为恣意放纵。袁中道所言"龙溪、近溪将最上一乘十分泄漏,亦是一病。阳明却不如此"(《珂雪斋外集》卷一二,第一五叶),就是说在上述容许范围之内还是外,便是王阳明与王龙溪、罗近溪二人之分水岭。而关于此禅宗式的脱离的可怕之处,袁中道云:"最上一乘,此醍醐,此毒药。"(《珂雪斋外集》卷一二,第一五叶)如果按照上述看法前进,就会得出像刘念台这样的将王阳明与王龙溪进行切割分离的论调:

> 阳明先生未尝不历足二氏,而其后亦公然诋之。且援(陆)子静为非禅,则必有独觉禅之为谬者。而后人辄欲范围三教以谈良知之学,恐亦非先生之心矣。(《刘子全书》卷一九《与王弘台年友》)

关于王阳明与王龙溪之间对待禅宗的态度的差异,以及二者思想的内核是否存在着共通的脉络,当然是需要进行慎重探讨的,但是在考虑王龙溪思想对良知学的传播所起到的功绩的时候,将其仅仅视为受到禅宗恶劣影响之人,或者直接剔除出儒家之范例,是否真的合适呢?

---

① 焦澹园曰:"儒释之辨,尤今日一大公案,仆非左袒释氏者,然学者不究明己事,日梦梦二氏之辩,所谓'如人数他宝,自无半钱分',故一为晓之耳。"(《澹园集》卷一二《答钱侍御》)

黄陶庵曰：“龙溪之学，今人病其近禅，要之未可轻訾也。”（《黄陶庵集》卷九《自监录》）清儒李二曲亦曰：“（龙溪）集凡二十卷，皆发明良知之蕴，宏畅精透，阐发无余。”（《二曲集》卷七《体用全学》）

本来，良知心学便是在超越教理之陈规的前提之下成立，如果以其中的禅学色彩之浓淡来作为思想评价之基准，这本身就是堕于偏执之见，而王龙溪之学是否就完全是禅，我们此后从佛教的角度来进行观察评判。

三

虽然概称为“禅”，但就如同“五家七宗”之说所显示的那样，禅宗有诸多派别风格，阳明学派也在二传、三传之中，产生了对良知的多样化理解，要对阳明学与禅宗的关系进行简要的概括是非常困难的。但在此中，成为最重要焦点的应该是大慧宗杲之禅风与左派阳明学的关系。众所周知，宋代禅宗史上最重要的议题之一，就是大慧的公安禅与真歇清了、宏智正觉的默照禅之间的对立，教派势力此后压倒性地向前者倾斜，而后者则有天童如净，其门下有来自日本的僧人道元，并由此形成了日本独特而引以为傲的曹洞宗禅风。但是与大慧比起来，无论是正觉还是如净，在中国禅宗史上留下的踪迹都非常稀薄。罗整庵曰：“大慧禅师宗杲者，当宋南渡初，为禅林之冠。”（《困知记》第五八页）陈清澜亦云：“按禅学兴于达磨，盛于慧能，极于宗杲。”（《学蔀通辨》续篇卷上）那么为何大慧禅会有如此之法力而影响于禅界，甚至可以说是整个思想界呢？[1]

大慧宗杲是《碧岩录》编者圆悟克勤之门人，与虎丘绍隆被并称为

---

[1] 关于大慧宗杲，可参看拙著《大慧书》（《禅の語録》17，东京：筑摩书房，1969）。

二大弟子,元代的虞道园曾称颂道:

> (圆)悟之传有虎丘隆、大慧杲,卓然植其宗风,于故宋南
> 渡之初,门户严峻,波澜浩荡,自朝廷大臣、缙绅先生,莫不委
> 心焉。道不同者,犹徘徊称叹,以为不可及。(《道园学古录》
> 卷四八《大辩禅师宝华塔铭》)

然而虎丘派之名声,至其法孙天目中峰出现后,勉强可以在明代为人
所知,而大慧宗杲之名则始终是作为禅界第一人,经过宋元明而直至
清代初年。枯崖圆悟曰:

> 呜呼! 杨歧(方会)之道,至大慧大振。语言机辨,胥江
> 八月之涛,无有能过之者。(《枯崖漫录》)

大慧之法孙善珍还记载了一段轶事:

> 圆悟平日最许与者,惟大慧一人。初卍庵常自负,不肯
> 下流辈,圆悟每戒之曰:"何不资杲?"又谓张魏公曰:"杲首座
> 真得法髓。苟不出,无支临济宗者。"观此,则其他门弟子,不
> 得与之比肩也。及贬衡阳,天下愈尊之。佛海乃不远数千里
> 问无恙。是时嗣圆悟,道行东南,而大慧答其书,若师之告弟
> 子,然前辈家法之严如此。(《藏叟摘稿·跋大慧佛海草堂雪
> 巢书》)

当然,如橘洲宝昊所指出的那样,大慧去世之后,其直系之门徒俊秀都
英年早逝,导致伪妄之辈接连出现,盗取佛法之名器,妄言肆行,"使

临济一宗,流为戏论,赚悮学者,堕在暗处"(《大光明藏》卷下宗杲章)。但即便如此,大慧禅也没有在佛教界失去独领风骚的优势,进入明代之后,其遗教又再次促成了士人的觉醒,从而发挥了巨大的影响力。

那么为何大慧禅能够如此在佛教界流行? 这是因为他识破了当时作为文化、政治之主要担当者的士大夫阶层的弱点,能够长期保持促成后者的内心之不安转向真正之觉醒的手腕、力量与见识。现在如果我们要考察其与朱子的关系,在《朱子语类》(卷一二六,第三二叶)中有如下的问答:

> 问:"士大夫末年多溺於释氏之说者,如何?"曰:"缘不曾理会得自家底原头,但看得些小文字,不过要做些文章,务行些故事,为取爵禄之具而已。却见得他底高,直是玄妙,又且省得气力,自家反不及他,反为他所鄙陋,所以便溺於他之说,被他引入去。"①

这段问答非常清晰地反映了当时的官僚知识阶层为了获取科举考试合格,一味追求晋升,为此而热衷于古典之学习,而对探究所谓性命的本质毫不关心,一旦要反省人类存在之原理,就显得毫无准备,于是慌忙到佛教寻找安生之场所的风潮。在青年时代曾入大慧禅之门下的体验,反而是朱熹哲学形成的逆缘。要而言之,如果本人不具备对大慧禅充满景仰之情的高扬之精神,则没有办法理解真正的儒教,或许朱子的胸中正是经常环绕着如此的意识吧。"他虽说空理,然真个见

---

① 又,朱子早年的恩师之一、接受过宗杲指导的刘屏山曾感慨自得之学的衰败,曰:"思学废于笺解,省学废于讥议,悟学废于揣度,通学废于偏党,默学废于领略,敏学废于疑贰,六学废而道衰矣。孰以孟子自得之言启之哉。"(《刘屏山集》卷一,第二三叶)

得那空理流行。自家虽是说实理，然却只是说耳，初不曾真个见得那实理流行也。释氏空底，却做得实；自家实底，却做得空，紧要处只争这些子。"(《朱子语类》卷六三，第一九叶)这是对没有单单停留在枯禅的程度、已经渗透到日常人伦之场域的活禅的强韧性进行殊死抵抗的警告之语。朱子所担心的是，"禅是空、儒是实"的常识受到颠覆而翻转为"禅是实、儒是空"的那一天或许会到来。虽然看似是有些超前，但在被通过儒与佛而问到关于"空"与"有"的关系时，顾宪成曾做如是之回答：

> 空是状吾性之不堕于有，实是状吾性之不堕于无。空与实，一物而两名者也。儒者以实自居，以空归佛，委非通论。第当论其所谓空者或同或异何如耳。(《东林商语》卷下，第二叶)

在明末，以佛为空、以儒为实这种单纯的看法已经无法通行于世。本文即在此基础上继续下面的论述。

回到大慧的话题，他为何能如此深入到伦理世界之实际中，使得朱子产生焦虑？是不得不如此吗？朱子的友人吕东莱说："宗杲曾曰：聪明之人，三斗有昏。"(《吕东莱全书》卷二〇《杂说》)这里所谓"聪明之人"，无疑指的就是先前提及的官僚知识阶层之人。文人王世贞曾介绍过"大慧杲，性质类程叔子(伊川)，学类陆子静(象山)，微有低昂"(《弇州山人续稿》卷一五六《弘明二集后》)之评语。若大慧宗杲之性质如伊川一般严厉，其学问如象山一般富于决断力，则如此而产生的禅风自然会斩断人类之恶与社会之恶，无论知性还是悟性都一概踏破，激发犹豫不决者，棒喝虚与委蛇之人，让妖魔鬼怪彻底销声匿迹，此即是社会之活禅。所以他经常反复说"动静一如""静闹一如"。屠隆对大慧的上述言语做了如下评述：

> 大慧此语，士大夫之津梁哉。士大夫知此，可以不离簿领，不脱进贤，而坐证大道。不然，虽居深山数十年，何益之有？（《鸿苞集》卷三六《大慧语录》，第三四叶）

四

现在，本文选取大慧《普说》①之一条（《大正藏》卷四七，八九七中），分为六段，试图探讨其诱导士人的方法：

> 聪明利智之士，往往多于脚根下蹉过此事。盖聪明利智者，理路通，才闻人举着个中事，便将心、意、识②领览了。及乎根着实头处，黑漫漫地不知下落，却将平昔心意识学得底引证。要口头说得，到心里思量计较得底，强差排，要教分晓。殊不知，家亲作祟，决定不从外来。故永嘉有言："损法财灭功德，莫不由兹心意识。"（《证道歌》）以是观之，心意识之障道，甚于毒蛇猛虎。何以故？毒蛇猛虎尚可回避。聪明

---

① 译者注：此处有误，以下所引出自大慧宗杲的书信《示罗知县》，收入《大慧普觉禅师法语》，而并非出自《大慧普觉禅师普说》。

② "心、意、识"的说法在此后也反复多次出现，这当然是依据玄觉的《证道歌》，但事实上《证道歌》并未对此三个词的内容进行特别明确的说明。云栖袾宏的《竹窗随笔》三笔曾有题为"心意识"的一条，《文殊问经》有"心者聚义，意者忆义，识者现知识"，《俱舍论》云"集起名心，筹量名意，分别名识"，从上述介绍来看，教相佛教当中对此三个概念没有任何混乱，一一进行了概念的规定，但到了禅宗，则直指心之源头，以"一念不生全体现"为借口，认为不需要对此进行过于详尽的分疏与争论。不过，本章还是考虑到上述佛教思想史发展的基础，姑且分别以"起心""思量""分别"来进行理解。

利智之士,以心意识为窟宅,行住坐卧未尝顷刻不与之相酬酢。日久月深,不知不觉,与之打作一块。亦不是要作一块,为无始时来行得这一路子熟,虽乍识得破欲相远离,亦不可得。故曰:"毒蛇猛虎尚可回避,而心意识真是无尔回避处。"(第一段)

在此段中,以聪明自居的士人,对自身存在之根基毫无智慧,一旦遇到问题,就以心、意、识来进行处理,而一旦触及存在之根本,就显露出毫无理解的样子,嘴巴上还试图援用过去的心、意、识所获得的知识来进行说明,但心中则完全是用一些强词夺理的借口来进行思考。然而,心、意、识不仅会如毒蛇与猛虎一般,成为悟道的障碍,而且经过经年累月,甚至还会成为完全无法解开的凝结之物,无论如何努力,都再也无法溶解。

除是夙有灵骨,于日用现行处,把得住作得主识得破,直下一刀两段,便从脚跟下做将去,不必将心等悟,亦不须计较得在何时。但将先圣所诃者,如避毒蛇猛虎,如经蛊毒之乡,滴水莫教入口。然后却以三教圣人所赞者,茶里饭里,喜时怒时,与朋友相酬酢时,侍奉尊长时,与妻儿聚会时,行时住时坐时卧时,触境遇缘,或好或恶时,独居暗室时,不得须臾间断。若如此做工夫,道业不成办,三教圣人皆是妄语人矣。(第二段)

在此段落中,大慧认为人本来就具备和心、意、识不同的灵骨,彻底地自觉到此并且以此为主宰,将由心、意、识所造成的一切分别都一刀斩断,就能立刻重新找回原本的模样,而不需要特地去寻找什么"领悟",

也不必等待什么特别的"时机",要依照前人的严格教诲,完全摒弃恶劣的智妄与分别。在此情况下,遵循三教之圣人的示教,在日常生活的所有方方面面毫不间断地保持下去,就一定能在学道上有所成就。

> 士大夫平昔在九经十七史内,娱嬉兴亡治乱,或逆或顺,或正或邪,无有一事不知,无有一事不会。或古或今,知尽会尽,有一事一知,一事不会,便被人唤作寡闻无见识汉。他人屋里事,尽知得尽,见得尽识得。下笔做文章时,如瓶注水,引古牵今,不妨锦心绣口。心里也思量得到,口头亦说得分晓。他人行履处,他人逆顺处,他人邪正处,一一知得下落,一一指摘得,无纤毫透漏。及乎缓缓地问他:"尔未托生张黄李邓家作儿子时,在甚么处安身立命? 即今作聪明说道理,争人争我,纵无明使业识,检点他人,不是能分别邪正好恶底? 百年后却向甚么处去?"既不知来处,即是生大。既不知去处,即是死大。无常迅速,生死事大。便是这些道理也。儒者亦云:"死生亦大矣。"①棒打石人头,嚗嚗论实事,腊月三十日,无常杀鬼到来,不取尔口头办。(第三段)

这段话讲的是,以聪明而自鸣得意的知识人熟悉古今之历史,具备丰富的知识,互相夸耀自己无所不知、无所不晓,并以此做文章,作为自我辩护的口实。如此对外在之事物具备了似乎无懈可击的知识积累,但一旦你问他关于自己生命根源之来处与究极之未来,他就茫然无知了。

---

① 这句话出自《庄子·德充符篇》,但儒家也经常使用。

"不迁怒,不贰过。"孔子独称颜回,谓圣人无怒无怒,则不为血气所迁。谓圣人无过,无过则正念独脱,正念独脱则成一片,成一片则不二矣。邪非之念才干正,则打作两橛,作两橛则其过岂止二而已。"不迁怒,不贰过"之义,如是而已,不必作玄妙奇特商量。(第四段)

在此段落中,大慧借用了《论语·雍也》的"不迁怒,不贰过"来说打成一片、正念独脱的境界,他指出即便是儒家也不会脱离日常而鼓励玄妙奇特之想。这种通过阅读儒家经典来显示禅宗之根本理念的做法,后来被朱子视为"改头换面"的手法而受到非难。

士大夫学先王之道,止是正心术而已。心术既正,则邪非自不相干。邪非既不相干,则日用应缘处,自然头头上明,物物上显。心术是本,文章学问是末。近代学者,多弃本逐末,寻章摘句,学华言巧语以相胜。而以圣人经术,为无用之言,可不悲夫。《孟子》(《告子下》)所谓"不揣其本,而欲齐其末。方寸之木,可使高于岑楼"是也。孟弼正是春秋鼎盛之时,瞥地得早能回作尘劳恶业底心,要学出生死法,非夙植德本,则不能如是信得及、把得住、作得主宰。时时以生死在念,真火中莲华也。既以生死事在念,则心术已正。心术既正,则日用应缘时,不着用力排遣。既不着排遣,则无邪非。无邪非,则正念独脱。正念独脱,则理随事变。理随事变,则事得理融。事得理融,则省力才觉,省力时便是学此道得力处也,得力处省无限力,省力处得无限力。得如此时,心意识不须按捺,自然怗怗地矣。(第五段)

在这段话中,大慧明确指出心术是根本,文章学问是细枝末节,为了集中于心术之锻炼,只要没有采用舍弃根本而追逐枝末的颠倒之方法,就能做到正念独脱,理、事融合,知晓哪里是应当用力之场所,节省了无意义的力量之浪费,就能无限获得真正的力量。

> 虽然如是,切忌堕在无言无说处。此病不除,与心意识未宁时无异。所以黄面老子云:"不取众生所言说,一切有为虚妄事。虽复不依言语道,亦复不着无言说。"才住在无言说处,则被默照邪禅幻惑矣。前所云"毒蛇猛虎尚可回避,心意识难防",便是这个道理也。日用随缘时,拨置了得静处便静。杂念起时但举话头(公案),盖话头如大火聚,不容蚊蚋蝼蚁所泊。举来举去,日月浸久,忽然心无所之。不觉喷地一发。当恁么时,生也不着问人,死也不着问人,不生不死底也不着问人,作如是说者也不着问人,受如是说者也不着问人。如人吃饭,吃到饱足处,自不生思食想矣。千说万说,曲说直说,只为罗蒵弼。疑情不破,他时后日蓦然失脚蹋着鼻孔。妙喜切切恒恒,写许多恶口,却向甚处安着。妙喜自云:"因地而倒,因地而起。"起倒在人,毕竟不干这一片田地事。写至此,一轴纸已尽,且截断葛藤。(第六段)

在书信最后这部分,大慧提醒对方:切勿因为过度担忧心、意、识之作用纷扰而选择安住于无言无说之境地,误以为这就是悟之究极形态,由此而被引入默照禅之歧途,而毋宁应当在烦恼交错复杂的动态的场域之中参悟话头(公案),由此来一举完成与烦恼的全面对决。

大慧在最后如此排斥默照禅,是基于他的如下信念:离开了日常机缘的应对之场域,完全停留在无言无说之境地的禅风,是不可能在不断变换的日常生活的所有场面中真正形成自在对应的主体的。他非常坚定地反对"静是根本,悟是枝叶,静得久自然悟去"的默照之主张(《大正藏》卷四七,八八七中),是因为在他看来,"须是行也提撕,坐也提撕,喜怒哀乐时,应用酬酢时,总是提撕时节。提撕来提撕去,没滋味,心头恰如顿一团热铁相似,那时便是好处,不得放舍,忽然心华发明"(《大正藏》卷四七,八八六上)。如此,他就突破了诸如三教之区别、禅宗流派之分别等次要的教派意识,"禅不在静处,不在闹处"(《大正藏》卷四七,八九三下)。不拘泥于动静,在纷扰盘旋的现实世界之中挺身而出,特别是对于那些以知识与才能为骄傲资本,对人类存在之源头毫无理解,在每日的文件整理之中虚度实日、享受利禄的官僚士大夫阶层,为了打破他们的自作聪明之虚妄,大慧投出了公案这个炸裂弹。这是因为他认为如果不这样做的话,他们是无法燃起真正的救世济民之自觉心的。自古以来对公案的是非功过之议论就不绝于耳,大慧自己认为公案仅限于"叩门掷瓦"之作用,并对此有充分的自觉。如果不是为了进入悟道之门而充分燃烧意欲的伟烈丈夫,则反而容易陷入待悟之禅的弊病。明末僧人象田即念云:

> 千七百则公案,皆是古人入道之溪径,暂时之岐路耳。后人于兹研求解会,是乃岐路上更增岐路也。(《象田即念语录》卷三,第十叶)

但若是求道者之心头的热量与公案相紧密匹配,如断乱麻一般将迷妄一齐斩断,就会产生十方无碍的活力。"禅状元即是儒状元,儒状元即是禅状元。"(《大正藏》卷四七,八二八下)这正是理想的禅之生活方式①。若至此方能巩固治国平天下的根基,则从他的口中说出"忠义孝道乃至治身、治人、安国、安邦之术,无有不在其中者"(《大正藏》卷四七,九一三上)、"菩提心则忠义心也,名异而体同"(《大正藏》卷四七,九一二下),可以说是理所当然的了。

　　清初之儒者黄宗羲认为佛教有如来禅和祖师禅两种,如来禅是"体",如槁木死灰一般,祖师禅是"用",有纵横权术,认为"凡程朱诸儒之所辟者,皆如来禅,其于祖师禅曾未之及也"(《南雷文案》卷二《与友人论学书》,此外参看《明儒学案》卷五五《郝敬略传》)。不得不说,这是完全无视活跃于宋代舞台的大慧禅的谬论。不过,黄宗羲之所以会犯上述错误,是因为其目睹了明末浙东地方发扬活禅的大慧之远裔密云圆悟和曹洞宗的湛然圆澄的宗风,这反而使得我们确认大慧禅在明末清初依然流行。无准师范曰:

> 　　大慧禅师,得法自在。譬如川流泉源,其势就下,浩然无涯。或激而怒,或决而汎,或恬而静,或暴而吼,变态万状,初无作意。及至于海,则混乎一味,而无川源泉流之异。修罗蚊虻,随器而饮,皆得充满。若酌一蠡,自谓尽其大海之量,非愚即憨。(《无准师范语录》卷五《跋大慧法语》)

---

① 憨山德清对公案之特征曾做了如下说明:"至黄檗始教人看话头,直到大慧禅师,方才极力主张,教学人参一则古人公案,以为巴鼻,谓之话头,要人切切提撕。此何以故。只为学人八识田中,无量劫来恶习种子,念念内熏,相续流注,妄想不断,无可奈何。故将一则无义味话,与你咬定,先将一切内外心境妄想,一齐放下。因放不下,故教提此话头。如斩乱丝,一断齐断,更不相续。把断意识,再不放行,此正是达磨外息诸缘、内心无喘、心如墙壁的规则也。"(《梦游集》卷六《示参禅切要》)屠隆亦曰:"良以禅家话头,正妙在无有意味,无可揽嚼,舍分别而得自在,转识神而成般若也。若要说得义理疏通,依旧落在卜度思议。明时愈晦,悟处转迷矣。"(《佛法金汤录》卷上)

侍奉燕王(后成为永乐皇帝)、在靖难之役中立下大功的豪僧道衍(俗名姚广孝)云：

> 杲大慧，宋朝僧，资性高妙，参禅第一，自言我是参禅精子，法嗣圆悟勤，住径山，大机大用，非寻常俗流可知。当时士林中，称其忠孝两全。何也? 不阿秦桧为忠。俗家无后，为其立嗣，治家舍以正彝伦为孝。(和刻本《道余录》，第二九叶)

大慧禅是如何努力在左右伦理意识上有所作为，由此可见一斑。其思想在明代出现压倒性的流行，从万历四十五年所作《明高僧传》(卷五)中的著者如惺的话语中也能得到证实。宋代所谓"五家七宗"分派之特色在明代已经失去，师资之传承虽然表面上还是照常进行，但宗派之间不同的禅风互相竞争的风潮已经淡化。如觉浪道盛虽然属于曹洞宗，却道出"大慧之门，网罗天下，如马祖、临济之中兴"(《觉浪全录》卷二一，第一三叶)。而比他稍早的前辈如永觉元贤就认为当时的禅界已经堕落透顶，并提出"宋有妙喜老人，其所示之法语、书问，皆抉根株，深破其巢穴，正今日之秦缓金针"(和刻本《鼓山晚录》卷三《示卓生禅人》，第四叶)，以摆脱这种境况。

方本庵言："释藏全经，一言而蔽之，曰幻。"(《性善绎》，第一七叶)这可以说是从北宋张载以来儒者反复提及的佛教批判论，但例如林兆恩就反对将佛教仅视为幻妄之观念而曰：

> 释氏以普度遍济为心，而谓之幻妄人世可乎? 若普度遍济而有出入人世之外，谓之幻妄人世则可；若普度遍济而惟在人世之中，谓之幻妄人世则不可。昔达摩不以中国之人世

为幻妄也,遂踰海越漠,不远而来,岂不以老子之教既不传,而孔子之道又不著,最上一乘之旨,可不令中国之人共知之,而共由之?一花五叶,广度有情,令不断绝,以惠来世,其用心可谓远且大矣。(《林子全集·破迷篇》,第一七叶)

如这般凝视佛教之实态的林兆恩形成了远比方本庵独特的自身之思想,并具备极大的社会感染力,对此已经无需多言了。

五

以上,本章花了很多篇幅追踪大慧禅的性格及其发展,这是因为笔者相信如果将阳明学与泛泛之禅宗来进行对比,这样的方法是不会产生任何有实质意义的结果的,所以必须通过明确阐述大慧禅的性格,依据其实际情况进行分析,才可能触及问题的核心。

王阳明本人并没有非常系统地论述过对佛教的看法,但"专事无为,不能如三王之因时致治,而必欲行以太古之俗,即是佛、老的学术"(《传习录》卷上)、"佛氏着在无善无恶上,便一切都不管"(《传习录》卷上)、"但佛氏有个自私自利之心"(《传习录》卷中《答陆原静书》)、"禅之说,弃人伦,遗物理"(《全书》卷七《象山文集序》)等主张都没有脱离老套的儒佛区分论。而另一方面,其也曾肯定"应无所住而生其心"之佛语(前述),并有"释氏之说,亦自有同于吾儒"(《全书》卷二一《与徐成之》)、"无求其异同于儒释"(《全书》卷七《赠郑德夫归省序》)等不要求彻底排斥佛教的主张。特别值得我们注意的是《年谱》嘉靖二年(五十二岁)条记载的与张光冲的问答,其中对于"今观二氏作用,亦有功于吾身者,不知亦须兼取否"的问题,王阳明虽然否定了"兼取"的说法,并说"圣人与天地民物同体,儒、佛、老、庄皆吾之用,是之谓大道。

二氏自私其身，是之谓小道"，姑且可以说是站在了儒家优先的立场，但他至少认为佛教与道家可以被包容其中而灵活运用，这才是大道。宋学之中虽然也常有"儒佛之差只在毫厘"的说法，但认为儒释不当并进（《朱子文集》卷四三《答陈明仲》）才是基本原则。然而到了阳明学这里，因为心得到了解放，于是三教也就自然获得了灵活运用的权限。此事的象征，就是良知说超越了宗派的分别，在实质上具备了脱离儒教的性格。话虽如此，王阳明对佛教的发言缺乏高昂的气魄，无法让人感受到降伏对手而使得对方听从自身意志的势头。这或许也是因为当时佛教界之底流虽然保存了大慧禅之传统，但是并没有出现真正将其精神融入自身而横行阔步于天下的禅僧。

依照龙溪的说法，他曾经以话头公案向先师询问（《龙溪集》卷六《答五台陆子问》）。当时王阳明大致是这样回答的：

> 此是古人不得已权法，释迦主持世教无此法门，只教人在般若上留心。般若，所谓智慧也。嗣后，传教者将此事作道理知解理会，渐成义学。及达磨入中国，不立文字，直指人心，见性成佛，从前义学，尽与刊下。传至六祖以后，失其源流，复成义学。宗师复立持话头公案，顿在八识田中，如嚼铁酸馅，无义路可寻讨，无知解可凑泊，使之认取本来面目、圆满本觉真心。因病施药，未尝有实法与人，善学者可以自悟矣！

由此看来，王阳明虽然具备了对公案的一定程度的认识，但却并未承认其活禅的性格，对大慧也没有任何提及。在心灵解放上发挥了如此巨大威力的王阳明，暂且不论其是否曾运用公案，但其对大慧禅的活力没有表示出任何亲近，再结合前面提及的对佛教的陈腐评价，使得一部分阳明崇拜者有所不满，也不难理解。对于王阳明发出"方之古人，难轻定其品。异人哉！异人哉！"(《鸿苞集》卷一一《我朝人物》)之赞叹的屠隆，在另一方面也曾介绍万鹿园所言：

> 陆象山及近世王阳明之学，尽用佛氏二乘禅，而皆显然攻佛，不几于操戈入室乎？殊不知见理苟真，三教一理，本无同异，何有是非？故世之阴习而阳攻者，皆起于不见道之故也。(《鸿苞集》卷二七《鹿园论三教》)

万鹿园是极其倾倒于佛教之人，据说其"雅好儒术，犹究心释典，乡人称为万弥陀"(《龙溪集》卷二〇《万鹿园行状》)。故而在牵涉到佛教之际，其对王阳明的批判也必然是非常严厉的。但是通过大慧禅而进一步磨炼提升良知说的王龙溪，其尝试之所以能取得成功，也还是在王阳明开拓的大道上继续前进的缘故。其曰：

> 吾儒未尝不说虚，不说寂，不说微，不说密，此是千圣相传之秘藏，从此悟入，乃是范围三教之宗。自圣学不明，后儒反将千圣精义让与佛氏，才涉空寂，便以为异学，不肯承当。不知佛氏所说，本是吾儒大路，反欲借路而入，亦可哀也。(《龙溪集》卷一《三山丽泽录》)

此真所谓"良知之学，乃三教之灵枢"。儒者就属于"儒"，佛家就属于"佛"，这样的对人进行形式化的区分，在此已经完全不起作用。因为"学老佛者，苟能以复性为宗，不沦于幻妄，是即道释之儒也。为吾儒者，自私用智，不能普物而明宗，则亦儒之异端而已"(《龙溪集》卷一七《三教堂记》)。特别需要留意的是，王龙溪区分了满足于个体之悟的小乘禅与试图兼济天下的大乘禅,曾云"其曰'二氏得之以绝念,吾儒得之以通感',恐亦非所以议上乘而语大成也"(《龙溪集》卷六《致知议略》),"着虚之见,本非是学,在佛老亦谓之外道"(《龙溪集》卷五《与阳和张子问答》)。可见王龙溪是完全认可佛老(尤其是佛教)利他作用的意识之浓厚的。这暗示了他了解大慧流禅风,于是才有了与当时佛教界的大外护者陆五台之间关于大慧禅性格的激烈问答(《龙溪集》卷六《答五台陆子问》)。五台官至吏部尚书,顾宪成曾绝赞其可谓"救时之冢宰"(《小心斋札记》卷七,第四叶)。屠隆在写给五台的书信中说:"窃见先生直心体道,慈悲拯物,弘通应世,震旦国中宰官居十,深入羼提(忍辱)三昧,方今先生一人而已。"(《栖真馆集》卷一三《答陆五台司寇》)这是认为陆五台是将佛法与政治治理一体化的第一人。① 在与王龙溪的问答中,陆五台首先就赵州和尚的"狗子无佛性"公案,指出"此是大慧老婆心切,拖泥带水,破生死之利刀,舍此更无可用力处"。王龙溪则援引了前述王阳明的"公案是不得已之权法"作为回答,并接着比较看话头与致良知之间的同异。对于认为致良知是了却世间法、用来处理经世之事业,看话头则是了生死的出世间之事的陆五台的主张,王龙溪认为"世出世法,本非两事,在人自信自悟,亦非和会使之一也。若教诲我致良知功夫欠诚一真切,未免落知解,涉义路,未能脱得凡心,尚以分别为知,未曾复得无知本性,不敢不自力。若要舍致良知,另看个'无'字话头,真是信不及。且持话头只为要见般若本觉真心,良知即是智慧,无有二法"。于是陆五台重新询问关于致良知的工夫,而王龙溪看穿了五台仍是将话头置于良知之上的意图,径直批评道:"子信得良知未深,不曾在一念入微,切己理会,故以为有二法。"如

---

① 李卓吾也说:"五台先生骨刚胆烈,更历已久,练熟世故,明解朝典,不假言矣。"(中华书局刊《焚书》所增补《答周二鲁》)

此,二人在不可轻易混同儒学与佛学这一点上意见是一致的,但是阳明学仍然将重点放在儒学上,而更重视佛教的陆五台则给出了他的结论:

> 儒佛如太虚,太虚中岂容说轻说重、自生分别?子既为儒,还须祖述虞周,效法孔颜,共究良知宗旨,以笃父子,以严君臣,以亲万民,普济天下,绍隆千圣之正传。儒学明,佛学益有所证,将此身心报佛恩,道固并行,不相悖也。

这段问答显示出的,是从以"绝对无"为骨髓的禅心学逐渐下降来到人伦世界之人,与从人伦世界出发、不断剔除杂质异物、深入理解良知灵性之人之间微妙的若即若离的关系。在此场合下,与以大慧禅之"绝对无"为背景的深远的现实性魄力相比,虽然标榜"无善无恶",但并不容易彻底扫除现实世界之气味的王龙溪之良知说,看起来似乎略处下风也未可知。清代儒者恽敬云:

> 前在都中,吾弟问王龙溪《天泉成(评者注:原文如此)道记》得失,时未见其书,未有以答。至瑞金始得见之,乃禅之下乘语也。沙门如宗杲等,已高龙溪数筹。然龙溪语录亦有惊动透快、鞭策学者之言,择之可也。(《大云山房文稿言事》卷一《与朱干臣》)

但是距离龙溪时代不远而活跃一时的袁中郎对重视"默识"(见于《论语》)的王龙溪与对"默照"有所警惕的大慧进行了比较,曰:

> (默识之)识者,记也。常人之记,必在言语文字上。今

云"默识",则言语道断,正是参禅之学也。默照乃以意识照
管本体者,今人畏落空,不能默识,多走了默照一路。盖默照
其收功易见效,但究竟极处,不过到无想天止矣。此正与参
学相反者,故大慧痛以为戒。(《珊瑚林》卷上,第二八叶)①

由此看来,王龙溪与大慧在反对默照工夫论上的方向是一致的,换句
话说,就是都不甘于六识之悟解②,对八识田中下一刀有着强烈的彻悟
精神。如此,我们没有必要怀疑禅宗对王龙溪的自证自得有巨大的影
响,而他为了将恩师经历千辛万苦而悟得的良知说向士大夫乃至庶民进
行解释而借用禅宗,也是不得已之权法吧(王阳明已经在一定程度上有
所实践)。与此同时,这使得良知说被禅学化,良知说所拥有的规矩、节
度、戒惧之念逐渐稀薄,由此而受到诸多批判。高忠宪曰:"瑄与阳明俱
是大儒,薛瑄之学严密而无流弊,阳明之学未免稍有放松处。"(《高子遗
书》卷五,第二四叶)这种"放松"到了王龙溪手中,就更加严重。

在此需要注意的是,随着如前所述的大慧禅对人伦世界的入侵,
儒家的领域是否会因此而受到相应的侵蚀?是否会出现古典的"禅是
出世间法、儒是世间法"的领域分担论逐渐崩溃,而儒家最关键的性命
论完全为禅宗所夺取,由此而沦落为仅仅是礼乐制度的守护者的
局面?

高忠宪云:

---

① "凡属第六识之变者皆无力,不当受用。今人所谓悟解,皆六识边。"(《珊瑚林》卷上,第三
一叶)
② 所以遇到不同的场景所进行的施教之法,都必须不断改变其重点所在,有时候会说"佛教
以身世为幻妄"(《龙溪集》卷七《南游会记》),也有时候会说"着虚之见,本非是学,在佛老
亦谓之外道"(《龙溪集》卷五《与阳和张子问答》)。一边是"至于佛氏之家,遗弃物理,究
心虚寂,始失于诞"(《龙溪集》卷一《三山丽泽录》),一边又说"天地之道,一感一应而已。
和则交,谓之和应;不和则不交,谓之绝应。和应,凡夫俗学也。绝应,二乘禅学也"(《龙
溪集》卷八《艮止精一之旨》)。

> 故儒之与佛，论其洁净精微，不挂丝发，空空如，则同。
> 而其中自然之秩叙，若权衡之轻重，度量之长短，佛则一概抹
> 杀，超超自如矣。（《高子遗书》卷八上《答念台》）

这应当是他直面上述的事态而试图重新确立儒家之主体性的尝试。
但极力保持朱子对佛教之批判视角的高忠宪也不得不承认儒与佛之
间的共有基础是"空"，由此我们应当能感受到明末思想界的独特性。
在这个舞台上，已经不再能通过单纯的排佛论来蒙混过关。在承认双
方站在共通的舞台的前提之下，如何压倒对手，抑或是与对方联手？
各种儒禅和合论以及三教一致论纷纷登场，已经不再能允许学者安稳
地躺在固化的思想遗产上。焦澹园云：

> 儒释之辨，尤今日一大公案，仆非左袒释氏者，然学者不
> 究明己事，日棼棻二氏之辨，所谓"如人数他宝，自无半钱
> 分"，故一为晓之耳。[1]（《澹园集》卷一二《答钱侍御》）

六

那么反过来由佛教来看良知说，我们会看到怎样的评价呢？针对
儒学可以经世、佛学则只能止步于出世的主张，大慧禅就已指出离开

---

[1] 蒋道林以释氏为空、儒教为大公作为前提，曰："今谈禅学辈，贵灵明而卑诚敬，是徒知悟
入为妙，而截去'无住'一段功夫，其能免于以身谤佛乎？虽然，吾儒与释氏，始于知性，固
一也，其所以为知则不同。释氏之知也，欲契夫未有一物之先。吾儒之知也，则浑万物而
同体。主夫未有一物之先，则其于四大也，不能不外之以为幻，故其用也，自私而灭伦。
浑万物而同体，则自一身以往，皆天下公共之物。故其用也，与天下吉凶而同患。此小大
公私，天渊判矣。"《蒋道林文粹》卷八《答何吉阳》）

日用缘之应对就不存在真正的领悟，并加以实践，可以说已经做出了很好的回答。但佛学只是幻妄之学、自私自利之学，佛学之领悟说到底也依然是停留在超越世俗的彼岸世界等等批判依然不绝于耳。对此，永觉元贤做了如下反驳：

> 世谓："周孔之道，宜于经世。释迦之道，宜于出世。各择所宜而宗之。"是浅之乎论二教者也。夫使周孔无出世之实德，则所谓经世者，非杂于功利，必束于名相，何世之能经？使释迦无经世之实用，则所谓出世者，非堕于邪计，必局于自私，何世之能出？故知经世出世实无二道，实无二心。周孔盖得释迦之妙用，以弘经济。释迦盖得周孔之密印，以证涅槃。世俗徒执其外迹而二之，如冰炭之不相入，则亦未之深考也。（《永觉元贤广录》卷九《示刘孔学茂才》）

如其所言，只有儒者之经世与佛者之出世融为一体，悟道与人伦才能同时获得生机。智旭云：

> 圣贤皆以同体大悲为学问纲宗。儒谓"万物皆备于我"，释谓"心、佛、众生三无差别"。推恻隐之心，可保四海，极大悲之量，遍周法界。故（《易经·系辞下》）曰"天地之大德曰生"。倘杀戒不持，岂名"一日克己复礼，天下归仁"乎？愿即向儒门实究，必能奋然顿决于一日，位天地，育万物，取诸片念而有余矣！（《灵峰蕅益宗论》卷二之一《示陈受之》）

看起来智旭充满了所谓"向儒门实究"便是"向佛门实究"的自信。智旭还指出，"道"是超越"世间"与"出世间"的："以道入真，则名出世，以道入俗,则名世间,真与俗皆迹也。迹不离道,而执迹以言道则道隐,故曰:'形而上者谓之道,形而下者谓之器。'又曰:'君子上达,小人下达。'"(《灵峰蕅益宗论》卷五之三《儒释宗传窃议序》)他对于执着于形迹的看法提出了警告。

上述儒佛汇通能够比较安稳地进行,是有了阳明学作为心学出现,从而构成了脱离儒教的基盘的缘故,但这并不意味着宗派意识就完全被抹消。如前所述,在同一舞台上,一进一退是当然有可能发生的。前文中已经介绍过万历三高僧之一的云栖袾宏对于良知说的强烈不满,而永觉元贤也认为,既然程朱都以心中所具之"理"为"性",以发于四端者为"情",则良知就只是"情"而已,良知所矜夸的"昭昭灵灵"甚至是朱子都早已放弃之物,而佛教以为是生死之本,认为"乃以之睥睨今古,夸为独得,不亦谬乎"(和刻本《呓言》卷上,第二五叶)。如果受到从朱子学的立场出发的批判,此尚且不难理解,但同样是属于心学阵营的禅者,也批评良知为"妄"或者"良知正情也",又是为何?在佛教居士之中,皈依云栖袾宏的董其昌就说"阳明先生识此,发为良知之说,犹是宗门浅浅之谈"(《容台集》卷三,第一九叶)。

对于前述云栖袾宏的说法,高忠宪做了如下的反驳:

> "尧舜之道,孝弟而已。"孟子指出"孩提爱敬",是最初最真处,以是为妄,何所不妄?仁义智礼乐,其实只事亲从兄二者,二者既妄,五者皆伪,人道尽灭矣,几何而不胥为禽兽也。真常寂照,将焉用之。(《高子遗书》卷三《异端辨》)

在此,我们仅需要确认高忠宪认为人类本性最初最真之处就已经具备了孩提爱敬之道这一主张(这点恐怕也是所有儒家都承认的)即可。那么,王阳明关于爱亲敬长又有何看法?

　　知是理之灵处。就其主宰处说，便谓之心，就其禀赋处
说，便谓之性。孩提之童无不知爱其亲，无不知敬其兄，只是
这个灵能不为私欲遮隔，充拓得尽，便完；完是他本体，便与
天地合德。(《传习录》卷上)

王阳明以孩提的爱敬为心之灵能，告诫其不可因为私欲而被阻隔。然
而，对于王阳明的上述说法，朱子学者认为这是以良知为"一点昭昭灵
灵之心"，是借用孟子的"不学不虑"来试图排除"学虑"，故严加批判
(陆稼书《松阳讲义》卷一二，第一七叶)。亦即是说，朱子学理解的阳
明学说认为不需要借助学习与思虑，只要通过心之灵能就能很容易地
加以实行。禅宗一方痛斥阳明学的先验性带有虚妄的色彩，朱子学一
方则指责其过度夸大了灵动性，良知说究竟应该如何才能保持其鲜明
的独特性呢？阳明学与朱子学的关系，因为心学与理学之间存在根本
的对立，要接近是很困难的，那么阳明学与禅宗的关系又应当如何妥
善解决？对于前述云栖袾宏的批判，清儒毛先舒曾站在几乎就是阳明
学的立场上进行了驳斥：

　　噫！莲池(袾宏)谬矣！爱亲敬长，此良知之根于天性者
也，安得云妄？安得非真？若以此知为妄，而别有真知，则真
知者，必不爱亲，必不敬长矣。则亦安用此真知为哉？且莲
池于真知，云"照"云"通"，则知爱知敬，便是"照"，便是"通"，
乌得以为妄而非真哉？且莲池尝谓："戒虽万行，以孝为宗。"
又尝作《自伤不孝》(收入《山房杂录》)文，今乃以爱亲敬长为
妄，斯又自相违者已。又谓"夫'子操则存'四句①为进于良

---

① 《孟子·告子上》中引用孔子之语云："操则存，舍则亡，出入无时，莫知其乡。"

知"，夫此四语，特谓心之恍惚无定，而不可不操以存之耳。（《思古堂集》卷三《读莲池书语》）

由此可见，即便阳明学将良知之本体界定为"万缘皆空""真空无碍"或者"无声无臭"，以禅宗的绝对无的立场来看，都不免带有世俗世界的"有相"之阴影。即便是王阳明门下最接近禅宗的王龙溪，也不得不对陆五台做出忠告："间或高明之士有得于禅者，复以儒者之学在于叙正人伦，未尽妙义，隐然若有伸彼（禅）抑此（儒）之意。"（《龙溪集》卷九《与陆平泉》）

七

从根本上来说，成为心学之基础的本来悟相应当是"绝对无"，那么其是否就不应该留下任何世俗层面的人伦之印记呢？抑或是，可以通过某种形式而具备适应人伦世界的潜在的可能性呢？对此问题的处理，可以说是关乎心学之生死的根本问题。为了探究这个问题，本章打算考察王龙溪的相关言论。不过在此之前，虽然略显曲折，还是想先从必要的角度来探讨一下其对于过去儒者的不满。其曰：

后之儒者不明一体之义，不能自信其心，反疑良知涉虚，不足以备万物，先取古人孝弟爱敬、五常百行之迹，指为典要，揣摩依仿，执之以为应物之则，而不复知有变动周流之义。（《龙溪集》卷二《宛陆会语》）

亦即是说，王龙溪将过去被视为"孝弟爱敬""五常百行"之典型的各种善行全都视为是"迹"，而良知则不会为此类"迹"所束缚，是变动周流、自由运动之物。那么这是否就意味着良知是与孝弟爱敬等全无关系而独来独往呢？并非如此。

> 夫一体之谓仁,(如孟子所说)万物皆备于我,非意之也。吾之目遇色,自能辨青黄,是万物之色备于目也;吾之耳遇声,自能辨清浊,是万物之声备于耳也;吾心之良知,遇父母自能知孝,遇兄自能知弟,遇君上自能知敬,遇孺子入井自能知怵惕,遇堂下之牛自能知觳觫,推之为五常,扩之为百行,万物之变,不可胜穷,无不有以应之,是万物之变备于吾之良知也。夫目之能备五色,耳之能备五声,良知之能备万物之变,以其虚也。致虚则自无物欲之间,吾之良知自与万物相为流通,而无所凝滞。(《龙溪集》卷二《宛陵会语》)

在此文中对眼睛以及耳朵的功能这种知觉层面,与孝弟爱敬的伦理层面毫无差别、造作地等量齐观,对此问题之是非在此姑且不论[1]。这段文字的主眼,不难察觉就是描述本性与其邂逅的对象之结合的"自"(自然)这个关键词。本来,"自然"这个词经常会在中国思想史史料的紧要关头中登场,甚至有时候会让人感觉这个词承担了隐瞒逻辑跳跃的作用。如今我们看到,王龙溪认为良知之本体是虚,随着遇到的对象之不同,不拘泥于"迹",而是自然能够("自能")贴切地进行孝弟爱敬的相关实践。不容忽视的是,虽然良知是"虚",但却先验性地保持了万物一体之仁。正因为如此,良知才能发而为孝弟爱敬的人伦之面相,在一切人类关系中圆润无碍地行动。龙溪又云"良知是天然之灵

---

[1] 译者注:作者指的应该是朱熹所严厉批判的程门后学,例如谢良佐的"以知觉言仁",此问题此后在宋明理学史上反复出现。

窍,时时从天机运转,变化云为,自见天则"(《龙溪集》卷四《过丰城问答》),而此处之"自"亦有与前文中之"自"相同的效用。

端的说来,若是"自"(自然)过于轻易地流于泛滥,便有可能会在拒绝理论性说明的同时,又助长自由放纵的风气。因此欧阳南野发出了警告:

> 若只以不费力为自然,却恐流入恣情纵意去也。战战兢兢,临渊履薄,何尝不用力? 然皆良知自觉自修作用,何尝于本体上添得些子? 又何尝不自然? 今人不知良知,则自然亦正是安排耳。(《南野集》卷五《答沈思畏侍御》)

虽然用力,却又要不流于人为之安排或者恣意纵情的反面,这必须是良知自身的动力,是缘于天机、生机的势能,可以还原为"自然"。不过,"自然即是天理"本是朱子学者的共同认识,若从这个角度来观察良知之自然,会得出怎样的结论呢? 高忠宪曰:

> 至于谈良知者,致知不在格物,故虚灵之用,多为情识,而非天则之自然,去至善远矣。(《高子遗书》卷八上《答王仪寰二守》)

朱子学把天理、天则放在良知之上,所以在其看来,由良知之灵能而产生的"自然"全然是情意层面的东西,无法具备构成正当的人伦秩序的力量。[1] 在对这类批判有所意识的情况下,欧阳南野更深入地探讨了关于孩提的问题:

---

[1] 关于"自然",参看顾宪成《小心斋札记》卷十,第一一叶。

　　　　孩提之爱亲者，良知也。而亦有恶怒其亲者，则不可谓
　　之良。孟子之言，盖谓良知自孩提而已有，以见知之本良，非
　　谓孩提所发无非良知而无复不良者也。良知自孩提而已有，
　　故人皆可用其致知之功。(《南野集》卷二《答确斋兄轼》)

如此，良知虽然是人本来就具有的，但是人心依然有可能在发动之中
产生歪曲，因此必须更加严格地锻炼良知在人伦世界之中的调整能
力。良知本体是"虚"或者说"混沌"，这是说良知不会为人伦道德之
"迹"而随意左右，而并非说其全无人伦道德之声息气味。说良知包藏
着人伦道德之"种子"(佛教用语)或许有些过头，但把良知理解为其先
验发生之根源是没有问题的。离开了人伦世界，良知就会彻底失去其
实际体验之场所(在此可以回忆一下前文引用的王龙溪与陆平泉的书
简内容)。永觉元贤所说"经世先须世相空，一点未消成祸种"(延宝利
《鼓山晚录》卷三《明儒》)正是针对这一点，并且指出了良知说的空化
作业的不彻底性。以下引用的屠隆之语，虽然是对宋儒与佛教的比
较，但窃以为也可以成为阳明学自我反省的材料：

　　　　夫存心养性养得成儒成佛，儒佛皆有之。但儒者存养在
　　人伦事物，而不免黏带着实，以故处置得世界停当，而卒缚于
　　世界之中。佛氏存养，亦不舍人伦事物，而悟得妙有真空，以
　　故亦处置得世界停当，而卒超于世界之外。(儒家)卒缚于世
　　界之中，故不断生死。(佛氏)卒超于世界之外，故永免流
　　浪。……若即在仁义礼智视听言动上存养性灵，则是认影子
　　以为本真，失之远矣。(《佛法金汤录》卷上，第二五叶)①

————————————

① 参看《鸿苞集》卷一六《答陈仲醇道兄》。

脱离王门而投奔湛甘泉门下、更倾倒于佛教的王顺渠,在《次阳明咏良知》(《顺渠文录》卷六,第四五叶)之诗中写道:

> 若把良知当仲尼,太清却被片云迷。良知止是情之动,
> 未动前头尚属疑。

在此种情势之中,如杨复所者欲分别承认儒教与佛教各自的存在价值。对于佛教缺乏人伦事务之感应的非难,其做出回应,认为正是佛教之传来才使得顽民之本性觉醒,避免了彝伦扫地:"谛观佛之所为,其心潜于纲常之中,其迹若逃于纲常之外。"(《杨复所文集》之《学解·原古》中)要而言之,在佛教看来,无法贯彻空观的良知说不过是真性之影子而已;反过来从良知学的立场出发,就必然会诘问贯彻空观(绝对无)的禅宗究竟如何可能下探到人伦世界。对于甄别儒佛而煞费苦心的士人的实际情况,许敬庵做了如下的描绘:

> 高明之士,往往厌薄庸俗,趋于禅家之空寂,顾其势已不得为真禅,则又以吾儒者之说为祖,故其间牵合附会,一人之身,忽焉归佛,忽焉归儒,其论忽焉而虚,忽焉而实,甚或有称独传千古之秘,儒佛道三教不能出吾之范围者。(《敬和堂集》卷五《简张阳和年兄》)

这里最后提到的"千古之秘"云云指的是王龙溪。不过,王龙溪认为区分三教而懈怠于彼此的切磋磨炼,反而会让人心(良知)狭隘化,由此而有了超越三教的志向,但他本人并没有诸如串联儒佛道三教、收集其相似之处的弥合而成的三教一致论的意识。问题就在于,超越三教之壁垒的志向会让人的自由意识极大提高,从而导致其无视传统与习

惯而横行阔步。对于希望三教一致论会产生思想之平均化以及人心之安定化的士人群体而言，这样的趋势反而应当受到指责。例如试图统一三教而一归于孔门之下的管东溟就曾对周同卿（念庭）云：

> 弟窃感慨，阳明标致良知之目，大洗支离宿障，极快人心。仅一传而王汝中诸人公然悖其师说，贼仁贼义，不律不禅，如梵门中之阐提，殆几予可杀，其流祸迄今而未已。哓哓然此倡彼和，终日拨弄精魂，一切落空，若蒸沙之不可饭，琢砖之不可针，而于自性实际处，曾无一悟。（《酬咨续录》卷三《录周同卿念庭年兄癸卯来书》）

王龙溪所投下的石子确实导致明末思想界愈加混乱。不过，究竟是否可以简单地用"混乱"这样的负面评价来概括，还是应当认为其鼓励了自由思考与行动的自由意志之开发，这是需要慎重检讨的。在此，为了转变为科举制度所牵制的士人之心术而大喝"心术是本，文章学问是末""禅状元即是儒状元"，将禅放入到儒学之中，并在人眉头之间下一刀而说出"愚谓三教圣人立教虽异，而其道同归一致，此万古不易之义。然虽如是，无智人前莫说，打尔头破额裂"（《大正藏》卷四七，九〇六中）的大慧禅的活杀自在之风格，是很值得合而观之的。

从万历末期开始，国运衰微之征兆就逐年变得更加浓厚，民生困苦已极，日夜皆闻鼓角之声，四野已经到了死尸累累的地步。回想起大慧禅发祥之时，正是宋室南迁之后不久。试图投入到对当下之局势迷糊不清的讲和论而安稳度日的士大夫有很多，面对他们，为了提高士人的抗战意识，大慧禅作为武士之禅而叱咤激励人心。大慧说出"菩提心即忠义心"这样的将世间、出世间融为一体的名句，而其精神在明末危难之际得以复苏,也就是理所当然的了。被称为大慧再世的紫柏达观以其刚健不羁的性格与信念不断揭发腐败官僚以及专权的宦官的不义之举,最终落得死在狱中的结局,而所谓"刚也者,五常性命之本也"(《紫柏老人集》卷二一《刚说》)确实是贯穿其生涯的格言。他对于忠孝又有如下之说:

> 忠孝本一条。学者以为孝是孝,忠是忠,作两条解之,非也。大抵以我见前之心,尽力事亲谓之孝,尽力事君谓之忠。心无异心。忠孝者,名焉而已。故达心者洞了忠孝为一,狗名者横执为二。(《紫柏老人集》卷二一《孝侯谥说》)

"忠孝者,名焉而已"绝非轻视忠孝,而是认为当下一念十分充足的情况下,对象是"君"就发而为"忠",对象是"亲"则发而为"孝",由此"忠"与"孝"就在人心之中得以一体化。在此,大慧禅介入人伦世界的决心被彻底加以实践。

紫柏达观的盟友憨山德清也曾被称为"师拟大慧,冠巾说法"(《梦游集》卷五五所收钱谦益撰《憨山大师庐山五乳峰塔铭》)。和紫柏达观一样,他站在禅悟与人伦一体化的高度,即便被流放到边境,也毫不屈服地高呼"人皆可以为尧舜"(本为孟子之语):

> 夫忠孝之实,大道之本,人心之良也。安有舍忠孝而言道,背心性而言行哉?世儒概以吾佛氏之教,去人伦舍忠孝,以为背驰,殊不知所背者迹,所向者心也。(《梦游集》卷一《示容玉居士》)

熟悉明末佛教界的动向并深深皈依佛教的文坛大家钱谦益,对于

"忠孝"与"佛性"之间的关系有如下的解释：

> 忠孝佛性也，忠臣孝子佛种也。未有忠臣孝子不具佛性
> 者。未有臣不忠子不孝，而不断佛种者。（《有学集》卷二二
> 《赠双白居士序》）

随着国难之日益加深，此武士之禅虽然遭受了诸多中伤与妨碍，但其命脉依然不断。作为例子，我们来看一下大慧的远裔密云圆悟之法嗣朝宗通忍写给某位武人的书信：

> 军旅中有佛法，不可更说佛法也。军旅便是佛法，不可
> 更说有佛法也。横按莫邪，扫除字彗。静以应动，动而能静
> 者，自然直破巢穴，坐致太平矣。莫邪者，当人之智慧力用
> 也。字彗者，根尘中之影响也。巢穴者，起心动念之根株也。
> 太平者，本来之现成活计也。静以应动者，二六时中直据本
> 分以作用也。动而能静者，千应万变而不昧乎本命元辰也。
> 虽然，依旧只是军旅中佛法。（《朝宗通忍语录》卷十《复沈司
> 马》，第二三叶）

在此，扫除敌军的军事行动与消灭妨碍佛心之发动的根本烦恼被放在同一层面进行把握，名剑当下即是妙法。这并不是在赞美充满了血腥气息的军事行动，而是在激励对方，在面对邪恶的敌人袭击之时应当以本来之智慧与法力来应对。

不过，如果禅悟与世俗世界完全一体化，那么在带来上述激发人心的效果的同时，也可能会导致将公案视为悟道之万能药、相信服用此一粒灵丹就可以立即药到病除、仿佛如演员之戏剧一般反复进行一

些问答商量的野狐禅之流行。① 更值得担心的是,良知说与禅宗之合体,并未走向部分士人所期待的"以龙溪先生见地,能小心翼翼不堕世间行,岂不照天照地"(《存真集》卷三《答周海门》)的方向,而是将各自宗派的自由意识叠加,从而促成了无碍禅②的横行。对于明末思想界的上述混乱局面,陆桴亭是如此描绘的:

> 至正(德)、嘉(靖)时,湛甘泉、王阳明诸先生出,而书院生徒乃遍天下。盖讲学于斯为烂漫矣,而阳明良知之学为尤盛,龙溪、心斋诸公继之,渐流渐失。迄于隆、万,此时天下几无日不讲学,无人不讲学,三教合一之说,昌言无忌,而学脉之瞀乱于斯为极。不惟诎紫阳(朱子),几祧孔孟。吁! 亦可畏哉。(《陆子遗书》文集卷一《高顾两公语录大旨》)

而在此种情势下,如果确实存在着"禅家之作用近乎霸"(《陈几亭外书》卷二)之风潮,那么则应当将其看作是大慧禅的一种复活形态。

---

① 钱谦益曰:"今之禅,非禅也,公案而已矣,棒喝而已矣。河东之论密公曰:禅者,六度之一耳,何能总诸法哉? 本非法,不可以法说;本非教,不可以教传;岂可以轨迹而寻哉? 以禅门言之,应微笑而微笑,应面壁而面壁,应棒喝而棒喝,皆所谓非法非教,不可轨迹寻者也。今也随方比拟,逢人演说。上堂示众,譬优人之登场,礼拜印可,类俳童之剧戏。贫子数他家之宝,愚人求刻舟之剑。是不可为一笑乎?"(《初学集》卷四二《武林重修报国院记》)

　　杨复所云:"宗门之学,针芥相投,即古人目击道存之义也。其弊也,棒喝掌捆,则几于戏。"(《冬日记》,第七叶,按此处引文系译者据原著中的日文训读转译而来,可能与原文有所出入。)

② 焦澹园云:"世之谈无碍禅者,则小人而无忌惮者耳。"(《澹园集》卷一二,第八叶)

　　钱谦益云:"世之衰也,士皆好圆而恶方,丰表而啬里。姚江之良知,佐以近世之禅学,往往决藩踰垣,不知顾恤。风俗日以媮,子弟日以坏。"(《初学集》卷六三《兵部尚书李公神道碑铭》)

　　袁中道:"二六时中,道念胜则俗念衰,俗念衰则道念胜。不两立也。近日悟理未至,而日日应酬俗务,以为无碍,所谓利刀切泥,毕竟有损。"(《珂雪斋外集》卷一二,第一三叶)查毅斋云:"世人惟不知良知下落,又不知致字工夫,任其情识,日渐月摩。顾良知化而为知识,知识化而为机变。种种过恶,皆从此出。"(《阐道集》卷三《答邵纯甫书》)

第八章　拔本塞源论

一

　　万历三十七年编纂成书的《皇明经世实用编》(卷二七)①回顾明代学界有云:"本朝圣化渐涵,大儒继出,开浑朴于成(化)、弘(治)之先,发精华于正(德)、嘉(靖)之后。盖直遡洙、泗之渊源,而并驱濂、洛之轨辙矣。嘉言善行载诸纪册者,迨数十家,不能悉载。"编者站在朱子学的立场上,把明代思想史描述成仿佛发展得非常顺利。但是,这种天真的看法是在迎合以朱子学为官学的统治者的意志。从明代前中期的朱子学者的言说中,也不难证明,在国家的庇护下学习朱子学的学子是多么地不学无术,又是如何为出人头地的欲望所支配,何其令人厌恶! 首先,作为《大学衍义补》的作者而驰名的丘琼山,对学中士子的怠慢无耻有如下叙述:

_____

① 译者注:此书卷首汪国楠《经世实用编引》末署"时万历甲辰(三十二年)夏至之吉",冯应京自序《经世实用编叙》落款"万历三十有一年夏六月谷旦",合作编者姚允恭《经世实用编序》落款"万历癸卯(三十一)年秋九月既望之吉",校刊者戴任《实用编纂修姓氏叙由》末署"时癸卯(万历三十一年),星周一纪"。作者乃谓《皇明经世实用编》编成于万历三十七年,不知何所依据,盖误记耳。

　　臣按：百工居肆方能成其事，君子学方可以致其道。然今之士子群然居学校中，博奕饮酒，议论州县长短、官政得失，其稍循理者，亦惟饱食安闲，以度岁月。毕竟成何事哉？惟积日待时，以需次出身而已。其有向学者，亦多不务正学，而学为异端小术。中有一人焉，学正学矣，而又多一暴十寒、半途而废，而功亏一篑者亦或有之。学之不以道而不能致其极，皆所谓自暴自弃之徒也。此最今日士子之病，宜痛禁之。（《大学衍义补》卷七一，第一四叶，和刻本）

　　胡敬斋认为，造成像这样士子蔽于眼前利益，不返心体之同然，丧失性分之所固有的局面，科试的主考官也需要负责。根据胡敬斋所说，科试的主考官为了炫耀自己的博识，设计新奇隐微的考题试士，考生亦作奇巧隐僻之文，以迎合主考官之意，而不知推察圣贤平易明白正大的道理。此即朱子所谓"经义贼中之贼，文字妖中之妖"[1]。世道堕落至此，亦已极矣。士人欲以正自立，便与世乖违，惟随俗习非之人，方得顺利出人头地。然则虽欲挽回世教，移变士习，已无可能（《胡敬斋集》卷一《寄张廷祥》）。与之发出相似感慨的还有章枫山：

　　所谓涖官行事多招谤尤者，盖此时风俗大率以同流合污、如乡原之为者，谓得中道，而守正不阿、特立独行，则众怒群猜，以为不近人情。在他人固无怪其然，而平日在吾党之中素有人望者，乃亦如此，则芝兰变为萧艾，尤为世道之忧，甚可叹也。（《章枫山集》卷二《复黄仲昭》第三书）

---

[1] 此语见《朱子文集》卷六九《学校贡举私议》。译者注：胡敬斋所引确作"经义"，朱子原文实作"经学"。

从阳明那里收到论"拔本塞源"之书信的顾东桥亦云,近年以来恬于承平,贵近放任奢侈,奸诈乖僻之徒颓靡,小人作乱使恶,"人心波流,士气扫地,伤害治体,亏损国脉,有识之士,咸所痛心",上下贵贱皆流于奢侈,"根株未拔,日滋蔓矣"。为此,他提出必须严禁以刘瑾、廖鹏为中心的贿赂公行之习,端正官界上下之体统,改正下级如妇女、奴隶般跪拜上司之恶习,应当认识到昔也尚德、务厚、贵俭、取诚,今则尚情、务薄、贵奢、取佞之现状,并自述其弘治九年入仕之初,风俗犹且是非明白,士知趋向,而焦芳入内阁后,以私意进退官吏,士不知耻,皆务奔竞,而自张彩居吏部,起用飞扬捷疾之才,士人皆尚虚华而鄙道义。其结语则谓:"江河之变,日趋日下,荣利所诱,人谁不从。"(《顾华玉集》卷三八《拟上风俗议》)

从上述诸家的论辩,基本上可以推知阳明出现时的政界状况和士风动向。但是,他们的发言只不过是客观事实之描述与基于一己正义感之慨叹,缺乏一边投身于污泥浊水中与人扭打缠斗,一边探究颓废堕落之根源,拯救万民于水火的气魄与理念。因此,阳明所倡导的拔本塞源论就具有特殊的意义。

二

"拔本塞源"一语出自《左传》(昭公九年),而程伊川表彰孟子辟杨墨之功云"但孟子拔本塞源,知其流必至于此"(《二程全书》卷一八,第六九叶),又在称赞孟子对比仁义与利的论调时云"孟子拔本塞源,不肯言利"(《二程全书》卷一八,第四七叶)。朱子承之,乃于《孟子·梁惠王章句上》首章之注中谓:"故孟子言仁义而不言利,所以拔本塞源而救其弊",阳明《答顾东桥书》(《传习录》卷中)使用"拔本塞源"大概就是受到朱子的启发。朱子常用此语,如在抨击苏氏学混杂佛老(《朱子文集》卷三〇《答汪尚书》，第一一叶），表彰反对功利性的历史观，维护儒教正统的孟子、董子（《朱子文集》卷四七《答吕子约》，第二八叶），阐述人欲妨碍性情之德的危害（《朱子文集》卷七七《克斋记》，第一六叶）等处都可见"拔本塞源"一语的使用。不过，稍早于朱子，胡五峰《皇王大纪》（卷七六，第一八叶）在称颂孟子辟杨墨之功时已经使用此语，其兄胡致堂《读史管见》（卷一九，第四四叶）在提出解决王族间暗斗之策时亦有云"拨乱反正之道，必拔本而塞源"。又如元儒虞道园述克己复礼之难云"其拔本塞源，脱然不远而能复者，世甚鲜"（《道园学古录》卷七《克复堂记》），明儒薛敬轩则曰："滔滔趋利之势不已，必至于乱。非圣贤，孰能救之？此《孟子》之书首言仁义以拔本塞源也。"（《读书录》卷二，第二叶，和刻本）像这样，过去"拔本塞源"一语用于对特定的主题、场面、人物的批判，而在阳明《答顾东桥书》中的用法，则是立足于万物一体观，以从根本上打破学问的闭塞、人心的昏聩、民族的危机、功利的渗透并进行改革这一悲壮的愿望为背景，讨论改造社会的议题。

《答顾东桥书》的重要部分是从"何谓圣人"这一儒教的基本主题出发的。针对《论语·述而》中的"我非生而知之者"，朱子《集注》引尹氏曰："盖生而可知者义理尔，若夫礼乐名物、古今事变，亦必待学而后有以验其（行事之）实也。"若据此说，成为圣人首先需要的是义理，为了义理在实地中取得效果，就有必要通晓礼乐名物、古今事变。这样一来，虽然义理是与生俱来的，但礼乐名物等知识是发挥义理的必要条件，需要通过后天习得。若然，那么把圣人定义为全知全能之神就是错误的。在此，请读者回想本书第二章曾引用过的阳明的这句话："苟无是心，虽预先讲得世上许多名物度数，与己原不相干，只是装缀。"（《传习录》卷上，陆澄录）像这样，如果圣人之所以是圣人仅仅系于义理，与礼乐名物的后天知识无关，则生而知之者（上根）、学而知之者(中根)与困而知之者(下根)都一样,只要精通义理,即可成为圣人。然而,今日之学者于圣人先天所知(即义理)尚未学而知之,却汲汲于追求圣人未曾知得的外在知识,也是走错了成为圣人的道路。作为参考,以下引用阳明门人聂双江之言:

> 象山先生云"可使不识一字之凡夫立造神妙"①者,盖以圣学本易简,而其功甚精切也。若夫礼乐名物、古今事变,其于作圣之功,初无所与。子贡之多学而知,不闻性与天道,而卓尔之见(颜子)、一贯之唯(曾子),乃在愚鲁之颜、曾,可以知圣学之先后缓急也。(《双江集》卷十《答戴伯常》,第八叶)

那么,所谓圣人,是怎样的呢? 关于圣人的基本属性,在其他章已有所讨论,而阳明则结合时代状况追寻一个当今之世应该出现却又不易出现的圣人形象。

> 夫圣人之心,以天地万物为一体。其视天下之人,无外内远近,凡有血气,皆其昆弟赤子之亲,莫不欲安全而教养之,以遂其万物一体之念。天下之人心,其始亦非有异于圣人也。特其间于有我之私,隔于物欲之蔽,大者以小,通者以塞,人各有心,至有视其父子兄弟如仇雠者,圣人有忧之。是以推其天地万物一体之仁以教天下,使之皆有以克其私,去

① 译者注:陈献章《与胡金事提学》第一书(《白沙先生文编》卷四)云:"吴草庐亦云:'提耳而诲之,可使不识一字之凡夫立造神妙。'"然则双江所引当为吴澄语,谓"象山先生云",非也。又陈建《学蔀通辨·后编》卷中:"象山《皇极讲义》云:'其心正,其事善,虽不曾识字,亦自有读书之功。'象山素论每如此。……陈白沙引吴草庐谓'提耳而诲之,可使不识一字之凡夫立造神妙',正与象山符节契合。"

其蔽，以复其心体之同然。(《传习录》卷中《答顾东桥书》)

阳明在此舍去了诸如圣人是否需要掌握礼乐名物，或者圣人是否必须多才多艺之类的一切细枝末节，而提出了由血脉联结万物的一体论。正因为他目睹了眼前即便是父子兄弟都相互仇雠的家庭崩溃、血缘分裂的现象，才倡导应该恢复万人同然所具有之心(良知)。但是，他并不特别标榜新的德目，而以《大禹谟》"人心惟危"云云十六字和《孟子》以及其他经典可见的五伦五常之实践为教。继而追怀理想的唐虞三代之世，其时普及了前述之教理，"人无异见，家无异习"，甚至学问普及于农工商贾，没有如今这般的"闻见之杂，记诵之烦，辞章之靡滥，功利之驰逐"，亦即普及了"心体之同然"的世相。学校之中(不像今日以科举为目标，而是)以成德为务，扩展各自的才能，推举有德者为官吏，而使之终身居其职，以共安天下之民，不以职位之崇卑、劳逸为轻重、美恶，而重视其才能是否与职位相称。因此，天下之人和乐舒畅，视如一家之亲。才能较劣者，则安于农工商贾之分，各勤其业，如一家之分担家务。此中洋溢着"万物一体之仁"，正如一人之身，目视耳听，手持足行，而无人己之分，物我之间。是以元气充周，血脉条畅。以上，介绍完古代社会的状况，阳明以如下一句作结："此圣人之学所以至易至简，易知易从，学易能而才易成者，正以大端惟在复心体之同然，而知识技能非所与论也。"

然而，三代之衰，在政界，王道熄而霸术焰；在学界，孔孟既没，圣学晦而邪说行。就这样，政界的斗争劫夺，沦于禽兽夷狄之地步，当世儒者慨然悲伤，蒐猎先王之典章法制，意欲掇拾修补，而圣学既远，只有霸术之传统积渍已深，无论何等贤知，皆不免于习染。于是乎忘却学问之本质的训诂、记诵、词章之学风靡盛行，群起角立于天下，如入百戏之场，骋奇斗巧、献笑争妍者，四面而竞出，前瞻后盼，应接不暇，而耳目眩瞀,精神恍惑,如病狂丧心之人,不自知其家业之所归。历代君主亦皆昏迷颠倒于其说,而终身从事于无用之虚文,不自知其所由来。偶有觉其空疏谬误而卓然自奋者,结果亦不过为富强功利五霸之事业而止。也就至于"功利之毒,沦浃于人之心髓,而习以成性也,几千年矣"。记诵之广,适以长其傲;知识之多,适以行其恶;闻见之博,适以肆其辩;辞章之富,适以饰其伪。挽救陷人如上无可救药的文明危机,到底应该如何是好呢? 除了依靠良知的力量,可能别无他法。阳明在结论中云:

> 所幸天理之在人心,终有所不可泯,而良知之明,万古一日。则其闻吾拔本塞源之论,必有恻然而悲,戚然而痛,愤然而起,沛然若决江河,而有所不可御者矣。非夫豪杰之士无所待(文王)而兴起者,吾谁与望乎?(《传习录》卷中《答顾东桥书》)

在这里值得注意的是,人们不禁会有这样的疑问:视古代社会为理想社会,而贬低当代社会,是浸染尚古主义传统的中国学者的老套手段,阳明的上文使用的不也是符合该范畴的手法吗? 从表面看来,这确实属于相似的模式。但是,正如"良知之明,万古一日"所云,决定历史明暗、社会治乱、民生安否的根源性因素,乃在良知之觉醒与否。良知一念之微为私欲所蔽昏,理想社会就立刻沦为黑暗社会,若私欲一扫,黑暗社会又马上蜕变成文明社会。在拔本塞源论中展开的历史观,正是借时间序列而表达良知之明暗。在《亲民堂记》(《全书》卷七)中,阳明将古今之对比凝缩于良知分上,有云:

> 昔之人固有欲明其明德矣,然或失之虚罔空寂,而无有

> 乎家国天下之施者，是不知"明明德"之在于"亲民"，而二
> 氏之流是矣。固有欲亲其民者矣，然或失之知谋权术，而无
> 有乎仁爱恻怛之诚者，是不知"亲民"之所以"明其明德"，
> 而五伯、功利之徒是矣。是皆不知"止于至善"之过也。是
> 故至善也者，明德、亲民之极则也。天命之性，粹然至善，其
> 灵昭不昧者，皆其至善之发见，是皆明德之本体，而所谓良
> 知者也。

由此文亦可知，良知的明昧决定个人与人类的浮沉兴衰。顺便一提，
上文的末尾"天命之性"以下的文字也同样见于《大学问》(《全书》卷二
六)。说起来，无论是《拔本塞源论》，还是《大学问》《亲民堂记》，实在
是主张迫切的博爱与尊重个体本性的格调高昂之名文，充满不容丝毫
左顾右盼之暇的激烈说服力。在中国以往的思想史上，曾有过足以与
之相媲美的开示么？关于这一点，下文将通过与大慧的比较展开
探讨。

三

在此值得注意的是，收信人顾东桥虽然作为文人闻名于世，但他
不仅擅长文辞，而且在肃清政界方面亦具有卓识，为此，在阳明被贬谪
后不久，他也饱尝流谪(广西全州)之辛酸。正德九年，东桥在贬所致
书时任南京鸿胪寺卿的阳明，其中有云："谪来颇与静便，唯思亲一念，
唯日耿耿。正思执事往日谈滇中之乐，于时漫为悲喜，乃今始知其味
也。南都(之职务)甚优裕，第长才重望，不得久安。"(《顾华玉集》卷三
七《与王伯安鸿胪》)据此，在贬谪之前，东桥曾听闻阳明谈论自己流谪
贵阳的体验，虽然彼时有些同情阳明的遭遇，但现在自己来到贬所，才

真切体会到往日阳明经验之谈的意味。正如阳明贬谪到文化沙漠的龙场,反而觉悟到都市文化的伪善与污浊一样,东桥也因置身于非文化人的群体中,而获得了严肃批判"中州之民"丑恶嘴脸的眼力。他说:

> 素夷狄行乎夷狄(《中庸》),古人既行之,吾辈亦何患也。郡民久习夷狄,今且抚之,数月后可制婚姻宴会之礼。顺流与之更始,此辈从化感德,过于中州之民。(《顾华玉集》卷三七《答徐伯南》)

上文已经述及东桥之《拟上风俗议》,像这样,他与阳明怀有共同的社会观、人生观,甚至云"其学亦不必专信孔氏也。此其独往之勇,何必驰险寇、虏降王类耶"(《顾华玉集》卷一五《跋王阳明与路北村书卷》),可见其为阳明而倾倒之程度。正因如此,双方才能毫无顾忌开诚布公,表达各自平素的本心真意。[1]

耿天台《应明诏乞褒殊勋以光圣治疏》(《耿天台文集》卷二)奏请朝廷以相应的恩典褒奖阳明的功勋,提议将阳明从祀孔庙。该疏特别提及拔本塞源论并激赏之,乃至于如此:

> 至其倡明道术,默赞化理,未易言述。即据所著《拔本塞源》一论,开示人心,犹为明切。如使中外大小臣工,实是体究,则所以翊我皇上太平无疆之治者,尤非浅小。

---

[1] 梁章钜《退庵随笔》(卷六)指出,官僚所撰告谕文"全无真意",人民"亦遂视为贴壁之空文",而阳明的告谕文"直如教诫家人子弟",并举《告谕浰头巢贼》(《全书》卷一六)为代表。

焦澹园赞同此说,云:

> 而万物一体之说,则至东越(阳明)而益畅。《拔本塞源》
> 一论,恭简公(耿天台)口之以诲人,未尝不日三复也。(《澹
> 园集》卷二〇《同仁书院记》)

东林高忠宪的门人陈几亭亦云:

> 至于《答东桥书》第七条,乃钱(绪山)氏所称拔本塞源之
> 论,尤诸书之统宗汇源处,实千年以来未开之眼,宜潜心熟玩
> 焉。(《陈几亭全书》卷五四,第六叶)

至清初之儒者李二曲,则以《拔本塞源论》为堪与孟子比肩的大论,发
出了如下感叹:

> 《(孟子)集注》谓"孟子拔本塞源以救弊",诚哉是言也。
> 继孟子而为拔本塞源之论者,莫畅于姚江王子。其言最为痛
> 切,读之真堪堕泪。吾人宜揭之座右,触目警心。(《四书反
> 身录》卷七,第二叶)

在明清易代之际,每当看到众多困惑彷徨、丧失理想信念的知识人群
体,二曲对阳明这一呕心沥血的沉痛之论,就不能不感到深刻的共鸣
吧。尽管当时阳明学未必兴盛,友人罗有高在为被称为清乾隆年间第
一佛教居士的彭际靖撰写的行状中,还是描述了际靖大为阳明学所倾
倒的情形:

陆子(象山)"喻义喻利"之讲义后,此阳明王子拔本塞原
之论、致良知之恉,一脉相承,本无乖隔。或曲因时势,救弊
扶偏,实其万不得已之苦衷,绝非角量人我之邪见。(《尊闻
居士集》卷六《奉政大夫翰林院侍讲赠光禄大夫吏部右侍郎
加一级彭公行状》)

拔本塞源论维持着此般长久的生命力,正是因为它从正面揭发了无论
哪个时代都容易出现的社会的颓废堕落、人性的污浊,并且不止于慨
叹,而是在结语部分提出了由良知推动改革前进的可能性。

不过,在拔本塞源论中,阳明提出"万物一体论",阐述了不问身份
尊卑贵贱的人类的团结与职业分工。而且,这并非冷冰冰的逻辑,而
是作为充满热情的以"心体之同然"为前提的人性觉醒论而展开的。
他以堪与佛教所谓"代受苦"或"同体大悲"的精神相提并论的血脉之
博爱而疾呼:"生民之困苦荼毒,孰非疾痛之切于吾身者乎?"(《传习
录》卷中《答聂文蔚》)

如前所述,良知说的目标不是创造温厚、顺从的通情达理之辈,而
是要创造与纷纭世事融为一体,心脏跳动得更加激烈之人。针对某官
员来书诉说"官不得暇,未能以心照事,才烦辄有静想,静想既生,恶外
之心益甚",欧阳南野回复道:

夫厌烦殆起于以心照事乎。夫心,知觉运动而已。事
者,知觉之运动;照者,运动之知觉,无内外动静而浑然一体
者也。以心照事,则未免有内外动静之分。必以为非静则不
能照,非暇则不能静,事烦则不得暇,而爱憎取舍展转相寻为
病矣。夫官不可以求暇也。民未遂其生与未复其本心,何啻
水火之焚溺?治民者,将以救焚拯溺也,乌得厌烦?厌烦求

静,得非救焚拯溺之心有所未切乎?(《南野集》卷四《答王新甫督学》))①

邹东廓有诗云:

> 千古一体学,痛痒切发肤。
>
> 八年不入门,微禹吾其鱼。
>
> 时当救焚溺,宁复顾毁誉。
>
> 殷勤赠处谊,《订顽》日卷舒。
>
> (《东廓集》卷一一《勉董生明建兆明诸友丈量》)

在上引南野之文中,值得注意的是,其中通过强调心的知觉运动来刻画心之良知的真诚恻怛性。良知的作用功能,不分纷纭扰攘与渊默动静,正是动静一如、闲闹一体。"心不是一块血肉,凡知觉处便是心。如耳目之知视听,手足之知痛痒,此知觉便是心也。"(《传习录》卷下,黄以方录)

然而,亦有人虽身处王门,却未必追随拔本塞源·万物一体论,而投以警惕的目光。这便是罗念庵、聂双江二人。罗念庵云:

> 拔本塞源之论,所以破除后世之习,而大人之学实不外此。今讲学者,既于人情物理混失不睹不闻(《中庸》),又往往假万物一体之论以营已私,反为拔本塞源增一障碍,是以欲别白之。(《念庵集》卷一《答项瓯东》,明刊本)

---

① 又,参考《龙溪集》卷二《道山亭会语》。

所谓对万物一体论的滥用,大概是指无视自我与他人的个体人格差异的独善论——若万物为一体,则自我与他人为一体,是以他人之所有容为我之所有,亦无妨剥夺他人之荣誉而为我之荣誉。这是一种不负责任的论法,规避了念庵所强调的断除欲根,故而念庵定然感到有必要对此作出警告。

其次,关于仁与万物一体之关系,双江有如下论述。仁是贯彻天地万物的生理,是吾身所由生之根源。人之所以为人与心之所以为心,只因这个生理。除却这个生理,则是天地人物都消灭了。全此生理,方能与天地万物为一体。因此,遇亲便孝,遇长便敬,遇民便仁,遇物便爱,自然生意流通,不容一毫安排。才着安排,已是天地悬绝,物我间隔。因此,孔门言仁,只说"克己复礼""主敬""行恕""先难后获",未尝以爱言之(不过作为例外,曾以爱来说明圣人之能力)。孔门求仁之方即如上述,未尝遽以天地万物一体为言。然而,自世之学者不求瀹其万物一体之原,使之肫肫渊渊,生意流通,乃悬空杜撰儱侗笼罩之说,谓万物一体是学问大头脑。(《双江集》卷十《心经分注疑问》,第七九叶)

本来,万物一体观与生理观应有密切关系,而双江有意切割二者的关系,也许是因为万物一体观具有很强的急切播撒博爱的知觉性的性格,而与此相对,生理观具备基于生意之根源的安稳的性格。在王门中,双江最反对视良知为知觉,最终导入了"体立而用行"这一朱子学语言[1],固守彻底的未发主义。对于他的这种学说,南野也提出了严厉的忠告:"非离乎动用显见,别有贞静隐微之体,不可以知是知非言者也。"(《南野集》卷四《寄聂双江》第一书)由此可见,双江的思想中

---

[1] 清代编纂的《四书明儒大全精义》谓双江为朱子学一派。另外,关于罗整庵、聂双江,请参考拙著《陽明学の開展と仏教》。

缺乏个人与社会、现实与理想之间的对抗意识，难免会有抛弃积极的自由、和平地消灭自我与世界之分裂的意图。他之认为不应轻言万物一体，实在是理所当然的了。

四

如上所述，在王门内部，良知与知觉的关系蕴含着很大的问题，而正如激烈反对谢上蔡将知觉理解为仁那样，对于无视仁之本体、在知觉层面解释仁，朱子表现出强烈的否定态度。这也许与排斥佛教的"作用是性"出于同一心理。正如朱子所云："盖仁之为道，乃天地生物之心，即物而在。情之未发，而此体已具；情之既发，而其用不穷。诚能体而存之，则众善之源，百行之本，莫不在是。"（《朱子文集》卷六七《仁说》）仁确立于体用一致的基础之上，必须严加警惕训仁为觉（知觉）。既然仁是基于天地生物之心，那么当然就伴随着与万物同体的意识。不过，虽然仁的普遍性明确地表明了物我同体，但这本身并不能说明仁的实体即对个别事物的吸附状态，也不能说明设置在那里的仁爱范畴的内部结构。这样，特别注意"同体""知觉"等词的朱子作出了如下警告：

> 抑泛言同体者，使人含胡昏缓而无警切之功，其弊或至于认物为己者，有之矣。专言知觉者，使人张皇迫躁而无沉潜之味，其弊或至于认欲为理者，有之矣。一忘一助，二者盖胥失之，而知觉之云者，于圣门所示乐山（《论语·雍也》）、能守（《论语·卫灵公》）之气象，尤不相似。（《朱子文集》卷六七《仁说》）

　　朱子十分担忧因过度聚焦于知觉,而忽视本具仁爱的根源性由来。朱子云"故性之所以为体,只是仁义礼智信五字……却为后世之言性者多杂佛老而言,所以将性字作知觉心意看了,非圣贤所说性字本指也"(《朱子文集》卷七四《玉山讲义》),亦是同样的警告。仁之所以会推动促进知觉,是因为仁中满溢着想要抑制也无法抑制的博爱,激荡着刻不容缓的强烈情感。而朱子所忧惧的是,当知觉启动得太过迅速时,就会脱离心之本真,最后止于单纯的激情。这对于主张已发必须有未发之根柢的他来说,是理所当然的要求。从这里回顾阳明的拔本塞源论乃至其门人的主张时,即使能感受到他们迫切的热情与对人类的博爱,但难道感觉不到在其操之过急的姿态中,弥漫着某种不稳定的情感波澜吗? 如此,在朱子学者看来,拔本塞源论就必然是使自我极度膨胀的傲慢不逊的偏见谬论。张武承云:

> 　　拔本塞源之论甚美,然亦骤观足以摄人耳。徐而按之,乃(张)仪、(苏)秦气习,鸱张凌厉,徒见其气象之虚浮傲诞而已。且(阳明)所斥者词章、记诵,于格物穷理之学无与也。(《拔本塞源论》)谓"记诵之广,适以长其傲也;知识之多,适以行其恶也;闻见之博,适以肆其辨也;词章之富,适以饰其伪也",不知此四病,惟谈良知者尤甚。鸱张凌厉之际,乌暇返而自省乎? (《王学质疑》卷四,第三叶)①

在其看来,阳明的主张不过是其不愿主动承担责任,去反思自己的学

---

① 陈清澜《学蔀通辨·后编》卷上亦云:"按:万物皆备之语,孟子与陆学俱言之。然孟子之万物皆备,以万物之理言也;陆学之万物皆备,以万物之影象言也。儒、释不同肯綮,只此。朱子《答胡季随》书(《朱子文集》卷五三所收,第四书)云圣贤'本意欲人戒慎恐惧,以存天理之实,非是教人揣摩想像,以求见此理之影也',正明此意。"

说给学界、政界带来的危害,而企图转嫁责任的喋喋不休而已。又,在拔本塞源论的枢纽中,贯穿着阳明独自的万物一体论,而对万物一体观进行条理清晰的论述的则是《大学问》。既然认为拔本塞源论是可恶的谬论,那么《大学问》也就同样如此了。

据罗泽南所说,天地万物之所以与人得为一体,厥因人与物皆禀天地之理与气,人之以天地万物为一体者乃理之一,人与万物各自为一体者乃分之殊。因为理一,故物我无间;因为分殊,故各尽功夫。如此,正是通过理一分殊,万物一体可以得到证明,而阳明则完全缺乏这种视角:

> 阳明言大人之学,徒即此心之灵昭不昧,见孺子之入井而怵惕,见鸟兽之哀鸣觳觫而不忍,见草木之摧折而悯恤,见瓦石之毁坏而顾惜,以明其万物一体之仁,而不及乎吾心所具之理与人物所共得天地之理,则其所以言明德者已不实,而其所以言万物一体者亦未能见其所以然矣。(罗泽南《姚江学辨》卷二,第四叶)

理一分殊论乃朱子学之金科玉律,泽南以此为基点攻击阳明,无疑是作为朱子学者的正面攻击法。但是,敏锐地攻击朱子学所言之理的暧昧与不确实性而诞生的不正是阳明所云"心之良知的天理"说吗?泽南完全无视这一经纬,片面猛攻阳明万物一体论的欺骗性。然而,阳明在《大学问》中其实已经对诸如此类的攻击进行了反击。

> 后之人惟其不知至善之在吾心,而用其私智,以揣摸测度于其外,以为事事物物各有定理也。是以昧其是非之则,支离决裂,人欲肆而天理亡。(《全书》卷二六《大学问》)

泽南谓阳明不知天理,阳明谓朱子学导致天理灭亡。孰是孰非,虽已反复叙述,而一般来说,所谓理,能够有情感丰富的感应力吗? 泽南完全没有意识到,对理的过分相信,歪曲了人性自然的状态,由此就产生了如阳明所指出的需要拔本塞源的事态。[①] 不过,李光地云"王姚江(阳明)却未见他讲得治天下大规模,经学是其所疏忽者,故亦未能详备"(《榕村语录续集》卷八,第一八叶),指出了阳明疏于提出具体的社会改革方法,这一点值得注意。然而,绝不能无视的是,拔本塞源论是让撞上暗礁不能动弹的巨船先离开暗礁的应急对策。那些不能轻易醒悟到这一思想史转变意义的人,不妨再三诵读下引邹东廓之言:

> 大抵先师之教与诸儒不同者,以求理于心,而彼求理于物也。求理于物,则以吾心之良知为未足,而必求诸外以增益之,故不免以探讨讲究为学,以测度想像为智。若求理于心,则良知之明,万物皆备,知善而充之,不善而遏之,如权之于轻重,度之于长短,无俟于揣摩,而自得之矣。(《东廓集》卷五《复王东石时祯》)

五

所谓万物一体云者,在中国思想史上并非没有先例。特别是以同体大悲、无缘慈悲为基本主张的佛教内部,相关论说与行履都有所积

[①] 参考阳明的如下发言:"世之儒者各就其一偏之见,而又饰之以比拟仿像之功,文之以章句假借之训。其为习熟既足以自信,而条目又足以自安,此其所以诳己诳人,终身没溺而不悟焉耳! 然其毫厘之差,而乃致千里之谬。非诚有求为圣人之志而从事于惟精惟一之学者,莫能得其受病之源,而发其神奸之所由伏也。"(《全书》卷六《寄邹谦》第四书)

累。尤其是宋代中期出现的大慧宗杲的禅风,融世间性与出世间性为一体,逐步逼近士大夫的心魂,在国难的背景下侵入了儒教的领域内,此事前文中已有所介绍。对于世间法与出世间法的学习方法的差异,大慧宗杲有如下叙述:

> 学世间法,全仗口议心思;学出世间法,用口议心思则远矣。佛不云乎:"是法非思量分别之所能解。"永嘉(玄觉)云:"损法财,灭功德,莫不由兹心意识。"(《证道歌》)盖心意识乃思量分别之窟宅也。决欲荷担此段大事因缘(即妙悟),请猛著精彩,把这个来为先锋去为殿后底,生死魔根,一刀斫断,便是彻头时节。正当恁么时,方用得口议心思著。何以故?第八识既除,则生死魔无处栖泊。生死魔无栖泊处,则思量分别底,浑是般若妙智,更无毫发许为我作障。所以道:观法先后,以智分别;是非审定,不违法印。得到这个田地了,任作聪明,恣说道理,皆是大寂灭、大究竟、大解脱境界,更非他物。故盘山云:"全心即佛,全佛即人",是也。未得如是,直须行住坐卧,勿令心意识得其便,久久纯熟,自然不著用力排遣矣。(《正藏》卷四七,八九六上)

此处叙述的是世间性借由妙悟一转而蜕变为出世间性,其时全身心作为般若之妙用开始活动。值得注意的是,大慧如此激烈批判攻击的士大夫的聪明·道理,在八识田中被一刀斩断后,反而获得了活路。"生处令熟,熟处令生"是大慧的口头禅,而身心的彻底改善,正是他所说的"一大事因缘"。陶石篑承之而云:"生处熟些子,熟处生些子,自然合辙。大慧老人断不欺我。"(《歇庵集》卷一五《与我明弟》)但是大慧打破世间性的意识,只是一味依赖妙悟、智慧、公案的威力,不得不说缺乏拔本塞源论中所谓真诚恻怛的感性之高涨、血脉之条畅与透彻的历史展望。也许这是从出世间性出发的思考与从世间性出发的思想的微妙差异。但是，二者在心学上未必能够划出明确的界限，而由此出现儒禅一致论者，就是不可阻挡的态势。杨复所云：

> 吾儒之学，欲明明德于天下，必先自明其明德，所谓"以其昭昭，使人昭昭"也。佛学明心见性，亦为一大事因缘出现于世，开示悟入佛之知见。由此观之，我高皇（太祖）谓"圣人无两心"，讵不信哉！后世学儒者徒求治天下国家，而不知求明厥德；学佛者徒求明心，自了生死，而不知大事因缘，胥失之矣。（杨复所《家藏文集》卷三《明心法语序》）

以上这样考察下来，可以说拔本塞源论是心学路线上较为突出的发言，此点毋庸置疑。本来，破除朱子学的格物论而阐述心一元论的良知说便容易招致这样的质疑：其只着眼于个体人格的完成，而缺乏对客观世界的关怀。耿天台与王龙溪之间的下述问答，似乎就意识到了这种质疑。

> 楚侗子（天台）曰："今日所谓良知之学，是个真正药方，但少一个引子，所谓'欲明明德于天下'是也。有这个引子，致知工夫方不落小家相。"
>
> 先生（龙溪）曰："这一个引子，是良知药物中原有的，不从外得。良知是性之灵，原是以万物为一体。'明明德于天下'原是一体不容已之生机，非以虚意见承当得来。'古之欲明明德于天下'，不是使天下之人各诚意正心以修身，各亲亲长长以齐家之谓也，是将此灵性发挥昭揭于天下，欲使物物

皆在我光明普照之中，无些子昏昧间隔，即'仁覆天下'之谓
也（《孟子·离娄上》）。是举全体，一句道尽，才有一毫昏昧
间隔，便是痿痹，便是吾仁有未尽处，一体故也。"（《龙溪集》
卷四《留都会纪》）

所谓为天地立心、为生民立道，是良知本来内具的实性。为了一
洗功利之毒沦浃人心的世相而诞生的良知说，从一开始就抱定在天地
万物之前豁出全身的决心。在完成内在于良知说的这个社会使命上
取得最大成果的王心斋曾云："夫仁者，以天地万物为一体。一物不获
其所，即己之不获其所也，务使获所而后已。"（《王心斋遗集》卷一《勉
仁方书壁示诸生》）良知说所具有的这种感应力，是基于其不分心、性、
情、才、理等的浑一性。反阳明学者屡屡批判良知不过是单纯的情或
者知觉云云，而从反面来看，这意味着良知说总是洋溢着蓬勃盎然之
生机。"上下与天地同流，宇宙内事皆己分内事，方是一体之实学。"
（《龙溪集》卷五《书同心册卷》）

那么，立足于如上的万物一体论之际，又是如何考虑职业贵贱、身
份高低的呢？在《拔本塞源论》中，阳明主张应当根据才能的不同，发
挥各自的长处，同时主张才能资质低下者，要安于农工商贾之分。必
须承认，他的这种立论的背后有将士人身份置于较高地位的意图。但
是，在追究士人堕落的根源的过程中，他又形成了"个个人心有仲尼"
（《全书》卷二〇《咏良知四首示诸生》）的信念。如果将问题缩小到这
一点的话，由职业引起的歧视意识应该就会走向消灭，从而形成一种
取得平衡的社会观，让从事不同职业的人相互尊重对方的职业，不以
自己的不足为耻。当然，虽说心与天地万物融为一体，自然也存在亲
疏内外之分。作了面对这种事态的思想准备，欧阳南野如是说：

虽则吾心不生亲疏内外之分,而等杀又未尝不行其中。盖无所分别者,然后能全其同体之心,而亲疏内外各得其理。苟分别彼此,则同体之心未免有间,而其分之殊者,皆非其本然之分矣。故一念分别,百种病痛,皆依以生。此念不作,亦何至混亲为疏,混外为内?(《南野集》卷一《答王克斋》第二书)

也就是说,以同体之心为基础,在不混亲疏内外的状况下,作为分之殊
的个人的秉性得到保证。在良知说的实践中,王心斋倡导所谓"淮南
格物说",他虽然出身灶丁家庭,却以素王的派头阔步天下,拯救难民,
促进愚民之自觉,实际上他的门下甚至有樵夫、农民、陶匠等,而这是
前所未有之现象。焦澹园云:

心斋先生以修身为格物,故其学独重立本。是时谈良知
间有猖狂自恣者,得此一提掇,为功甚大,故阳明门人先生最
得力。其后徐波石、赵大洲、罗近溪、杨复所诸公,皆自此出,
至今流播海内,火传而无尽。盖其人不由文字,超悟于鱼盐
之中,可谓旷代之伟人。(《澹园集》卷四九,第八叶)

顾宪成、李卓吾等也有同样的赞美之辞,并特别提及其流派出现了启
发诱导庶民的英杰。其中之一人罗近溪与王龙溪并称"二溪",据说在
他的讲会上,无问士庶老少都充满热烈的激情。黄宗羲云:

自阳明之心学,人人可以认取圣脉。后来近溪只就人所
行所习,当下指点出著察(《孟子·尽心上》)一路,真觉人人
去圣不远。要知孟子(所言"人皆可以为尧舜")亦是此意。
(《孟子师说》卷六"曹交"章,第一一叶)

六

正如上述，从世间性出发的心学与从出世间性出发的心学之间难以划出明确的界限，这就意味着位于明代心学思潮顶峰的阳明心学陆续褪去其儒教外衣之际，便为出世间性的心学的出现开辟了道路。心学回归原始的法际时，脱离教派的实质走向表面化就是当然的趋势。阳明投出的拔本塞源的铁锤，即使掌握在佛教徒手中，也没有丝毫不自然。在万历三高僧出现之际，主张为了探求性命之根源，毋庸拘守儒、佛之畛域的议论在儒者之间也澎湃涌现，如所谓"如佛氏之学，其于心性精微，固与吾儒自有浑合处"（《王敬所集》卷八《与赵大洲先生》第五书），"适检藏籍（佛典），有《禅公案》《四家语录》二种送览。若论吾儒性宗之学，直造古圣日新又新地位，须是如此始得。后儒以异端目之，近于不识宝矣"（杨复所《家藏文集》卷六《与骆子易》），"某窃谓非惑于异学之忧，无真为性命之志之忧也。学者诚知性命之为切，则直求知性而后已。岂其以梦梦议论为短长，第乘人而斗其捷哉！佛虽晚出，其旨与尧舜周孔无以异者，其大都儒书具之矣"（《澹园集》卷一二《又答耿师》，第二叶）等等。与其说是儒、佛各自并行致力于性命的探求，不如说是儒、佛相辅相成，使得对性命的探求更为深刻与精密，同时也追究了社会弊病的根源。紫柏达观的言动与行履就是突出的事例，以下对其进行具体分析。①

他将世相的堕落归于人心之迷妄，将见于《佛说八大人觉经》（《正藏》卷一七，七一五中）的"心是恶源，形为罪薮"一语作为示教之要，借由孟子的放心说撰写了《求放心说》（《紫柏老人集》卷五），并且认为

---

① 关于紫柏达观，请参考拙著《明末宗教思想研究》第五章《仏教観》的相关论述。

"自心既得,孔孟之心得矣",而对此造成阻碍的是人欲,人欲又分逆、顺、昏昧、放逸四种,"于此四种关头,挺然精进做去,即经纶宇宙,整顿苍生,收功当世,垂芳千古,尚且不难,况目前一第(科举及第)哉",以为心之康复是救世之根本。为破除这种心迷,其热心推荐过去七佛之第三毗舍浮佛之偈:

> 假借四大以为身,心本无生因境有。
>
> 前境若无心亦无,罪福如幻起亦灭。
>
> (《景德传灯录》卷一)

此偈正完全符合人类存在的空性,被认为在七佛偈中最为殊胜。毗舍浮佛译成中文称作一切自在觉,而一切自在觉与一切不自在障初非异源。正如《华严经·夜摩天宫品》所云:"心、佛及众生是三无差别。"但诸佛善用其心,则无往而非自在;众生不善用其心,则无往而非障碍。死生荣辱、好恶烦恼皆本源于我身、我心,"苟有勇猛丈夫,能直下拔其本、塞其源,则众生之障碍,未始非诸佛之解脱也"。(《紫柏老人集》卷一二《释毗舍浮佛偈》)人为万物之灵,而若不误其灵性,则转而为迷,为一切黑业①之本。从这一点上对比圣人与众人,就可以如是说:

> 灵如融通之水,迷如窒碍之冰。融通则在方而方,在圆而圆;窒碍则方则定方,圆则定圆。方圆无滞之谓活,方圆有定之谓死。是故圣人居方圆,而方圆莫能滞,以无滞故,所以能通天下之情。众人则不然,见方而被方惑,见圆而起圆执。所以在圣人,即死而活;在众人,即活而死。故圣人谓之生

---

① 译者注:即恶业。

人,众人谓之死人。(《紫柏老人集》卷一二《释毗舍浮佛偈》))①

像这样,为了探求与圣人悬殊的众人的心理,紫柏所利用的武器是唯识论思想。"八识田中下一刀"这种极度避免为心识的细微分别所围的做法,是普通禅家的做法,而达观无视这种常道,主张唯有性宗、相宗、禅宗三者皆通,才能获得真正的解脱,即使仅缺其一,亦如叶公画龙,"欲其济亢旱,兴雷雨,断不能焉"(《紫柏老人集》卷一二《唯识略解》)。

在追究人的复杂微妙的心理这一点上,他坚信唯识论远胜于儒、老。因此,在上引之文的开头,他有如下叙述:

> 夫搜剔阴阳之奥,囊括造化之精,洞洪濛之源,破浑沌之窍,超儒、老而独高,冠百氏而弘深,舍唯识之宗而他求,未之有也。

无论是毗舍浮佛偈,还是唯识宗,都明确了众人的迷妄与我执之实体,将之逼入逃无可逃的境地。那么,他是否只满足于通过沉浸于这种深刻的反省而止于做个单纯的自了汉呢?他所说的拔本塞源是斩断心理纠葛就能达成目的了吗?其实并非如此。他说:"先治自己身心之后,然后开物成务。"(《紫柏老人集》卷五《示智灯》)上引"通天下之情"一语,也当是在模仿《易·系辞上》的"通天下之故"。前章已经论及他的万物一体论,而他在被逮后不久,曾答檀越云:"吾诸大乘沙门,以利

---

① 另外,关于紫柏与《毗舍浮佛偈》的关系,参考《灵峰蕅益宗论》卷七之一所收《毗舍浮佛偈跋》。

济为事。方冒难以救援,安知尘劳之可出。"(《紫柏老人集》卷首《被逮答檀越》)以平稳的三教合一为理想的管东溟称呼达观式的多事禅为"霸禅",并针对他不知僧侣本分的傲慢态度,提出了如下的忠告:

> 盖缙绅中闻足下广收儒流为弟子,而张大师家门面,多有隐含恶根,待时而发者。足下所收禅门弟子,又多不得(佛法之)根本,而强模形迹,同衣中胥以狂徒目之,而犹嘤嘤自负。此谤根之所自起也。在足下经此一番,脚跟当愈实矣。然而末流之弊,亦何可以不防? ⋯⋯盖末法宗徒根器太浅,往往不待人天涌出,而欲自踞师座,大乘菩萨不得不以身为之防也。憨山(德清)和尚被逮,甚为法门怜之,然亦自召之孽耳。(《惕若斋集》卷二《答达观和尚遣吊书》)

正如有人未必赞成阳明的拔本塞源论一样,也有士人对达观、德清的霸禅式拯救众生论施加压力。但是,最可怕的难道不是基于真诚恻怛的世间性的拔本塞源论与基于大慈大悲的出世间性的拔本塞源论在合流并一体化之后,有如燎原之火,从根本上重新评价人世的诸种事象,并导致给历史观、社会观、人生观带来巨大变革的人物的出现吗? 被目为"名教罪人",亦被称为"佛门异端者"的李卓吾,就是此等人物。陶石篑云:"卓老之学,似佛似魔,吾辈所不能定,要是世间奇特男子。"(《歇庵集》卷一六《辛丑入都寄君奭弟书》其四)这句话浓缩了时人对卓吾之出现表现出来的惊愕、同情、期待与困惑的复杂感情。如所谓"六经、《语》、《孟》乃道学之口实,假人之渊薮也"(《焚书》卷三《童心说》),卓吾的拔本塞源首先是从圣学的中枢开始进行彻底地揭发,而如果没有经典、传统、哲学可以信赖,那么就连真诚恻怛也弃之不顾而在出世间界中飞翔,与多年的知己耿天台亦可分道扬镳,在眼看假道学之横行、民生之困苦、颠倒的历史观之跋扈后,又被迫进入世间界而发表经世之论。其言行既平实又新奇,既新奇又平实。因此,朱国桢有云:"李氏诸书,有主意人看他,俨足相发开心胸;没主意人看他,定然流于小人无忌惮。"(《涌幢小品》卷一六《李卓吾》)正如前述,卓吾一生把世间性与出世间性融为一体,不断追求直率的道路,是艰苦工夫的不断持续。而且,正因为他的工夫特异拔群,袁小修也不得不称赞他是"铁心石肠,其机锋甚峻"的"宇宙间英物"(《珂雪斋外集》卷一三《师友见闻语》,第一二叶)。他的工夫的实质不易为多数世人所理解,越是有学识之人恐怕越是不能不感到反感。那么,目不识丁的人又是如何理解的呢?周海门有云:"字以爱传者,古来多矣;以恶传者,自卓吾老子始。"(《东越证学录》卷九《题卓吾手书》)无论如何,卓吾以自己的身体力行,表明了拔本塞源之路的险峻。他的临终之偈云:

> 志士不忘在沟壑,勇士不忘丧其元。
> 吾今不死待何时,愿早一命归黄泉。
> (《紫柏尊者别集》卷三《答马诚所御史》所引)

卓吾绝非急于赴死。他始终怀着一颗平常心,走在自己的言行总是直下与死亡相接的生之道路上。

第九章　未发与已发

一

《中庸》首章有云："喜怒哀乐之未发，谓之中；发而皆中节，谓之和。中也者，天下之大本也；和也者，天下之达道也。"以此为典据，诞生了"未发之中"与"已发之中"这一对概念，最终产生了诸如此类的议论：为了无间断地保持此"中"，在实际的修炼中应当以未发为重点，还是以已发为重点；此二者是否有先后关系，抑或二者即是一体。众所周知，朱子在四十岁时才终于形成其定论，而在此前，包括求救于禅门的时期在内，曾经历了一番恶战苦斗。为何未发与已发的关系会成为如此重要的实践工夫的问题呢？因为要想在应对不断变化的每一事、每一物之际，不是靠歪打正着，而是在形成坚定人格的基础上时刻保持稳定的命中率，就必须考虑到与时间序列的对应关系，同时涉及如何进行心的锻炼这样细微的课题。这一课题当然与如何理解心的功能、动静密切相关。在友人张南轩诱导下而热衷于已发主义之际，朱子曾致书南轩陈述如下所感：

> 人自有生即有知识，事物交来，应接不暇，念念迁革，以
> 至于死。其间初无顷刻停息，举世皆然也。然圣贤之言，则

有所谓未发之中寂然不动者。夫岂以日用流行者为已发,而指夫暂而休息、不与事接之际为未发时耶?……盖有浑然全体应物而不穷者,是乃天命流行生生不已之机,虽一日之间万起万灭,而其寂然之本体,则未尝不寂然也。……夫岂别有一物,限于一时,拘于一处,(脱离已发)而可以谓之中哉?然则天理本真,随处发见,不少停息者,其体用固如是,而岂物欲之私所能壅遏而梏亡之哉?故虽汩于物欲流荡之中,而其良心萌蘖,亦未尝不因事而发见。学者于是致察而操存之,则庶乎可以贯乎(如《中庸》所云)"大本""达道"之全体而复其初(之清净之姿)矣。(《朱子文集》卷三〇《与张钦夫》第三书)

在此,朱子阐述了如下观点:(1)已发与未发总是一体而不可分离;(2)纵然表面上万起万灭,但寂然之本体纹丝不动;(3)无有脱离已发之"中";(4)此种体用之流行不会被任何物欲私意所消灭;(5)因此,当良心的萌芽出现之际,只要外则观察外界事物,内则致力于保持本心,就能够回归到原初的清净状态。值得注意的是,虽然视已发与未发为一体,但在此朱子的目光毕竟聚焦于良心的萌芽(已发之一瞬),惊讶并感动于克服任何人欲的重压而发芽、支撑本心的生生不已之天意。正因为朱子比任何人都更加感知到人性恶的执拗与深重,南轩所主张的已发说才恰似向其伸出了救援之手。

但是,在为这种已发主义具有的耀眼夺目的强劲有力、快捷利落所打动的同时,在热衷于这一工夫期间,朱子的心中形成了某种焦虑与不安。这就是:已发与未发虽为一体,但追踪从已发到已发的事态的不断推移,"如在大波之中,片时不得安定"[1],应事接物之际,纵然

---

① 译者注:原文使用了引号,当是引用原典,唯译者未能检得对应文献,暂据作者的日译回译成中文。

粗暴的勇气倍增于前,却无法涌现丝毫从容沉着的脾气。手忙脚乱、无处安身的感觉挥之不去。确实,若集中全力于已发,在日常生活中,浑然一体的吾之身心便会如奔流不息的河流,又如运行不休的天体,让人感到持续不断的紧张。或许这才是体与用、动与静完全一致的"鸢飞戾天,鱼跃于渊"(《中庸》第一二章)的境界。不过,一有机会,恩师李延平"令于静中体认大本未发时气象"(《朱子文集》卷四〇《答何叔京》第二书)的教诲就会在朱子的心中复苏。像这样,未发主义与已发主义的优缺点相互斗争,朱子度过了苦恼的数年。南宋乾道三年,朱子访南轩于潭州,停留两月有余,感受到湖南学之精髓。然而其虽然一方面体验了南轩超脱自在的风格,另一方面又目睹了南轩门下弟子过激的流弊,他们过度奔逸于已发主义,无视与未发这一本来性根源的联系,徒以豪谈为事,佯装机敏,而实质上连人格的基础都未确立。天赋过人的南轩姑且不论,作为其门人的普遍倾向,湖南学流为不踏实的直观主义、鲁莽的行动主义、安逸的自我肯定主义,这难道不是因为其提倡的已发主义存在错误之处吗? 在深入进行这种反省的过程中,朱子在四十岁时终于确认了已发主义的错误,转而主张未发主义。

　　喜怒哀乐未发之时,此心为寂然不动之体,具备天命之性的全体。以其无过与不及,不偏不倚,谓之"中"。及其"感而遂通天下之故",是喜怒哀乐之情发而无不中节,此之谓和。若平日极庄敬涵养之功,不为人欲之私所乱,则于未发之际镜明水止,而于已发之际无不中节。此是日用本领工夫,随事省察,即物推明,亦必以未发为本。历来以心之已发为重,日用工夫止以察识端倪为最初下手处,故平时疏于涵养心之本体的工夫,为此胸中扰扰不安,无深潜纯一之味,于语言动作之间亦急迫、轻率,无雍容深厚之风。在已发之场域,本来就必须察识其意识萌发的方向。然而人有未发之时,虽然未必等待已发进行观察,但必须在未发之际存养天理之正。如果怠于未发之存养而随事察识，恐怕会没有任何目标，也没有下手之处吧。经历如上的心理过程后，朱子从已发优先主义转向未发优先主义。①

二

但是，人们会有这样的疑问：这种未发主义是否既有倾向于佛教的偏静主义的嫌疑，又存在着溺于虚无的诱惑？比如，宋僧净善《禅林宝训集》（卷下）中有草堂善清和尚的如下之语：

> 燎原之火，生于荧荧；怀山之水，漏于涓涓。夫水之微也，捧土可塞，及其盛也，漂木石，没丘陵；火之微也，勺水可灭，及其盛也，焦都邑，燔山林。与夫爱溺之水，瞋恚之火，曷常异乎？古之人治其心也，防其念之未生，情之未起，所以用力甚微，收功甚大。及其（心发动）情性相乱，爱恶交攻，自则伤其生，他则伤其人，殆乎危矣，不可救也。（《与韩子苍书》）

这实在是简洁明快的防御于未然之论，似可称之为一种未发主义。但是，佛教的未发论是基于空观的解脱论，与之相对，朱子的未发论终究是以存养人伦之根源的天理为关键，二者之间有一条明确的分界线。由于至静之中具备动之端，就不会有断绝事物、闭目兀坐的偏静之嫌。朱子担心未发态遭到偏静的误解，乃以敬代之，同时又从正面标举天

---

① 不久，南轩转而赞同朱子之说。朱止泉赞美二人的转向云："呜呼！两先生于已发未发之关，如是自学，如是教人，历五百余年，其人虽往，其书常流行天壤中，昭昭如也。后来学者，防张皇而疏于端倪，防虚寂而昧于本体，自滋纷扰，无所适从，亦自不细心读两先生书耳。岂不大可惜哉！"（《朱子圣学考略》卷三，第三三叶）

理的尊严性。也就是说，在未应接事物时，以敬来主宰。若事物既来，则清楚地捕捉善端，越发明确地体察之。像这样，朱子云："惟涵养于未发之前，则其发处自然中节者多，不中节者少。"（《朱子文集》卷四三《答林择之》第二二书）在批判对南轩产生很大影响的胡五峰《知言》的文章中，朱子云："夫必欲因苗裔而识本根，孰若培其本根而听其枝叶之自茂耶？"（《朱子文集》卷七三《胡子知言疑义》）所谓"体立而用行"（《中庸章句》第一章朱注），也是同样的意思：

> 盖未发之前，万理皆具，然乃虚中之实，静中之动，浑然未有形影著莫，故谓之中。及其已发，然后所具之实理，乃行乎动者之中耳。来喻本欲自拔于异端，然却有侵过（儒释之）界分处，而主张太过，气象急迫，无沉浸酴郁之味，尤非小失。愿且宽平其心，涵泳此理，而徐剖析于毫厘之际，然后乃为真知儒佛之邪正，不必如是之迫切也。（《朱子文集》卷五四《答徐彦章》第一书）①

所谓流于已发之波，是由于本应安定己身的理尚未确立。相反，之所以巩固据点于未发时，是因为在那里保有先验性的理。在那里显现的"沉浸酴郁之味"是附带显现的风格，而并非最终目的。目的毕竟在于作为定理而具备于性的"理之涵泳"，为此就要求对理有敬畏之心，以及不问动静的戒慎恐惧之工夫。朱子的《已发未发说》（《朱子文集》卷六七）有云：

---

① 请同时参考朱子的以下说法："今人多是偏重了。只是涵养于未发，而已发之失乃不能制，是有得于静而无得于动；只知制其已发，而未发时不能涵养，则是有得于动而无得于静也。"（《朱子语类》卷一一三，第一叶）

未发之中，本体自然，不须穷索。但当此之时，敬以持之，使此气象常存而不失，则自此而发者，其必中节矣。此日用之际，本领工夫，其（指程子）曰"却于已发之处观之"①者，所以察其端倪之动，而致扩充之功也。一不中，则非性之本然，而心之道或几乎息矣。

以上就是朱子选择未发主义的理由之概要，在身边情势不断变化的局面下，期望毫无一失是很不容易的。清儒朱止泉在朱子著作中尤为重视《已发未发说》并付诸实践，他曾自述在透彻未发之旨后，更体尝了如下的痛苦经验：

静中有动，动中有静，自是一定准则。然而动静起伏之交，复艮动止之宜，毕竟有些转换；有些转换在，毕竟不能一手握定，随时随处，无非大本运用。进道之几，正在此时，无容忽过，以致不得定静。（《朱子圣学考略》卷三，第二五叶）

又，陆桴亭认为小人与圣人有如下不同：

未发只是性，已发只是情。或言小人无未发者，非也。人岂有无性者乎？只是小人未发少，君子未发多，圣人则无事无时无未发矣。（《思辨录辑要》前集卷七《诚正类》，第三叶）

这表明，虽说朱子的未发主义克服了已发主义的缺陷，但难道不可以

---

① 参考《二程全书》卷一八，第二八叶。

说其体认之方法,乃至未发主义本身的性格中依然存在问题吗?就其中一个角度而言,本体自然的未发之中只是性,而此性在激烈的动静起伏的现实局面中,能够多么准确,又能够多么快捷地做出反应呢?一方面严格区分性与情,而另一方面未发之性与已发之情却能够在各行为的场面上没有任何迟延地合而为一,不论持敬如何地不断维持着紧张,这难道不是偏离心性实态的想法吗?难道在那里未发没有脱离已发之忧吗?朱子对此也十分注意,反对将未发之中等同于"禅家本来面目",①而如高拱者认为"朱文公气象非孔子气象"(《四书问辨录》卷六,第一六叶),反对未发主义的中枢——性即理说(《四书问辨录》卷二,第二叶),以为"人情即天理也"(《四书问辨录》卷七,第一二叶),谋求拉近理与情的距离,"若彼常人喜怒哀乐虽是未发,然根株所在皆私意之潜伏,可谓中乎"(《四书问辨录》卷二,第四叶),主张未发于常人未必中,避免一概赞同未发主义。综上所述,在这里,包含心性论在内,我们不得不从根本上重新审视未发与已发的关系。而阳明学的诞生,也有来自这种角度的要求。

三

那么,阳明学是如何处理未发与已发的呢?只要看《传习录》中的如下问答,就能够推知这一论题在阳明一门中被屡屡提起的事实。

> 问:伊川谓"不当于喜怒哀乐未发之前求中"(《二程全书》卷一八,第二六叶),延平却教学者看未发之前气象(《延平答问·后录》),何如?先生曰:皆是也。伊川恐人于未发

---

① 可参考《朱子文集》卷四十《答何叔京》第二十五书。

前讨个中,把中做一物看。……故令只于涵养省察上用功。延平恐人未便有下手处,故令人时时刻刻求未发前气象,使之正目而视惟此,倾耳而听惟此,即是"戒慎不睹、恐惧不闻"的工夫。(因此,无论未发、已发)皆古人不得已诱人之言也。(《传习录》卷上,陆澄录)

或问:"未发已发"。先生曰:只缘后儒将未发、已发分说了,只得劈头说个无未发、已发,使人自思得之。若说有个已发、未发,听者依旧落在后儒见解。若真见得无未发、已发,说个有未发已发原不妨。原有个未发已发在。(《传习录》卷下,黄省曾录)

如上所引,在阳明看来,最重要的是超越未发、已发之分的境界而体会到两者乃是作为一个整体之物。如能做到这一点,根据情况的不同,也不妨分说未发与已发。此一整体之物正是良知。正如王畿所云:"良知无分于未发、已发,所谓无前后内外而浑然一体者也。"(《龙溪集》卷九《答聂双江》)朱子曾云"体立而用行",而阳明谓"体即良知之体,用即良知之用,宁复有超然于体用之外者乎"(《传习录》卷中《答陆原静书》二),彻底主张在良知上的体用一致。因此,阳明有如下之发言亦属理所当然:"先师谓:'未发在已发之中,已发在未发之中,不论有事无事,只是一个致良知工夫,统括无遗。'"(《龙溪集》卷十《答冯纬川》所引)

如上所述,朱子对未发主义的尊重,与保护其中所具备的先验性的天理密切相关,目的在于对已发的不稳定性实施逆向操作。本来,即便是朱子,亦并非像"截然动,截然静"这样简单地思考动静(《朱子语类》卷四五,第一四叶),而且同时其也经常说"动静无端"。但是,正如他在广论天运循环时所云"论《乾》《坤》，必先《乾》而后《坤》，然又常以静者为主。故《复卦》一阳来复，乃自静来"（《朱子语类》卷六八，第一叶），又如其论日常实践所云"只说择善固执，学问思辨而笃行之（《中庸》第二〇章），只说'定之以中正仁义而主静''君子修之吉'（《太极图说》）而已"（《朱子文集》卷四五《答廖子晦》第十八书），总是难免以静为基调的倾向。朱子说刚气，说勇猛，说活发，都表达了以实现这一先验性之理为目标的热忱的使命感，而这归根到底是从静之主调中产生的。胡敬斋云：

> 古人于静时只下个操存涵养字，便是静中工夫，思索省察，是动上工夫。然动静二端时节界限甚明，工夫所施，各有所当，不可乖乱混杂。所谓"动静不失其时，其道光明"（《易·艮卦》）。（《居业录》卷八《经传》，第五叶）

在阳明门下，对朱子式的未发说最感共鸣的是聂双江[1]，这从他经常说"体立而用自生"以及"体立而用自行"，并且引用阳明"良知是未发之中、寂然大公的本体，便自能感而遂通"之类的语言作为自己论说的根据等事亦可以窥知。[2] 他曾向欧阳南野寄出如下书信：

> 未有不着在支节而脱却本原者。夫以（良知之作用的）知觉为良知（之本体），是以已发作未发；以推行为致知，是以助长为养苗（《孟子》）。王霸、集袭之分（《孟子》），舍此无复有毫厘之辨也。夫动，已发者也。发斯妄矣。发而未发，动

---

[1] 关于聂双江，请参考拙著《陽明学の開展と仏教》所收《聶雙江の思想》。
[2] 参考《双江集》卷四《赠王学正之宿迁序》。

而无动也，其斯以为定乎？考亭（朱子）晚年有云："向来讲究思索，直以心为已发，而止以察识端倪为格物致知实下手处，以故阙却平日涵养一段工夫。"（《朱子文集》卷六七《已发未发说》）……阳明先生亦云："圣人到位天地、育万物，亦只从喜怒哀乐未发之中养出来。"（《传习录》卷上）养之一字，是多少体验，多少涵蓄，多少积累，多少宁耐！譬之山下有雷，收声于地势重阴之下；龙蛇之蛰，存身于深昧不测之所，然后地奋天飞，其化神，其声远也。……盖尝反覆请正而诸公未尽以为然。近得明水一书①，驳辨尤严，其谓"心无定体"一语，其于心体疑失之远矣。炯然在中，寂然不动，而万化攸基，此定体也。（《双江集》卷八《答欧阳南野》第二书，第十叶）

此外，双江向友人知己所主张的，皆是以存养未发之中为第一义，为此阐述戒慎恐惧的工夫，希求无自欺而自慊的效验。所谓"心无定体"，意味着心不在内、百体皆心、万感皆心，而这只会导致"追风逐电，瞬息万变，茫然无所措手，徒以乱吾之衷也"（《双江集》卷八《答欧阳南野》第三书，第二二叶）。要之，朱子学以事理之当然为止，而阳明学以心之本体为止，双江以其本体为寂，求止于寂，反对求止于事物上。虽然在这一点上双江与朱子学的立场不同，但在静止地思考事物之理、求事物之理于心这一点上，又不得不与朱子学接近。其所谓"妍媸低昂，随物而应，而不爽其当然之则，和之谓也"（《双江集》卷十《答戴伯常》，第三九叶），恰好证实了这一点。对于双江的此种主张，南野有如下

---

① 陈明水有云："夫收视返听于中，有个出头，此对精神浮动、务外逐末者言，良为对病之药。然于大道，却恐有妨，正为不识心体故耳。心无定体，感无停机。凡可以致思着力者，俱谓之感，其所以出思发知者，不可得而指也。故欲于感前求寂，是谓画蛇添足；欲于感中求寂，是谓骑驴觅驴。夫学至于研几，神矣。"（《明儒学案》卷一九《明水论学书》）

批判：

　　后儒所谓"静而存养"者,果孟子之所谓存养者耶? 夫
程、李二先生所言未发之中,亦只是二先生之意,未必子思
(《中庸》之)旨也。子思以"率性修道"为宗。独知,其本体
也;慎独,其功夫也;中和,则其效验也。慎独之功,念念无
闻,则良知念念精明。其未发之体,无少偏倚,故谓之中;发
用之节,无少乖戾,故谓之和。称名虽异,其实一独知也。言
良知,则中和在其中,而不可遂以中和为良知。……乃(程、
李)二先生独提出未发之中,使人反观内省,盖亦有为言之。
然自此辨说纷纷,又添出已字以对未字,遂破碎分裂,谓"致
中于未发以立大本,致和于已发以行达道"。既以远于子思
之旨,其后又或以未发字对中节字,而深求其义,以为未发不
可浅言也。……遂使圣门明白平易之学,反成晦僻难晓。故
先师于答问中发其义曰"良知即是未发之中",正欲人知致知
即是致中,破前此深求之蔽,易为通晓。庶几念念慎其独知
(良知),文理密察,无自欺而求自慊(之《中庸》之旨)。纵令
精诣深造,亦(不是在未发之中这一隔绝开来的层次中,而)
只是于独知精诣深造。静时此密察,动时此密察;静时此不
欺,动时此不欺;即静亦此知,动亦此知;涵养养此,体验验
此,扩充充此,穷神知化穷此。……若谓"未发之中是良知,
常存未发气象是致良知",会得大意,即顺说反说无不可者,
然比之慎独却似反更深奥。(《南野集》卷五《答聂双江》第一
书,第一一叶)

此答书之要点可整理如次：

（1）程子与李延平所教"观未发以前气象"，不合《中庸》本旨；（2）《中庸》本旨是独知乃本体、慎独乃工夫、中和乃效验，只要不怠于慎独之工夫，则良知常时不断，精密明确，通于未发、已发而无误；（3）程、李二先生的发言本来只是引导尚不成熟的学者的便法，而以此为机，却产生了分割未、已之诸说；（4）其中尤其是对"未发"进行高深的过度阐释，产生了晦涩化的倾向，因此，阳明提出"良知即是未发之中"（《中庸》原文无"已发"之语），揭示致良知本身即是致中，明确了《中庸》记载的所有工夫都应根据于此一良知；（5）如把存未发气象之说与良知说联系起来会得大意，看似可通，但反而有不恰当地将良知的慎独深奥化之嫌。①

刘念台在接受朱子、阳明影响的同时，又与两者都保持着一定的距离。作为参考，在此引用他对朱子的批判如下：

> 朱子以未发言性，仍是逃空堕幻之见。性者，生而有之之理，无处无之。如心能思，心之性也；耳能听，耳之性也；目能视，目之性也。未发谓之中，未发之性也；已发谓之和，已发之性也。搏而跃之，可使过颡；激而行之，可使在山，势之性也。（《刘子全书》卷一一《语类十一·学言中》，第一二叶。

---

① 黄宗羲攻击双江的佛教批判的不彻底性，并且指出他对知觉的理解有所不足："先生所以自别于非禅者，谓'归寂以通天下之感，不似释氏以感应为尘烦，一切断除而寂灭之'，则是看释氏尚未透。夫释氏以作用为性，其所恶言者体也。其曰父母未生前，曰先天，曰主中主，皆指此流行者而言，但此流行不著于事为知觉者。其曰后天，曰大用现前，曰宾，则指流行中之事为知觉也。其实体当处，皆在动一边，故曰'无所住而生其心'（《金刚经》），正与存心养性相反。盖心体原是流行，而流行不失其则者，则终古如斯，乃所谓静也、寂也。儒者存养之力，归于此处，始不同夫释氏耳。若区区以感应有无别之，彼释氏又何尝废感应耶？……先生奈何背乎师门？乃当时群起而难之哉！"（《明儒学案》卷一七《聂双江小传》）应该说这是着眼于佛教的感通流行性，迫使我们重新审视"知觉"一词所具有的时代分量的重要发言。

此外参照黄宗羲《孟子师说》卷三,第二叶)

这种批判大概是针对朱子太过明确地区分未发与已发、性与情的做法而发,而所谓未发主义堕入虚幻,①若更进一步加以表述,就是流于佛教的觉性本空之说。因此,冯少墟云"觉性本空,不生不灭,若与未发之中相似,而不知其实大有不同者",甚至断言:"佛氏真空指的是欲之根,吾儒未发指的是理之根。"(《冯少墟集》卷一《语录·辨学录》,第四十五章)若是如此,那么就算是将天理挂在嘴边的朱子,亦有不小心而流于佛教之忧。②

四

在牢记上述情况的同时,接下来考察阳明的未发已发说。针对门人来书的如下提问:

> 此心未发之体,其在已发之前乎? 其在已发之中而为之主乎? 其无前后内外而浑然一体者乎?……

阳明答书云:

---

① 屠隆云:"喜怒哀乐未发之时,杳然而无端倪,漠然而绝形相,岂有偏倚、过与不及之可言乎?"(《佛法金汤录》卷上,第二〇叶,和刻本)这与无偏倚过不及故谓之未发之中的朱子说是不同的。

② 罗整庵云:"释氏之明心见性与吾儒之尽心知性,相似而实不同。盖虚灵知觉,心之妙也;精微纯一,性之真也。释氏之学,大抵有见于心,无见于性。故其为教,始则欲人尽离诸相而求其所谓空,空即虚也;既则欲其即相即空,而契其所谓觉,即知觉也;觉性既得,则空相洞彻,神用无方,神即灵也。凡释氏之言性,穷其本末,要不出此三者。然此三者,皆心之妙,而岂性之谓哉?"(《困知记》卷上,第二叶)

> 未发之中即良知也，无前后内外而浑然一体者也。有事无事，可以言动静，而良知无分于有事无事也；寂然感通，可以言动静，而良知无分于寂然感通也。动静者，所遇之时。心之本体，固无分于动静也。理无动者也，动即为欲。循理则虽酬酢万变，而未尝动也；从欲则虽槁心一念，而未尝静也。动中有静，静中有动，又何疑乎？……未发在已发之中，而已发之中未尝别有未发者在；已发在未发之中，而未发之中未尝别有已发者存。是未尝无动静，而不可以动静分者也。（《传习录》卷中《答陆原静》第二书）

在此书中，值得注意的是，所谓"未发之中即良知也"明确截断了良知总是易与知觉、知识混同而被解释为已发之物的倾向，提出了良知是先验性的本体的观点。因此，在上述引文之前，阳明有云："良知即是未发之中，即是廓然大公、寂然不动之本体，人人之所同具者也。""未发在已发之中，而已发之中未尝别有未发者在；已发在未发之中，而未发之中未尝别有已发者存"云云一节，正是阳明针对未发已发论作出的结论，不仅将未发与已发融为一体，甚且否定该一体化的内容是固定的存在。虽云浑然一体、体用一源，但并不存在事先设定的先验性的定理。正如其所谓"宁复有超然于体用之外者乎"，也不存在超越性之一物。正因如此，良知总是自由的，总是能够创造事理。王龙溪巧妙地表达了良知的这一未发即已发的绝对无的性格，而有云：

> 夫未发之中，是太虚本体，随处充满，无有内外。发而中节处，即是未发之中。若有在中之中，另为本体，与已发相对，则诚二本矣。（《龙溪集》卷十《答耿楚侗》）

但是，即便是龙溪的身边同志中，也不断有人怀疑"爱亲敬长，即是已发。知爱知敬以前，须有个寂然不动之体，方是未发之中"。对此，龙溪回答道："若此知之前，别有未发，便是守寂沉空；此知之外，别有已发，便是缘情逐境。皆是落两边见解，非中道也。"(《龙溪集》卷一六《书见罗卷兼赠思默》)

对于认为阳明的未发已发一体论超克了朱子学的未发已发分离论的看法，朱子学阵营提出了反驳。如陆稼书认为阳明说不过是朱子的旧说而已，他引用朱子"日用之间，凡感之而通，触之而觉，盖有浑然全体应物而不穷者。虽一日之间万起万灭，而其寂然之本体，则未尝不寂然也"(《朱子文集》卷三〇《与张钦夫》第三书，第二〇叶左)之语作为证据，直以该说即为阳明无已发未发之说，且谓："朱子后觉其非，故于《章句》《或问》皆不主其说，而阳明犹自谓独得之见，亦误矣。"(《松阳讲义》卷二《喜怒节》)

陆稼书固然是在嘲笑阳明拾起朱子脱下丢弃的旧衣并珍而重之的愚蠢，不过，朱子在此所谓之"浑然全体"，乃是形成于"天命流行生生不已之机"的基础上，与阳明主张的基于超越了天命的良知之自主性基础上的浑然一体在内容上是不同的。[1] 况且，后来朱子设定"体立而用行"这样的体用的先后关系，也与阳明学的体用一源论不合。

朱、王二者对知觉的不同定位，更进一步明确了这一点。正如前述，朱子学认为知觉主义疏于对理的追求，流于单纯的直观主义而耽于放纵恣肆，因而尽可能抑制知觉发挥独立作用。然而，阳明学赋予了知觉更加积极、肯定的意义。南野答双江书有云：

---

[1] 在这种情况下，应时常牢记龙溪的如下发言："文公(朱子)云'天下之物皆有定理'，先师(阳明)则曰'物理不外于吾心'，'心即理也'。两家之说，内外较然，不可得而强同也。"(《龙溪集》卷十《答吴悟斋》)另外，可参考《东廓集》卷五《复王东石时祯》。

若谓知觉所发，即是良知，推而行之，即是致知，此岂但不得为涵养。设知觉发为纵恣，亦因其所发而推行之，必且为无忌惮之小人，亦恶有所谓（自发上）安排者哉？知觉固是发，然非别有未发；固未必皆良，然良知亦不外于知觉。知觉之无欲者良知也，未发之中也。夫喜怒哀乐本无未发之时，即思虑不生，安闲恬静，虚融澹泊，亦有名可名，名之曰乐。故未发非时也，言乎知之体也。喜怒哀乐之发，知之用也。即喜怒哀乐之发，而有未发者在，故曰："喜怒哀乐之未发，谓之中。"犹聪明者视听之未发，而非视听有未发之时。……以知觉为已发，以良知为未发，以发上用功为安排，以未发用功为涵养，却似微分动静。（《南野集》卷五《答聂双江》第一书，第二九叶）

也就是说，南野积极认可知觉的作用，认为知觉毕竟是良知感应变化的形态之一，虽然知觉本身未必皆善，但是知觉之外无良知，知觉之无欲者即是良知，同时指出所谓未发乃是言良知之体，而非时间概念。因此，区别未发用功为涵养、已发用功为安排察识，就会导致由动静而二分良知的结果。反过来说，为了保持良知的浑一性，也不应该卑视知觉。

此处将未发从时间概念转化成了本质概念，这是在主张良知说的绝对现在性基础上的理所当然之举。如邹东廓也赞成南野说，而云："时时见在，刻刻完满，非有未发以前未临事一段境界，一种工夫，免得临事揣摩，入于义袭者也。"（《东廓集》卷六《再答双江》，第一六叶）于是顾宪成以为"未发有以时言，有以本体言"（《虞山商语》卷上，第五叶，以及《小心斋札记》卷二，第二叶），而据说刘念台亦曾云："已发未发，以表里对待言，不以前后际言。"（黄宗羲撰《子刘子行状》卷下）像这样把未发从时间的制约下解放出来，作为实在的本质加以把握的做法，归根结底体现了确保本心（良知）在时间与空间上的绝对自由性的愿望。只有如此，良知才是刻刻完满。当将未发规定为相对于已发的时间性的一层时，未发与已发的关系就不得不被解释为一种流出论，未发很有可能成为如幽玄的精灵般之物。此物一旦形成，便无法保持紧贴现实的自在无碍的活力。

五

在相对于心更重视性（理）的朱子学之中，心的觉醒当然不得不依赖于对理的敬畏，因而其必然走向敬立而心觉之路。朱子训诫门人云：

> 但心一而已。所谓觉者，亦心也。今以觉求心，以觉用心，纷挐迫切，恐其为病不但揠苗而已。不若日用之间，以敬为主，而勿忘焉，则自然本心不昧，随物感通，不待致觉而无不觉矣。（《朱子文集》卷四五《答游诚之》第一书，第四叶）

胡敬斋亦云：

> 道理本全具。未发时敬以养之，莫令有偏也；已发时敬以察之，莫令有差。内外动静，交致其功。（《居业录》卷八《经传第八》，第六叶）

像这样，朱子的未发论以敬畏先验性的天理为支柱，在《大学或问》的开头也不得不对经文原本所没有的"敬"字做出冗长的说明。但是，阳明质疑道,如果是这么紧要的文字,何以孔门竟会忘了将其写进《大学》的原文? 于是他说:"正谓以诚意为主,即不须添'敬'字。"(《传习录》卷上,薛侃录)

王龙溪也与阳明同调,而充满嘲讽地说:

> 后儒格物之说,未有是意,先有是物,必须用持敬工夫,以成其始。及至反身而诚,又须用持敬工夫,以成其终。《大学》将此用功要紧字义失下,待千百年后方才拈出,多见其不自量也已。(《龙溪集》卷六《格物问答原旨》)

阳明、龙溪的意图不是要否定敬这一普通的情感,而是尖锐地攻击朱子的这种弥缝手段——特地祭出《大学》新本,甚至创编《格物补传》以整齐体裁,同时苦恼于整体的统一而提出经文原文所没有的"敬"字——以及如果没有这一手段就无法确立学说的思想背景。正是因为没有这种意义上的敬,才得以守护良知的自主性、完美性。但是,在此值得注意的问题是,阳明学是否否定任何意义上的敬。

《中庸辑略》第二十九章中引用了如下的程子之语:

> 理则天下只是一个理,故推至四海而准,须是质诸天地,考诸三王不易之理。故敬则只是敬此者也,仁是仁此者也,信是信此者也。

程子也在回答"敬犹静与"的提问时云:"言静则老氏之学也。"(《二程全书》卷四〇,第二五叶)与静相比,程子更重视敬,而且认为敬是对天理的敬畏,而这种观点也应当给前述朱子的思想历程带来了很大的启发。朱子在被门人问及"持敬之义"时答"且放下了持敬,更须向前进一步"，而当门人进一步追问"如何是进步处"，朱子又答曰："心中若无一事时，便是敬。"（《朱子语类》卷一二〇，第一六叶）乍看之下，这似乎与他的敬尊崇论相矛盾。但是，这应该与稍前数条的语录"凡事只是寻个当然（之理），不必过求，便生鬼怪"联系起来理解，"心中无一物"也许就表达了持敬太过亢进反而至于迷失天理的情况。陆桴亭的如下警告正好佐证了这一点：

> 罗整庵曰："主敬、持敬为初学之士言之，可也。若论细密工夫，著一'主''持'二字，便心有所系，欲其周流无滞，良亦难矣。"（《困知记》，第一二八页）此真确有体认之言。（《思辨录辑要》卷二《居敬类》，第七叶）

魏庄渠亦有云：

> 天之主宰曰帝，人之主宰曰心。敬只是吾心自做主宰处。今之持敬者，不免添一个心来治此心，却是别寻主宰。春气融融，万物发生，急迫何缘生物？把捉太紧，血气亦自不得舒畅，天理其能流行乎？（《庄渠遗书》卷五《体仁说》，第二叶）[1]

要之，若借用朱子之语，便是"敬也有把捉时，也有自然时"（《朱子语

---

[1] 作为参考，在此引用湛甘泉关于"敬"的说法。《雍语·虚实第十》："葛涧问居敬穷理。甘泉子曰：'敬之！敬之！将与理一矣，夫何二？'"（《甘泉集》卷三，第十叶）《新论·性学章第二》："故主敬然后我立，我立然后不蔽于物，物物穷格而天下之理得。"（《甘泉集》卷二，第一叶）如此，甘泉认为敬在"不容一毫人力"这一点上，与白沙的"自然"说合辙（《甘泉集》卷七《答聂文蔚侍御》，第三〇叶）。

类》卷一一三,第七叶),需自我警戒谨慎地注意平衡,不要陷入封闭天理之生机、无法自由行动的严格主义之中。不过,朱子学的精髓毕竟在于相较心之觉而"以敬为主"①。然而绝对信赖心(良知)之明觉自然,同时在《大学》八条目中也特重"诚意"的阳明学认为诚自然包含敬,相对于(朱子学的)"天理—敬"而主张"良知—诚",在某些情况下倡导敬不要论,与朱子学划出了一道明确的界限:

　　实心之谓诚,诚即敬也。一心之谓敬,敬即诚也。《大学》之要在于诚意,则不必言敬,而敬在其中矣。若曰敬以诚意,不几于赘乎?(《龙溪集》卷八《大学首章解义》)

　　孔子言"敬以直内",而程子云"若以敬直内,则便不直矣"。夫"敬以直内"与"以敬直内"相去岂远哉,而其相反乃如此。故用功于本体与用功以求本体,亦微有毫厘之异。所以必曰致良知者,贵有辨也。"诚敬存之"(程明道)之言,亦须善看,不然,则亦有"以敬直内"之病矣。(《南野集》卷一《答陶镜峰侍御》)

如此这般,阳明注重的是诚意,而不是持敬。虽然在把"意"规定为"心之所发"这一点上,朱、王两家并无不同,但正如上文所述,如果对心本身的理解不同,对诚意的理解及其定位也必然不同。朱子在《大学或问》中首先云"天下之道二,善与恶而已矣。然揆厥所元而循其次第,则善者天命所赋之本然,恶者物欲所生之邪秽也",确定了诚意与不诚意的辨别取决于好善还是好恶,认为必须好善如好好色之真,恶恶如

---

① 参考《朱子文集》卷四五《答游诚之》第一书。

恶恶臭之真,只要持续不断进行这一训练,就能达到"内外昭融,表里
澄澈,而心无不正,身无不修矣"的状态。正如魏庄渠赞赏道"诚意一
章乃圣贤喫紧为人处,文公《章句》《或问》说得十分痛切"(《庄渠遗书》
卷三《复周充之别纸》),此一部分朱子的文章直截了当,毫无窒碍,洋
溢着强烈的自信。但是,控制诚意的要害是善恶,那么如何判定善恶
呢? 答案是通过格物致知来判定。因此,朱子云:"然非有以开其知识
之真,则不能有以致其好恶之实,故必曰:'欲诚其意者,先致其知'。"
此处明确提出了致知与诚意的先后关系,盖因诚意的善恶标准必须依
赖于致知(穷理)。

阳明论诚意有云:

> 盖心之本体本无不正,自其意念发动而后有不正。故欲
> 正其心者,必就其意念之所发而正之。凡其发一念而善也,
> 好之真如好好色;发一念而恶也,恶之真如恶恶臭,则意无不
> 诚,而心可正矣。然意之所发,有善有恶,不有以明其善恶之
> 分,亦将真妄错杂,虽欲诚之,不可得而诚矣。故欲诚其意
> 者,必在于致知焉。(《全书》卷二六《大学问》)

比较上述阳明的发言与前述朱子之说明,恐怕会有大同小异之感吧。
然而,在上引之文后,阳明继而表达了如下之意:

> "致知"云者,非若后儒所谓充广其知识之谓也,致吾心
> 之良知焉耳。良知者,《孟子》所谓"是非之心,人皆有之"者
> 也。……是乃天命之性,吾心之本体,自然灵昭明觉者也。
> 凡意念之发,吾心之良知无有不自知者。其善欤,惟吾心之
> 良知自知之;其不善欤,亦惟吾心之良知自知之。是皆无所

　　与于他人者也。(《全书》卷二六《大学问》)

也就是说,意的善恶判别依靠致知,而致知即是致良知,即依靠良知的"无所与于他人"的绝对自主的判断。本来唤起意念发动的一事一物,从一开始就作为良知感应之实事而存在,致知格物的场域本身就是由良知所设定的。在此意义上,良知总是主语,同时又具有包含主客体的绝对无的场域的性格。龙溪云:

　　物是天下国家之实事,由良知感应而始有。"致知在格物",犹云欲致良知,在天下国家实事上致之云尔。知外无物,物外无知。(《龙溪集》卷一《三山丽泽录》)

关于知与意之别,南野有云:

　　盖意与知有辨。意者,心之意念;良知者,心之明觉。意有妄意,有私意,有意见,所谓"几善恶"(《通书》)者也。良知不睹不闻,莫见莫显,纯粹无疵,所谓"诚无为"(《通书》)者也。学者但从意念认取,或未免善恶混淆,浸淫失真。诚知所谓良知而致之,毋自欺而求自慊,则真妄公私,昭昭不昧,何至于误认意见,任意所适也哉?(《南野集》卷一《答徐少湖》第四书)

这样看来,良知在意中赌上了其感应力的真伪邪正,所以云"《大学》之要,诚意而已矣"(《全书》卷七《大学古本序》)。如此一来,八条目"如环之相连,不可以节段分也"(《龙溪集》卷八《大学首章解义》),即使在此导入敬,那也只是与诚融为一体而已(前述)。在那里,充满威严的敬的一心主宰力要么削弱,要么被抹杀。宋儒之重用"敬",原本不是为了抑制炫耀一心之灵觉、左右逢源、阔步十方法界而肆无忌惮的禅之蛮横吗? 如果现在轻易将"敬"撤去,思想史难道不会重蹈昔日的覆辙吗? 就连王门中也有人对此感到忧虑。一如既往,双江即是其中一人。他在比较静与敬的同时云:

> 然由敬而入者,有所持循,久则内外斋庄,自无不静。若入头便主静,惟上根者能之。盖天资明健,合下便见本体,亦甚省力,而其弊也,或至于厌弃事物,赚入别样蹊径。是在学者顾其天资力量而慎择所由也。近时有名为讲学而猖狂自恣,往往以主静为禅学,主敬为迂学,而跳梁呼号,坐作语默,一随其意之所便,无所顾忌,而名为自得,哀哉!(《双江集》卷一四《辩中》,第九叶)

既然王门内部出现这种质疑的声音,则王门之外爆发猛烈的攻击亦属理所当然。高忠宪曾自述"吾尝出入于佛老,而知总不如一敬字"(《高子遗书》卷二《札记》,第二叶),他在斥责不明敬之真意而热衷于禅的学徒时云:

> 今之谈学者,多混禅学,便说只要认得这个(指悟)已,他原自修的,何须更添个修;原自敬的,何须更添个敬,反成障碍了。此是误天下学者,只将虚影子骗过一生。其实不曾修,有日就污坏而已。……今人又多错认了这个敬字,谓才说敬,便著在敬上了。此正不是敬。凡人心下胶胶扰扰,只缘不敬。若敬,便豁然无事了。岂有敬而著个敬在胸中为障碍之理?(《高子遗书》卷四《讲义·君子修己以敬章》,第

三四叶)

这种敬意识的误解乃至沦落始于何时呢？此现象从明初以来就在逐渐进行着，而在大多数人看来，其情形或许如此：

> 至姚江致良知之教出，而主敬穷理之教乃渐衰。在今日，则良知之敝，尤有甚于主敬穷理也者。（管东溟《酬咨续录》卷二《答少白书》，第三九叶）

朱止泉云：

> 彼良知家专言知而不从事于敬，窃恐一点虚灵无所依附，不得不入于虚寂一路，以寻归根复命之原。况所谓知也者，只此虚灵之知，而非中正仁和之知。宜哉，终陷精魂之觉，非元亨利贞大明之觉，岂不惜哉！（《朱止泉文集》卷三，第五五叶）①

那么，事情为何会变成这样呢？其原因虽如上文所述，而在此不妨借用耿天台之语作结：

> 宋儒出，而提掇主敬之旨。主敬，礼也，即所以集义而存仁也。后承传者又失其宗，日束于格式形迹，析文辨句于训诂之余，而真机梏矣。乃文成出，而提掇良知之旨。良知，智也，欲人识其真心耳。人识其真心，则即此为仁为义为礼矣。

---

① 译者注：此段引文未能检得原文，暂据作者的日译回译成中文，未必与原文完全一致。

（《耿天台文集》卷五《示应试生》）

也就是说，宋儒提倡主敬，而后来的传承者们迷失其本旨，囿于格式形迹之间，热衷于训诂词章，而心之真机闭塞，为此阳明出而提倡良知说，目的是使人自觉到其真心。

在朱子学中，经常与"敬"连动而使用"戒慎恐惧""慎独"等术语，而阳明一门也屡屡使用这些术语，阳明亦云"戒慎恐惧，是致良知的工夫"（《传习录》卷下，黄以方录），并认为慎独与戒惧应同时进行，而云"格物即慎独，即戒惧，至于集义博约工夫只一般"（《传习录》卷下，黄以方录）。关于慎独，龙溪有云："夫独知者，非念动而后知也，乃是先天灵窍（即良知），不因念有，不随念迁，不与万物作对。譬之清净本地，不待洒扫而自然无尘者也。慎之云者，非是强制之谓，只是兢业保护此灵窍，还他本来清净而已。在明道所谓'明觉自然'，慎独即是廓然顺应之学。"（《龙溪集》卷十《答王鲤湖》）

比龙溪稍微稳健的南野有云："天理即是良知，良知即是独知。独知不欺，心常惺惺之谓敬。"（《南野集》卷五《答沈思畏侍御》第三书）而此语亦须与其前书（《答沈思畏侍御》第二书）所言之"战战兢兢，临深履薄，何尝不用力？然皆良知自觉自修作用，何尝于本体上添得些子"紧密结合起来加以理解。综上所述，可知朱子学中的敬、慎独、戒惧等都被设定了周密的守护圈，即敬畏天理，乃至顺从天赐之理，谨言慎行，清净念虑。与此相对，阳明学始终是良知的独用，谋求自主、持续地进行体质净化。

著名的三教一致论者林兆恩云：

　　世之儒者不知主敬，而为位禄名利所入，犹然自以为得者，何与？不惟仲尼之门所不道，而亦且羞称于庄生者流矣。

岂不哀哉?(《林子全集·心本虚篇》,第十叶)

此外,张武承曾举出《传习录》卷上最后一条自"大学工夫,即是明明德"至"以诚意为主,即不须添敬字"一段文字,进行了如下反驳:

> 致知格物,原为诚意而设。今(《大学》新本)谓穷格事物为"茫茫荡荡",可谓诬矣。"以诚意为主,即不须添敬字",不知朱子之学正以诚意为主者也。其言敬者,历圣相传之心法,圣学所以成始而成终,故特举以补《小学》之阙也。人之孜孜格致诚正,以至修齐治平,无一之敢苟者,皆敬也。经(《大学》)虽不言敬,而敬固在其中矣。(《王学质疑》卷二《致知格物》,第五叶)

接下来,武承论述了诚意与格物致知的先后关系,认为为了诚意确然无误地分清善恶,需通过格物穷理以审其真是真非,善则勇敢行之,恶则决然去之;明明没有比这更紧切的工夫,却笼统地说它是"茫茫荡荡",此种做法是将朱子视同世间普通的"以博洽为功"的学者。结论指出,即物穷理然后诚于为善,而见之不真、为之不笃,正是因为不即物穷理。以上武承之说,也许是以朱子"致知先于诚意"(《朱子语类》卷一一七,第四叶)之说为基础,不过,对阳明而言,这些是他在建立其学说时业已考虑过的平庸议论,良知说面对这种程度的反驳,自然毫发无伤。

关于《王学质疑》,朱子学者吕晚村云其"剖决精详,绝无包罗夹带"(《吕晚村文集》卷二《与吴容大书》),予以表彰支持,而站在朱陆折衷立场上的李穆堂则严厉批评道:"攻王阳明先生甚力,而所言皆无当于阳明,盖未尝知王学者也。"(《穆堂初稿》卷四五《书王学质疑后》)

无论如何,阳明抛出的敬不要论强烈地刺激了朱子学派,这一傲慢不逊的学说引发了猖狂恣肆的风气,乃至诞生了"削发披缁,裸体上座,号曰现身说法"这般无法无天的异端李卓吾(熊赐履《学统》卷八末之按语)。

六

良知是不分未发已发的浑然一体。如果以实践的方式表达此"一体"的话,谓之本体与工夫的一体也许最为恰当。"功夫不离本体,本体原无内外"(《传习录》卷下,陈九川录),此乃事上磨炼做功夫之关键。不过,正如阳明之忠告"本体功夫,一悟尽透,此颜子、明道所不敢承当"(《传习录》卷下,黄省曾录),为了把本体与工夫二者完全融为一体,需要千辛万苦的精进。因此,龙溪也提出如下忠告:

> 自先师提出本体工夫,人人皆能谈本体,说工夫。其实本体工夫须有辨。自圣人分上说,只此知,便是本体,便是工夫,便是致(知);自学者分上说,须用致知的工夫,以复其本体。博学、审问、慎思、明辨、笃行五者,废其一,非致也。世之议者,或以致良知为落空,其亦未之思耳。(《龙溪集》卷一《冲元会纪》)

纵然初学者于本体与工夫之间有若干松懈,但是"工夫不离本体,本体即是工夫"(《龙溪集》卷一《冲元会纪》)这一基本性格不应动摇。欧阳南野云:

> 天下无性外之事,无性外之学。凡百虑殊途,无有出于

良知之外者。学问思辨，皆所以致良知。然而知学问思辨者，亦良知也。良知者，学问思辨之本体；学问思辨者，良知之功用。学问思辨之功，虽至于人一己百，人十己千，无非循其本体之功用，亦无非用功于本体，非有二也。（《南野集》卷一《答陶镜峰侍御》）

邹东廓云：

> 先师一生精力，提出"致良知"三字，本体工夫一时俱到，而学者往往分门立户，寻枝落节，逐日远于宗旨而不自觉，良可慨叹。本体而谓之良，则至明至健，无一毫障壅；工夫而谓之致，则复其至明至健，一毫因循不得。（《东廓集》卷六《答马生遂世瞻》）

罗近溪云：

> 盖说做工夫，是指道体之精详处；说个道体，是指工夫之贯彻处。道体既人人具足，则岂有全无工夫之人？道体既时时不离，则岂有全无工夫之时？故孟子（《尽心上》）云："行矣而不著，习矣而不察。"所以终身在于道体工夫之中，尽是宁静而不自知其为宁静，尽是戒惧而不自知其为戒惧，不肯体认承当，以混混沌沌枉过一生。（《罗近溪全集》之《一贯编·心性下》）

综合上述诸家之说，可知工夫是本体自我充实的运动，本体是工夫自我锻炼的据点。所谓良知刻刻完满，不是在某个停止的位置上处于完满实在,而是在无一瞬之停息的事物之中,倾注浑一的自我来包容它,以自身的灵明性对待无法预测的事态的变动,将之转化为自身的运动,通过扭动身体、活跃手脚的工夫,收获丰富的自得体验。因为其乃是本体之工夫,所以不对本体进行调整;因为是工夫之本体,所以不会使工夫空转。上文曾谓良知不囿于未发已发之分,毋宁说是超越时间序列之物,但这绝不意味着良知是脱离时间的实在。实际上良知在紧随时间序列的同时,又具备自由操控时间序列的能力,或者说是保有不得不如此的不可已之生机。如今对于本体与工夫融为一体、刻刻完满的良知而言,时间具有怎样的意义呢? 在物理上无法抽象化的时间(历史)背负着诸多社会问题、伦理问题,被托付于良知的手中。针对这一件件的问题,良知会以不可已之真机的本然状态自由应对,作出判断。在那里,既能创造过激的时间,亦能创造稳健的时间。既能运用独特的远近法调换亲疏浓密的配置,亦能表露深远的恻怛之心,竭力提高民众的地位。无论哪种情况,“是是非非,不从外来,故自信而是,断然必行,虽遁世不见是而无闷;自信而非,断然必不行”(《龙溪集》卷四《答退斋林子问》),此之谓良知的决断方式。阳明使用了如下强有力的语言表达上述之事:

> 良知只是一个,随他发见流行处,当下具足,更无去来,不须假借。然其发见流行处,却自有轻重厚薄,毫发不容增减者,所谓“天然自有之中”也。(《传习录》卷中《答聂文蔚》第二书)

在禅宗语录中,频繁出现讴歌时间自由的语言,其中赵州从谂所云“你被十二时使,老僧使得十二时”(《赵州录》卷上)即是代表性的言论。至于从这自由的时间中以何种方式创造怎样的现实营生,则不易找到答案。所谓时间自由，必须是对时间负起责任，集中全部能量热情地投入到创造新现实的活动中去。如此追问下去时，良知说的时间论就不得不集中于现在之一念，或者当下（直下）之一念。

> 心为见在之心，则念为见在之念，知为见在之知，而物为见在之物。致知格物者，克（邪）念之功也。见在，则无将迎而一矣。（《龙溪集》卷一七《念堂记》）

> 虽万欲腾沸之中，若肯反诸一念良知，其真是真非，炯然未尝不明。（《龙溪集》卷九《答茅治卿》）

> 要之，良知一念觉照，即一念大公顺应，念念觉照，即时时大公顺应，在志之决与不决何如耳。（《南野集》卷四《答闾启明》第一书）

> 当下者学之捷法，无前无后，无善无不善，而天地之大，万物之富，古往今来之久，道德功业之崇广，人情世态之变幻，管是矣。非天下之至巧，不足以语此。（杨复所《证学编》卷上，第三六叶）①

> 此明德且莫推在尧（帝）、文（王）身上，吾人当下原自具

---

① 杨复所又提出如下儒佛相通的当下论："至于宗门语，最为直捷，尤当熟看。此系《大学》止至善之捷法，奈世人不识，目为异端，深可惜也。止至善之学，不离当下；宗门之学，亦不离当下也。离当下而言学，是失止也，是失宗也。识止知宗者，一发可以引千钧，一滴可以尽大海，一芥可以纳须弥（山），一刻可以贯万古。得此欜柄入手，何七尺之身不参天地哉！"（《家藏文集》卷七《与宋五云》）

足。尧、文不增,吾人不减。只今大家当商量明德却如何明,这便是功夫。(《澹园集》卷四九《明德堂答问》,第一叶)

以上所引皆为阳明学派诸儒之议论,而位于稍微外缘的顾宪成之《当下绎》对这一问题进行了详细解说,在此引用其中的一部分如下:

> 近世率好言当下矣。所谓当下,何也?即当时也。此是各人日用间坦坦平平一条大路,相应信受,但要知尚有个源头在,何也?吾性合下具足,所以当下即是合下。以本体言,通摄见在、过去、未来,最为圆满当下。以对境言,论见在,不论过去、未来,最为的切。究而言之,所谓本体,原非于对境之外,另有一物,而所谓过去、未来,要亦不离于见在也。特(合下具足之)具足者,委是人人具足,而(当下即是之)即是者,尚未必一一皆是耳。是故认得合下明白,乃能识得当下;认得当下明白,乃能了得合下。此须细细参求,未可率尔也。(《当下绎·源头关头》)

上文中的“当下”与“合下”是极为相近的概念,而从该语境出发大致可以推测“当下”意为本来具有态显现之刹那,“合下”意为其本源性之基体。宪成之所以在此对“当下”与“合下”进行繁琐的区分,是要对学界的现状下一针砭:作为流行语的“当下”,往往忘记其根源来处,止步于切入时间序列的锐利,最终堕落到夸耀单纯的灵机一动之机敏的地步。也就是说,当下通过对合下进行反省,而在面对轻薄的蠢动时不得不自重。正是因为有如上的忧虑,宪成才在这篇论文的末尾引用了友人史际明之语:

> 史际明曰：今世讲学主教者，率以当下指点学人。此最
> 亲切语，及叩其所以，却说"饥来吃饭，困来眠"（之禅语），都
> 是自自然然的，全不费工夫。（《当下绎·过去未来》）

在此，本体与工夫完全分离，消极意义上的自然主义在"当下"之名义下游弋。在这里，如果再一次将目光转向王门，便会发现果然有人与宪成怀有同样的忧惧，而此人就是罗念庵。对于主张不应轻信本体与工夫一致的念庵，龙溪要求他进行反思：

> 但云"见在良知，必待修证而后可与尧舜相对"，尚望兄
> 一默体之。盖不信得当下具足，到底不免有未莹处。欲惩学
> 者不用工夫之病，并其本体而疑之，或亦矫枉之过也。（《龙
> 溪集》卷十《与罗念庵》第一书）[1]

对此，念庵依然无法接受，并寄出了如下答书：

> 终日谈本体，不说工夫。才拈工夫，便指为外道。此等
> 处，恐使阳明先生复生，亦当攒眉也。（《念庵集》卷三《寄王
> 龙溪》）

龙溪式的当下主义风行为教界的滔滔大势，而在王门之外理所当然地

---

[1] 罗近溪有以下之言："邓生潢问：'念庵先生不信当下，其见如何？'子曰：'除去当下，即无从下手。当下何可不信。'生曰：'今人昌认当下即是圣贤也，及稽其当下，又多是非圣贤。此之所以念庵先生不信也。'子曰：'当下固难尽信，然又不可不信。'"（《罗近溪全集·庭训下》。译者注：此段引文未能检得原文，暂据作者的日译回译成中文，未必与原文完全一致。）

必定出现指摘其危险性的声音。冯少墟云：

> 舍功夫而直谈本体，舍见在而直谈源头，如此，则异端之
> 说似又高吾儒一层矣。(《冯少墟集》卷二《疑思录·读中
> 庸》，第二八叶)

七

在陆象山的《语录》(《象山先生全集》卷三五，包扬录)中，有一个由观诸人下象棋而引用"狮子捉象捉兔，皆用全力"之语进行劝诫的场面。此语所据乃是《北本涅槃经》卷三三(《正藏》卷一二，五六一上)中的"如大师子杀香象时，皆尽其力，杀兔亦尔，不生轻想"之文，而看起来禅门中从唐末开始就使用类似上述的惯用语，可见于法眼文益的《语录》(《正藏》卷四七，五九一下)。入宋以后，此语在苏辙《栾城第三集》卷九中作为某僧之语得到引用，又以几乎相同的形式出现在《景德传灯录》卷二七中，而佛果圆悟《碧岩录》第三十八则之评唱以及圆悟的《语录》(《正藏》卷四七，七五三上)中亦见引用。这句话的意思是，在处理任何对象之际，不以大小轻重而生差别对待之心，倾尽全力直面应对。

虽然《全书》中未见此语，但因为东廓的书简(《东廓集》卷五《答周顺之》)中有云"先师谓狮子捉兔捉象，皆用全力"，可知阳明必定也曾将此语挂在嘴边。南野云：

> 谚云："狮子捉兔用全力，捉象用全力。"狮子之力，不择
> 于兔、象。君子之心，无间于事之大小，一尽百尽，一亏百亏。

（《南野集》卷二《答王士官》第一书）

龙溪也被友人问及此语，于是作了如下回答：

> 圣贤遇事无大小，皆以全体精神应之，不然，便是执事不敬。善射者，虽十步之近，亦必引满而发，方是愨率。（邵）康节云："唐虞揖让三杯酒，汤武征诛一局棋。"（《首尾吟》）须知三杯酒亦用却揖让精神，一局棋亦用却征诛精神，方是全力，方是无敢慢。（《龙溪会语》卷五《南游会纪》）①

像这样，王门重视该禅语并频繁使用，这与上一节所述之当下论密切相关。王门所谓的当下，是不受时间序列左右的良知现在之一念于时间序列中自由灵活地显现自我、生成新的现在环境的过程中所触发的每一瞬间、每一刹那。龙溪云：

> 千古圣学，只从一念灵明识取，只此便是入圣真脉路。当下保此一念灵明，便是学；以此触发感通，便是教。随事不昧此一念灵明，谓之格物；不欺此一念灵明，谓之诚意；一念廓然，无有一毫固必之私，谓之正心。直造先天羲皇，更无别路，此是易简直截根源。（《龙溪集》卷一六《水西别言》）

---

① 与此几乎相同的文章见于《龙溪全集》卷一《冲元会纪》（译者注：《冲元会纪》未见该文，盖作者误记，而全集卷一《抚州拟岘台会语》"狮子捉兔捉象皆用全力"条有该文，文字微有异同）。另外，龙溪此语受到宪成的关注，参看《小心斋札记》卷一，第八叶及《还经录》，第一九叶。又，"狮子云云"之语，黄陶庵《陶庵集》卷九《自监录》以及颜茂猷《云起集》卷五《说铃》，第三二叶也曾引用，亦见于朱子学者吕晚村《天盖楼四书语录》卷二，第七叶。紫柏达观《法语》（《紫柏老人集》卷五，第一四叶）亦尝引用。

南野的如下之文巧妙地描述了良知的感应力虽处动静交错中而无丝毫动摇,不断维持着自我之本体:

> 人心常知,而知之一动一静,莫非应感。杂念不作,闲静虚融者,知之静,盖感于静境而静应也。思虑变化,纷纭交错者,知之动,盖感于动境而动应也。动则五官俱用,是为动之物;静则五官不用,是为静之物。动静皆物也。闲静虚融,五官不用,而此知精明不欺,不减于纷纭交错之时也。纷纭交错,五官并用,而此知精明不欺,无加于闲静虚融之时也。……盖动静皆有事,皆即此知之感应变化,而用其精明不欺之功,格物以致知也。(《南野集》卷五《答聂双江》第二书,第四〇叶)

如这般,良知虽置身于变化无常的时间之流中,但在没有任何定格子(规范)的情况下,却根据各种不同的流动状态创造格子。那么,当良知于当下真机中显现自我时,不得不受到个别制约的良知与良知的浑一性、全体性之间相互具有怎样的关联呢?

从《传习录》卷下(黄直录)所载黄以方的提问,可知在王门中也有人持有这样的疑问。他问道:

> 先生格致之说,随时格物以致其知,则知是一节之知,非全体之知也。何以到得"溥博如天,渊泉如渊"(《中庸》第三一章)地位?

对此,阳明顺着《中庸》之文解释道,人心本来如天无限广阔,如渊无限深邃,但因为私欲窒塞,而导致本体失了。如念念发挥良知,完全去除障碍,则本体便可就此恢复至从前的天与渊。阳明指天示之,面前之天是昭昭之天,出外见天也是昭昭之天,只因房屋墙壁遮蔽,如果拆去墙壁,则是无限之天。因此,不可认为面前之天与户外之天是不同的天。如此得出结论:"一节之知即全体之知,全体之知即一节之知,总是一个本体。"据此,良知根据个别事态而自我分节化,同时多样分节化后的良知并不分散,而是保有浑然一体之本体。虽然上述比喻难以抹去与空间广狭有关的印象,然而阳明否定同样出自《中庸》(第二十四章)的"至诚前知"说而云"良知无前后。只知得见在的几,便是一了百了。若有个前知的心,就是私心,就有趋避利害的意"(《传习录》卷下,黄省曾录),明示了在包含过去、现在、未来的现在之真机上,良知的个别限定即为全体应现。此外,如所谓"一是百是"(《传习录》卷上,薛侃录)、"一真一切真"(《全书》卷四《与薛尚谦》第一书)等,归根结底也是基于同一根本、所谓一即一切之体验的阳明式表达。闻见之知可能被分散吸收,同时亦可能按照需要而一点一点地拿出来。虽然可以在分量上加以积累,却不存在能够对其进行全面统括、整体操作的主人公。借用佛教术语而言,良知是本来的真知,闻见之知不过是在主客能所对立之中重复着生灭的不稳定的意识而已。因此,龙溪有云:

> 知,一也。根于良,则为本来之真;依于识,则为死生之本,不可以不察也。知无起灭,识有能所;知无方体,识有区别。譬之明镜之照物,镜体本虚,妍媸黑白自往来于虚体之中,无加减也。若妍媸黑白之迹滞而不化,镜体反为所蔽矣。镜体之虚,无加减则无生死,所谓良知也。变识为知,识乃知之用;认识为知,识乃知之贼。(《龙溪集》卷三《金波晤言》)

良知既然具有如上所述的性格、本质、力量,便正可谓是随处为

292

主,推进当下之触发,在一机一机中限定自我的同时具有全体应现之意义。正如狮子不择兔、象,无论对象的大小轻重,不惜倾注自己的全部力量,得以沉浸于独知的满足:

> 四端七情之发,其轻重厚薄,良知各有自然之则。致其良知,一毫不以自欺,则随其轻重厚薄,莫非真切,莫非恳到。不必皆厚且重者而后为真切、恳到也。(《南野集》卷五《答沈思畏侍御》第三书)

像这般,良知的运动不得不以一即一切的逻辑为支点,此事已经明了。根据这一逻辑,在王学派中陆续产生了诸如"一是百是""一了百了""一真一切真""一正百正"等惯用语,这正是与良知之头脑最为相称的现象。然而,龙溪将阳明晚年抵达的境界表述为"万感万应,皆从一(良知)生。兢业保任,不离于一(良知)。晚年造履,益就融释。即一为万,即万为一;无一无万,而一亦忘矣"(《龙溪集》卷二《滁阳会语》),一言以蔽之,即一即一切的体认达到了终极阶段,甚至技巧之迹也消失不见了。阳明究竟是否抵达了如许境界姑且不论,对于追求良知的功夫与本体之一体的人们来说,这应当是催促他们不断精进的严厉提醒。

以上考察了在"一即一切""一切即一"的逻辑背景下,良知在时间之流上的机动样态。令人不无遗憾的是,叙述总是以"良知→时间"为要点,而未必明确追究了与之相反的"时间→良知"的方向。但是,如果分节化后的良知的某一节从历来浑然一体化(非单一化)的良知中跳将出来,或者具备独自的色调,良知的浑一性难道没有面临崩溃的危险吗?良知说难道没有太过天真地看待个别之物所具有的背反可能性、脱离可能性吗?也就是说,还存在着来自时间一方的对良知的反抗性问题。在此情况下,如果良知通过压制、抛弃那些反抗、脱离的要素来抵御事态,便会令其本身的活力降低,导致浑一性被迫逐渐后退并向单一性靠近,而该单一性势必与朱子学所云之定理异曲同工。良知要逆向前进,就必须勇敢大胆、广泛地分节化。虽然这伴随着浑一性崩溃之危险,却无法无视来自时间一方的强烈要求。那么,良知(心)要如何处理来自分节点的反抗呢? 唯有通过其紧迫的机缘,反复不断地自我否定,改筑新的浑一性。也就是说,要深化起死回生的体验。上文在说明良知的性格时使用了"绝对无"之语,若借用龙溪的语言,便是谋求从"混沌初开第一窍"(《龙溪集》卷六《致知议略》)开始进行态势的革新:

> 须从本原上彻底理会,将无始以来种种嗜好,种种贪着,种种奇特技能,种种凡心习态,全体斩断,令干干净净,从混沌中立根基。自此生天生地生大业,方为本来生生真命脉耳。(《龙溪集》卷二《斗山会语》)

像这样,良知之所以不得不从根柢上进行自我革新,是因为其必须预想到"入魔王宫,为魔王侣"(《澹园集》卷一三《答王福州》)。堕入魔道而得以拯救魔民的正是万物一体、真诚恻怛之良知。现实的时间不断地召唤良知,直到将良知带到污泥的底部。从某种观点来看,时间无情至极。为了拯救这样的时间,必须放空自己的心,回归到混沌无,正视时间的实态。最切实地探求这种心与时的对应的人物,大概就是杨复所。这位有着醉心佛教之高名的杨复所有云:

> 夫时者,三才至理也,即吾人之真心也。人本无心,以时为心。时未及而先之,则为前念。前念,非心也。时已过而

后之,则为后念。后念,亦非心也。惟当其时者为心。然时
不可止,则心亦不可留,执之即亦前念耳。时即是心,心即是
时,而曰心不投时,犹云心不投心也,岂理也哉? 足下之所谓
心者,盖意念而非心也。(杨复所《家藏文集》卷七《与张江
都》,第五一叶)

这一对时的认识可能受到佛教(如《中论·观时品》)的影响,而在其看
来,通过提出时与心一体,"良知→时间"与"时间→良知"的自在交错
应当就成为可能。上文曾引用澹园的魔宫论为证,复所则有云:"是
(生)机一动,必有狂征焉。有狂征,然后可得而裁也(《论语·公冶
长》)。……学无狂征,而循循然蹈守绳墨,难矣。"(《证学编》卷上,第
一一叶)狂征并非生机之"误发",而是引导人们就于直道之"激发"。

第十章　乐学歌

一

　　程明道恐怕是对《论语》开头的"学而篇"有所意识，而说出了"学至于乐则成矣，'笃信好学'（《论语·泰伯篇》），未知自得之乐"（《二程全书》卷一二，第一二叶）。学问之究极，是获得自得之乐。当然这样的理解与朱子的注释相去甚远，现在若以明道的观点扩大而对此章进行解释，会是怎样的呢？首先让我们看王龙溪的说明：

　　　　一部《论语》，开首只说个学字。学者，觉也。时习便是常觉不昧。① 觉与梦对，梦中颠倒呻吟，苦境万变。苦与悦对，学而常觉，则苦境自亡而悦，所谓礼义之悦我心也。悦者，入乐之机。人心本乐，本与万物同体，朋来则遂其一体之心，故乐。然此乐无加损，根于所性。虽遁世而无闷，惟圣者能之，学之大全也。（《龙溪集》卷八《愤乐说》）

在此，"学"被理解为"觉悟""觉醒"之意，其深化可以使人进入悦乐之

----

① "常觉不昧"在《龙溪会语》卷三《愤乐说》中作"常觉不寐"。

境地。耿天台曰：

> 夫子论学，才云时习而说，便云朋来而乐，意可见也。盖即此乐体便是吾人生机。（《天台文集》卷五《与周少鲁》，第六叶）

杨东明曰：

> 夫世有快意当前而其心悦者，岂以学人而无悦乎。诚学焉而且时习焉，则涵养既深，天机自启，不必粉华靡丽接于前，而自有欲罢不能之趣矣。不亦快然而悦乎。世有志得意满而其心乐者，岂以学人而无乐乎。（《山居功课》卷五，第一六叶）

"万物同体之公心"也好，"生机""天机"也罢，都是超越感官领域而带有浓厚的哲学味道，由此所体会到的"乐"，毫无疑问是与"喜怒哀乐"不在同一层面上的。这也正是明道所说的"自得"之体验。所以能带来这样的"乐"的"学"，也无疑不是所谓"见闻博识"与"记诵词章"。在此后本章会进行探讨的王心斋曾在居室内悬挂孔子的画像，站在旁边朗读《论语》的首章，并对着圣像发问："先师（阳明）教我以（《论语》首章的）'悦'、以'乐'、以'不愠'者，皆在心上说。然则心之外无学乎？"（王少湖《俟后编》补，第一八叶）而且王少湖还认为"此人见道甚确"，可见对于王心斋的人品有深深的信赖。随着阳明学的普及，这样的对《四书》的解释可谓随处随时可见，朱子学派当然对此不能坐视不管。就以前述《论语》首篇为例，陆稼书认为"大抵学也者，博学审问慎思明辨笃行是也。所学者，人伦事物之理，本于天命之性是也"，概括此章之要旨是"圣人鼓舞人进学之意",对于前文所述的心之"自得""天机"等与"乐"相关的心学视点则完全没有触及(《松阳讲义》卷四,第二叶)。为了加强自己的解释,他还引用好友吕晚村的学说。吕晚村曾把焦点集中在朱子注释的"觉"字上,下了正邪之判决:

> 儒者之所谓"觉"者,指此理。外道之所谓"觉"者,单指心。理必格物致知而后觉,所谓知性知天,而心乃尽也。觉心,则必先去事、理之障,而直指本体。故以格致为务,外支离。然自以为悟本体者,于事理究竟胶粘不上。于是后来阳儒阴释之说(指阳明学),又变为"先见本体(指良知)而后穷事物",自以为包罗巧妙,不知先约而后博,先一贯而后学识,乃所谓支离务外,圣门从无此教法,六经具在,可覆验也。(《吕晚村四书讲义》卷四,第二叶)

这可以说只是一种公式化的排斥异端之学的说法,自然没有考虑到"自得""乐体"之类的余地。李光地所云"说乐朋来,既乐相资之益,又乐道之明也"(《榕村全集》,《读论语札记》,第一一叶)也是同样的道理。

与本章最初所举程子之语相关的,是周濂溪教育二程子的时候所提出的课题"每令寻仲尼、颜子乐处,所乐何事"(《二程全书》卷二,第四叶),此句后来就仿佛成了公案一般在儒者之间广为流传。对此,真西山做了解答:

> 程氏遗书有人谓"颜子所乐者道",程先生以为非,由今观之,"所乐者道"之言,岂不有理,而程先生乃非之,何也?盖"道"只是当然之理而已,非有一物可以玩弄而娱悦也。若

> 云"所乐者道"，则吾身与道，各为一物，未到混融无间之地，
> 岂足以语圣贤之乐哉？（《真西山集》卷三一"问颜乐"条）

也就是说，把"道"放在眼前，抑或是握在手中，将其对象化并且进行玩弄，这并非真正的"乐道"的态度。主体与"道"浑然融合，由此自然涌现出的快乐，才是真正的快乐。但我们不能忽视的是，真西山作为一个朱子学者，明确地说出"道只是当然之理"。这恐怕是沿袭了自从程子以来的"敬→乐"的系谱："谓敬为和乐则不可，然敬须和乐。"（《二程全书》卷二，第二五叶）但是，对于成为此系谱之筋骨的"理"的严峻感到难以承受，从而转向自然的陈白沙作《真乐吟》（《白沙集》卷四），认为真乐不需要纠结于"理"，而是如行云流水一般地存在于内心的平静的安定之中：

> 真乐何从生，生于氤氲间。
> 氤氲不在酒，乃在心之玄。
> 行如云在天，止如水在渊。
> 静者识其端，此生当乾乾。

此处从"理"到"心"的转换，前文中已有阐述。王阳明在被问及本章开头的周子公案时，是这样回答的：

> 乐是心之本体，虽不同于七情之乐，而亦不外于七情之乐。虽则圣贤别有真乐，而亦常人之所同有。但常人有之而不自知，反自求许多忧苦，自加迷弃。虽在忧苦迷弃之中，而此乐又未尝不存。但一念开明，反身而诚，则即此而在矣。（《传习录》卷中《答陆原静》第二书）

在阳明写给黄勉之的书信(《全书》卷五)中,亦答以"乐是心之本体,仁人之心,以天地万物为一体。讷公和畅,原无间隔",并提及《论语》首章进行进一步的说明:"'时习'者求复此心之本体也,悦则本体渐复矣。朋来则本体之讷公和畅,充周无间。"

聂双江也认为:"乐是心之本体,有毫发累心之处,便不可以言乐。"(《双江集》卷一四,第五八叶)王龙溪亦云:"乐者心之本体。人心本是和畅,本与天地相为流通,才有一毫意必之私,便与天地不相似。"(《龙溪集》卷八《愤乐说》)到了查毅斋这里,对周子公案进行了更加恳切的说明:

> 学者有从乐入者,乐非意兴,乃真体之自然。真体原是
> 湛湛沉沉,浑浑融融,无断无续,无增无减,即未发之中也。
> 有未发之中,即有中节之和,四肢百骸,日酝酿于太和元气之
> 中,一切事为,真如浮云之过太虚,不疾不徐,优游自在,即是
> 鸢飞鱼跃之意。自古圣贤,皆从此入道。周子令寻仲尼颜子
> 之乐,即此体也。(《水西会语》)

由此看来,"乐是心之本体"之说,是心发挥其全部生意,洒脱自在地活动,不管面对怎样的富贵贫贱、忧戚患难,也不欺骗自己的本心,安然处于自得之境地,应对千变万化之事态,是一种没有增加也没有减少、没有任何断裂与接续的生态。这应当是对体认得良知之后自然呈现出来的讴歌人性的喜悦之情的表白。因此如果借助《孟子·尽心上》的话来进行表达,那就是"吾之良知自与万物相为流通,而无所凝滞。故曰:'反身而诚,乐莫大焉。'"(《龙溪集》卷二《宛陵会语》)在此我们切不可忘记,《中庸》首章说到"未发之中"的同时,也提到"戒慎恐惧"的工夫,良知之乐体与此工夫的关系就值得关注。对此,王阳明断定:

"必欲此心纯乎天理，而无一毫人欲之私，非防于未萌之先，而克于方萌之际不能也。防于未萌之先，而克于方萌之际，此正《中庸》'戒慎恐惧'、《大学》'致知格物'之功，舍此之外，无别功矣。"（《传习录》卷中《答陆原静》第二书）所谓"戒慎恐惧"，应当就是良知自身的自律的工夫，不应当强加于良知什么东西，更不能遏制良知的生机、真机。在王门之中，最重视戒慎恐惧工夫的是邹东廓，他的着眼点是与良知的平等性（保持不变之真性）的一体化。

> 良知一也，自其无昏昧谓之觉，自其无放逸谓之戒惧，自其无加损谓之平等，其名言虽异，其工夫则一。今若以"觉"与"平等"为简易，而以戒惧为涉于起意，非特误认戒惧，亦误认觉与平等矣。今且试察戒惧恐惧时，此心放逸乎，不放逸乎？昏昧乎，不昏昧乎？有加损乎？无加损乎？得则俱得，失则俱失，未有得其一而失其二者也。（《东廓集》卷五《答曾弘之》）

如此，邹东廓为在朱子学者之中恶名远扬的杨慈湖"不起意"说进行辩护，认为后者所主张的无非是"不起私意"而保持人之本性，就此而言是有可取之处的（《东廓集》卷五《答曾弘之》）。在"乐是心之本体"上加上戒慎恐惧的工夫，绝不是自相矛盾的事情。王龙溪也曾被问及"戒慎恐惧"与"真乐"之间的关系，他是这样回答的：

> 乐是心之本体，本是活泼，本是脱洒，本无挂碍系缚。……夫戒慎恐惧非是矜持，即尧舜之兢业、不睹不闻，非以时言也，即吾心之本体，（《中庸》）所谓修道也。戒慎恐惧乎其所不睹不闻，是合本体功夫，有所恐惧则不得其正。惧

与乐,非二也。活泼脱洒,由于本体之常存。(《龙溪集》卷三
《答南明汪子问》二)

确实,"良知"二字是人经历千锤百炼甚至九死一生之后才获得
的,聂双江也说"烈火百炼,此真金考案"(《双江集》卷一四,第五七
叶)。一旦觉醒于此,则能推翻陈腐之学说,为了克服社会后天形成之
恶而倡导拔本塞源,为了被虐待的人民而揭发败坏的官僚等等,为此
必须具备极度的紧张感以及非同寻常的勇猛之心。而且要将"心之本
体"规定为"乐",这难道不会伴随着某种违和感吗?为了解答这个问
题,我们有必要回顾一下中国思想史上的"乐道"传统。

二

突破入悟之关口、超越迷/悟之分别、以歌的形式来表达自己的心
境、汇集求道者之憧憬,在这方面获得成功的应当说是禅匠。《景德传
灯录》卷三〇载道吾和尚的《乐道歌》,其开头是这样的:

乐道山僧纵性多,天回地转任从他。
闲卧孤峰无伴侣,独唱无生一曲歌。
无生歌,出世乐,堪笑时人和不著。
畅情乐道过残生,张三李四浑忘却。
大丈夫,须气概,莫顺人情莫妨碍。

其中所描述的,乃是在超越世俗的无生之境中将一身托付给天地,获
得凡俗都无法理解的喜悦而乐道。此歌在儒家的立场看来,或许会被
视为"有体而无用",但无论如何,将"乐"与"悟道"相结合,这确实属于

中国思想的传统。《祖堂集》卷三收录了腾腾和尚的《乐道歌》,虽然篇幅略长,但还是想全文介绍:

> 问道道无可修,问法法无可问。
>
> 迷人不了性空,智者本无违顺。
>
> 八方四千法门,至理不离方寸。
>
> 不要广学多闻,不在辩才聪隽。
>
> 识取自家城廓,莫谩游他州郡。
>
> 言语不离性空,和光不同尘坌。
>
> 烦恼即是菩提,净花生于泥粪。
>
> 若有人求问答,谁能共他讲论?
>
> 亦不知月之大小,亦不知岁之余闰。
>
> 晨时以粥充饥,仲时更餐一顿。
>
> 今日任运腾腾,明日腾腾任运。
>
> 心中了了总知,只没伴痴缚钝。

其中所述,乃是与理性或者经典诀别,极力控制而避免炫耀自己的才能与知识,温习着胸中的无尽之法藏而游心于超越时空的世界中,远离似是而非的文明,在每天的日常生活之中充满了乐道的精神。① 禅宗之乐的关键,毫无疑问是"无生""真空",而冷眼旁观的程朱理学则还是认为,"乐"的核心必须是"理"。所以朱子曰:"循理则乐,不循理则不乐。"(《大学或问》,第一七叶。参看《全书》卷四《答王虎谷》②)胡敬斋接受了这种看法,云:

---

① 参看紫柏达观的"悟道歌"(《紫柏老人集》卷二九)。

② 译者注:王阳明此信中云"程子云:'知之而至,则循理为乐,不循理为不乐。'自有不能已者,循理为乐者也。非真能知性者未易及此。知性则知仁矣"。

> 周子令程子寻仲尼、颜子乐处所乐何事,要求见仲尼、颜
> 子人欲净尽、天理浑然处,故有此乐。朱子恐人只去望空寻
> 乐,不知天理之实,必流于异端,故又教以从事博文约礼之
> 诲,以至欲罢不能而竭其才。今人不去此处做工夫,妄去自
> 己身上寻乐,故猖狂不实,自号寻乐子者有之。(《居业录》卷
> 八,第一七叶,正谊堂本)

其中感叹周子公案沦落为趣味为主的游戏。如此,公案的流行,使得
人轻易认为自己可以是"理"之体现者。章枫山对此风潮做出了警告,
他断然否定了"真乐在天地间,人人有之,人各有是性,有是理,则各有
是乐矣"的观点,主张"谓天理为人人有之则可,谓真乐为人人有之则
不可"(《枫山集》卷二《复郑御史克修》),其理由是"盖凡厥有生均禀同
赋,理固人之所同有也。然自气拘物蔽之后,刚柔善恶,知愚贤不肖,
万有不齐。惟夫上知大贤能克己复礼,此身此心从容涵泳于天理之中
者,乃能得其乐耳。若有一毫之私意,纷扰于其间,则不能乐矣"。如
此,枫山认定虽然"寻乐"是孔门第一大事,但初学者还是应该首先在
"文行忠信""博文约礼""主敬行恕""先难后获"等工夫上用功。

那么在当时,"寻乐"倾向最浓厚的人物是谁? 首要的便是先前引
用过的《真乐吟》之作者陈白沙。陈白沙的思想已经有所概述,但其寓
于"自然"的自得之妙,并不太容易获得诸家的认可。罗整庵就曾
讥讽:

> 近世道学之倡,陈白沙不为无力,而学术之误,亦恐自白
> 沙始。"至无而动,至近而神"(《白沙集》卷三《复张东白内
> 翰》),此白沙自得之妙也。愚前所谓"徒见夫至神者,遂以为
> 道在是矣,而深之不能极,而几之不能研",虽不为白沙而发,

而白沙之病正恐在此。章枫山尝为余言其为学本末，固以禅
学目之。（《困知记》卷二，第三九页）

接受了如此受到批判的白沙之学统而出现的王门，有了"乐是心之本
体"的说法，这些上文已经有所论述。由良知之自得而产生的洒脱活
泼之乐，本来就与博闻多识没有什么关系，也与为了获得世俗之地位
的学问没有瓜葛。如今若要使用"乐学"之语，那便是如禅匠之乐道一
般——在胸中温存无尽法藏、游心于超越时空的世界，而"乐学"也必
定要作为乐觉而在良知之知中寻找到无限的喜悦。

三

以歌咏的形式表达王门的乐道观，最典型的当然是王心斋的《乐
学歌》（《王心斋遗集》卷二）：

> 人心本自乐，自将私欲缚。
>
> 私欲一萌时，良知还自觉。
>
> 一觉便消除，人心依旧乐。
>
> 乐是乐此学，学是学此乐。
>
> 不乐不是学，不学不是乐。
>
> 乐便然后学，学便然后乐。
>
> 乐是学，学是乐。
>
> 于乎！
>
> 天下之乐，何如此学。
>
> 天下之学，何如此乐。

众所周知,王心斋是盐丁出身,少年时期在缺乏学问气氛的环境中长大,不知道科举考试是何物,自然也就没有沉溺于记诵词章的机会,对于这样的他来说,学问究竟是什么呢？根据王心斋之子王东厓的记载,心斋之学问有"三变"。① 其初始是不由师承、凭借天性之力得到领悟,直接以成为圣人为己任,中期接受王阳明的教诲,觉察到自己此前的学问虽然纯粹,却不过是费力气经营而已,会得良知之说,工夫就简易而不费力气,喜于天然率性之妙,在当处受用,并将上述体悟一气呵成进行概括,作《乐学歌》；后期则觉察到圣人出处之义,依据良知一体之义,出则为帝王之师,处则为天下万世之师,以此自觉而精进于"修身"与"兼济(天下)",作《大成学歌》(《王东厓遗集》卷一《上昭阳大师李石翁书》)。

依据《王心斋遗集》附录之年谱,《乐学歌》是王心斋四十四岁时所作,这是在入王阳明门下六年以后的事情。那么王阳明的学问观是怎样的？先引用两三段材料看一下：

> 只存得此心常见在,便是学。过去未来事,思之何益？徒放心耳。(《传习录》卷上)

> 心即理也；学者,学此心也；求者,求此心也。《孟子》(告子下)云："学问之道无他,求其放心而已矣。"非若后世广记博诵古人之言词,以为好古,而汲汲然惟以求功名利达之具于其外者也。"博学审问",前言已尽。"温故知新",朱子亦以温故属之尊德性矣。德性岂可以外求哉？惟夫知新必由

---

① 对此,佐野公治《王心斋论》(收入《日本中国学会报》第二十三集)序说已经有所指出。只是此文中对"乐学"之"乐"的挖掘还不是很充分。

于温故,而温故乃所以知新,则亦可以验知行之非两节矣。(《传习录》卷中《答人论学书》)

> 夫学贵得之心。求之于心而非也,虽其言之出于孔子,不敢以为是也,而况其未及孔子者乎!求之于心而是也,虽其言之出于庸常,不敢以为非也,而况其出于孔子乎!(《传习录》卷中《答罗整庵少宰书》)

由此可见,王阳明的学问观无非是将一切事象都吸收到"心"(良知)当中,由此进行锻炼并承担相应责任的工夫。名物度数、博学广闻,这些都只有"影响"一般的意义。"圣人可学而至"的宋代以来的大原则,在王阳明这里成了"圣人便是良知之觉醒本身"的命题。并非"学"产生"良知",而是由"良知"而"学"得以成立。王心斋在入门之后不久途经金陵之太学,并进行了一场演讲,其要旨可以用"六经是心之注脚""经传仅由吾心可得印证"来概括。王心斋并没有非常系统化的学问论,他的门人王一庵说道:

> 先儒发变化气质之论,于学者极有益,但若直从气质偏处矫之,则用功无本,终难责效。故只反身格物,以自认良知,寻乐养心,而充满和气,则自然刚暴者温,柔懦者立,骄矜者巽,简傲者谦,鄙吝者宽,惰慢者敬,诸所偏重,咸近于中矣。以是知学必涵养性源为主本,而以气质变化为征验。(《王一庵遗集》卷一,第二七叶)

从北宋开始的"变化气质"论希望通过变化个体的气质而使人符合一定的规范,为此而形成了一系列细致的工夫论。而在此处,王一庵以涵养性体本源为根本,以变化气质为其效果与验证,这是以确立良知与充满和气为先决条件的。这恐怕也是王心斋会认同的主张,与王门规定心之本性就是"乐"的本旨相通。① 王一庵云:"先师之乐学歌,诚意正心之功。"(《王一庵遗集》卷一,第一一叶)《乐学歌》所歌咏的,正是以良知之发用而付诸实践的"学"作为良知自身自然发生的"自受用"之法乐,没有任何阻碍与痛苦、身为洒脱之生机而悦动之际的心情。《乐学歌》并非《劝学歌》,也不是《好学歌》。因为后两者并没有达到"乐""学"一体的境地,也根本不可能达到。王心斋正是因为在世俗意义上所学甚少,所以才能通过接受王阳明的良知之乐,而获得把握"真乐"与"真学"的真正合一的契机。这种喜悦贯穿了其生涯,这一点从他的遗集中"乐"字频出一事中也可以看出端倪。那么,其后期那种独特的"格物"说以及社会活跃与《乐学歌》之间,又有着怎样的联系呢? 为了阐明这一点,有必要参照他的下面这段话:

> 日用间毫厘不察,便入于功利而不自知,盖功利陷溺人心久矣。须见得自家一个真乐,直与天地万物为一体,然后能宰万物而主经纶。所谓乐则天,天则神。(《王心斋遗集》卷一)

"万物一体"当然是传承自王阳明,其与"真乐"相结合,就会变成沛然不可抵御的旺盛的兼济天下的精神而发用并显露出来。那么,王心斋的后期代表作《大成学歌》(《王心斋遗集》卷二)与《乐学歌》之间,

---

① "变化气质"之说存在着将"气"与"性"相对立而进行把握的潜在倾向,这和主张"气即性"的阳明学的体质不合。所以王阳明曰:"程子谓'论性不论气不备,论气不论性不明',亦是为学者各认一边,只得如此说。若见得自性明白时,气即是性,性即是气,原无性气之可分也。"(《传习录》卷中《答周道通书》)

又有怎样的关联呢？在此时期，他的兼济精神得到了更大的飞跃，将"格物"之"格"解释为"格式"，以吾之身为"矩"，以天下国家为"方"，"方"有不正之处，是源于"矩"之不正。基于此种"淮南格物说"，他在当时被称为"庶贤"（《涌幢小品》卷一六），可见其被下层人民视为救世主而受到尊敬的程度。在对"格物"的字义解释上，王阳明与王心斋之间确实存在着差异，但是二者精神中存在的一贯性可以从例如王阳明的下面这段文字得到验证："惟在仓卒之际，身任天下之祸，决起而操之耳。夫身任天下之祸，岂君子之得已哉？"①（《全书》卷二一《寄杨邃庵阁老》第二书）宋仪望曰："（心斋曰）盖致良知以格物，格物以致此良知，其归一也。……阳明公既没，传良知以赖不坠，先生（心斋）之力多矣。"（《华阳馆文集》卷一《心斋王先生年谱序》）然而也有像陈明水这样的批判者，认为背叛师说的王心斋是个要无端造出新的机轴的野心家：

> 心斋晚年所言，多欲自出机轴，殊失先师宗旨。岂亦微有门户（之见）在耶？慨惟先师患难困衡之余，磨砻此志，直得千圣之秘，发明良知之学，而流传未远。诸贤各以意见挠和其间，精一之义无由睹矣。（《明儒学案》卷十九《江右学案四·陈明水论学书》）

现在本章对于两种评价的是非姑且不论，而对前面提及的《大成学歌》的内容进行探讨。首先列出其中必要的部分：

> 我将大成学印证，随言随悟随时跻。

---

① 李恕谷曾经评价此书信是"阳明一生之作"（《阅史郄视》卷一）。

> 只此心中便是圣，说此与人便是师。
>
> 至易至简至快乐，至尊至贵至清奇。
>
> 随大随小随我学，随时随处随人师。
>
> 掌握乾坤大主宰，包罗天地真良知。
>
> 自古英雄谁能此？开辟以来惟仲尼。

对此《大成学歌》之大意，王一庵进行了解释（《王一庵遗集》卷一，第一一叶）：古代的帝王在君临天下时，不仅是君主，还是天下人之师。然而后世"君"与"师"之职责相分离（也就是说"道统"与"治统"相分离），孔子感慨自己不得治理天下之机会，遂毅然自任，以无位之人而为帝王之教师，不待时位而指导人们。孔子以此师道而自任，是因为他是超越了尧舜的集大成者。其周流天下，上至君卿大夫，下至农工商贾，都欲其明此道，若得其人，则可以得到慰藉。孔孟之后，世间再无师道之担当者，直到宋代，有周、程出，以兴起斯文为己任，但并未以由其说而扭转世运、继承古代的传统为第一等事功。于是先师（心斋）就有了不得不（以实现此理想之责任）自任的理由。① 正如此歌中的"至易至简至快乐"所示，《乐学歌》与此歌存在着本质的贯通，前者所酝酿积蓄的道义上的能量在后者那里成为奔流，而溢出到现实社会中。将自己比拟为孔子而以世之木铎自任的做法，与王阳明的"各个人心有仲尼"的教诲并不违背。李卓吾认为对于王阳明与王心斋的关系，应当要从其真实地位而并非迹上去看：

> 如其迹，则渠老（邓豁渠）之不同于大老（赵大洲），亦犹

---

① 王心斋在写给王龙溪的书信中也写道："先生知我之心，知先师之心。未知能知孔子之心否？欲知孔子之心，须知孔子之学。知孔子之学，而丈夫之能事毕矣。"（《王心斋遗集》卷二）

大老之不同于心老(心斋),心老之不同于阳明老也。若其人,则安有数老之别哉!知数老之不容分别,此数老之学所以能继千圣之绝,而同归于"一以贯之"(《论语》)之旨也。若概其面之不同而遂疑其人之有异,因疑其人之有异而遂疑其学之不同,则过矣!(《焚书》卷一《又答石阳太守》)

四

正如黄宗羲所指出的那样,王心斋的乐学精神经由接受王龙溪之感化的王东厓而具备了更加浓厚的现成色彩,并得以发挥。(《明儒学案》卷三二《泰州学案·王东厓略传》)在此举出二三显著的事例:

才提起一个学字,却似便要起几层意思,不知原无一物,原自现成,顺明觉自然之应而已。自朝至暮,动作施为,何者非道?更要如何,便是与蛇画足。

鸟啼花落,山峙川流,饥食渴饮,夏葛冬裘,至道无余蕴矣。充拓得开,则天地变化,草木蕃;充拓不去,则天地闭,贤人隐。

问:"学何以乎?"曰:"乐。"再问之,则曰:"乐者,心之本体也。有不乐焉,非心之初也。吾求以复其初而已矣。""然则必如何而后乐乎?"曰:"本体未尝不乐。今日必如何而后能是,欲有加于本体之外也。……乐者,乐此学;学者,学此乐。吾先子盖常言之也。"

这些话初看之下,很难不让人联想到禅门关于悟道的说法。① 所以黄宗羲评价云"稍差便入狂荡一路",亦属当然。黄宗羲还将王心斋与王龙溪进行了比较,认为二者虽都重视悟道,但"心斋言悟虽超旷,不离师门宗旨;至龙溪,直把良知作佛性看"(《明儒学案·师说》"王龙溪"条)。王东厓正是走向了把《乐学歌》与良知现成说进行一体化把握的境地。如此一来,"乐学"就变成了"乐乐",很难不助长把学问看得过于简单轻浮的风潮。所以在王门内部,便已出现了"误解乐学而落于狂妄,至拨弄精魄者多矣"(查毅斋《水西会语》)的批判,而在王门之外严厉追究其危险性的则有吕新吾,其断定"心斋每以乐为学,此等学问是不曾苦底甜瓜,入门就学乐,其乐也,逍遥自在耳,不自深造真积、忧勤惕励中得来",并认为此乐与孔子、颜回之乐是完全不同的:"着意学乐,便是助长心,几何而不为猖狂自恣也乎?"(《呻吟语》卷二《问学》)与吕新吾同样对阳明学抱着警戒之心的冯少墟也说道:

> 阳明先生曰:"君子无入而不自得,正以其无入而非学也。"(《全书》卷六《答友人》)说得极是。若不言学而惟言自得,是不深造之以道,而欲其自得之也,必不得矣。舍学求乐,舍深造以道求自得,此佛老所以误晋室之诸贤也。(《冯少墟集》卷一,第六六章)②

许敬庵亦云:

> 昔者文成良知,心斋乐体,岂不善于指点一时,令人活泼

---

① 根据焦澹园所撰写的东厓墓志铭(《澹园集》卷三一),王东厓也曾经接受禅僧玉芝法聚的指导。关于法聚,可以参看拙著《明代思想研究》所收《禅僧玉芝法聚と阳明学派》一文。
② 参看吕泾野《泾野子内篇》卷二六,第九叶。

泼地。然及门之士，称为高明颖脱者，犹多走作，其故可知
已。……近世文章日趋于巧便议论，日入于高玄，而行履多
见其疏阔事功，鲜见其巍焕，其为关系不小。(《敬和堂集》卷
五《简焦漪园丈》)

许敬庵与王东厓之间的往复书信今天依然留存，所以通过对比，
可以让二者立场的差异更鲜明地显现出来。首先，王东厓以如果不依
据良知则一切学术都会支离破碎作为前提，有如下之论：

我公之智，岂不足以及此？特以见夫汪洋浩大之为海，
而不知其由于涓流一滴、混混而积之者也。某临别数言，有
曰着衣吃饭，此心之妙用也，亲亲长长，此心之妙用也，平章
百姓而协和万邦，此心之妙用也，舜事亲而孔曲当，亦此心之
妙用也，心乃是(溥)博渊泉而时出之者也。若将迎，若意必，
若检点，若安排，皆出于用智之私，而非率夫天命之性之学
也。觉其失而返之，此修道之教也。故圣人之心常虚常静，
常无事，随感而应，而应自神也。(《东厓遗集》卷一《上敬庵
许□司马书》)

这里所谓的"涓流一滴、混混而积"，或许是出于对淳熙二年朱熹与陆
象山在鹅湖寺会面之际象山所呈示的"涓流积至沧溟水"之诗句的模
仿也未可知，但无论如何，都象征了人心之妙用可以体现在万事万物
上。对此，许敬庵是这样回答的：

以自心妙用为主，岂谓不然。第于鄙意尚有未悉。若曰
特见夫汪洋浩大者之谓海，而不知由于涓涓之流积而致之，

则与鄙意益远矣。夫自心妙用即是涓涓之流,亦即是汪洋浩
大之海。鄙意则谓须有凿山濬川、掘井九仞而必及泉之功,
涓流浩海乃其自然不容人力也。昔人学问失之广远,故儒者
反而约之于此心。其实要在"反约"(《孟子·离娄下》),又须
博学详说而得之,非谓直信此心便可了当是事也。区区之心
近益见得学之难言,古之圣贤必其精神志气凝聚融结,可以
贯金石而通神明,然后为能开物成务。(《敬和堂集》卷五《简
王东厓文》)

对于许敬庵与周海门之间关于"无善无恶"的争论,前文已经有所介
绍。而许敬庵在此处也表达了对于良知现成论会造成人们轻视工夫
之可能的担忧,对于王东厓的自心妙用论进行了谨慎的分疏。但是,
真正强韧不屈的真理,正因为在其中含有浓厚的毒素,才能顽强地保
持其体格。"道高一尺,魔高一丈",能够经得起恐惧与忧患的考验,才
能真正体悟任运自然之道。诚如王龙溪所言:"大修行人,于尘劳烦恼
中作道场。"(《龙溪集》卷一《三山丽泽录》)王东厓是王心斋思想的积
极推动者,还是导致其走向负面影响的责任人,对此的评价完全因人
而异。焦漪园有如下之论:

> 国朝以道术著者不少,至能世其学者,心斋之子东厓、
> (董)萝石之子两湖二家而已。东厓和粹透脱,以兴起斯文为
> 己任,其气魄力量,又非两湖所可及。(《澹园集》卷四九《明
> 德堂答问》)

> 盖心斋以修身格物为鹄,先生(东厓)严取予,敦孝弟,联
> 宗族,关于行谊者,毛发必谨,宛然先人之法度。(《澹园集》

卷三一《王东厓墓志铭》)

五

如前所述,禅匠的乐道歌可以被看作是形成了中国思想史的一大高峰,那么认为其浸润甚深的水流在明末儒佛融合的思潮中喷涌而出,也应当是合理的推定。例如有不少思想家即便原样使用大珠慧海的"自己财宝随身受用,可谓快活"(《景德传灯录》卷二八)之语,也不会让人感到有什么不自然的地方。我们可以举王顺渠的"真乐"作为例证:

> 圣人之乐犹佛氏之菩提,皆究竟处也。乐与忧对,菩提与烦恼对,出乎此则入乎彼矣。若夫七情之乐,虽若与忧相反,而实相因,乃烦恼苦海之一波也,乌得与圣人尽性之乐混而为一也。(《顺渠文录》卷五,第一七叶)①

儒佛之合体既然已经到了如此公然的程度,便可能会左袒佛教而导致其喧宾夺主,对此亦会有人表达公愤。冯少墟云:

> 仲尼颜子之乐,乃所以乐道,非悬空去别有个乐也。孔孟而后,禅学盛行,将此一"道"字扫而去之,只悬空以求此乐,故其弊至于猖狂自恣而不可救。后世溺于禅学者无论,即号称大儒、挺然以崇正辟邪为任者,亦群然谓孔颜自有乐处,不是乐道,一倡百和,莫可究诘。盖其心虽专主于吾儒,

---

① 魏庄渠云:"王纯甫心学渊深,人品超卓。"(《庄渠遗书》卷四《复王道思》)

而其学则浸淫于佛氏,而不自知矣。(《冯少墟集》卷二,第四四叶)

对于"乐"之语,无论人们如何强调"真乐",都可能会掺杂七情之乐而难免概念上的混淆。蒋道林曰:"乐即真性。以真性二字代一乐字,最妙。"(《道林文粹》卷八《答汪周潭》,第二二叶)这可以说是试图对此混淆进行整理的苦心之举了。更进一步地,公安派的袁宗道认为"真乐"虽然也是一种快乐,但为了不堕落到七情之乐,就必须达到"无乐之乐"的境地。在他看来,颜子之乐乃是通过与人之忧愁进行对比才可以得知,而颜子自身并没有意识到这种"乐"。这就有点类似于病人通过自己的痛苦而觉察到健康人的安然无恙,而健康人自己并不会对此有所意识。对此安逸没有自我意识的人,才是真正的安逸者吧。如果此人不断检查自己而认为"自己是安逸的",那么其内心就完全没有安逸下来。所以说"无乐之乐"才是"真乐"(《白苏斋集》卷一七,第十叶)。这里所投射的应当是无分别的分别,或者无意识的意识——这些主要是在佛教内所获得的悖论性质的体验。在此,否定与肯定是表里一体,在蕴含着矛盾的同时形成了强固的主人公。让我们来看袁宗道所言:

> 或问:"七情人所必有,颜子岂得无忧时耶?"曰:"颜子之忧亦乐也,怒亦乐也,哀亦乐也。迷人结冰成水,即乐成忧。达者了冰是水,即忧成乐。忧乐之机,系一念迷悟间耳。"(《白苏斋集》卷一七,第十叶)

对于"乐"的上述看法在明代末年的《四书》注释当中可谓随处可见,现在仅以周宗建的《论语商》为例。此书开头的"学而"章中引用了《乐学歌》的"学以学此乐,乐以乐此学",在《雍也篇》的"贤哉"章中又特意附录了"寻乐"一文,解释了"真乐"(《论语商》卷上,第三六叶):

> 乐者忧之对也。使心果无忧,则乐亦无可名矣。忧者又乐之代也。使心必有乐,则忧亦未能空矣。何也? 人心之虚也,一物介焉则系。系于忧者,视天下,无一而不可忧我者也。系于乐者,知天下之得而忧我,而借乐以排之。犹然见有忧乐相待之境,其为心之累一也。何也? 人心之体,空洞无依,无忧可藏,何乐可受。其曰乐者,不得已而名之者也。惟无乎乐,自无不乐。……故夫真乐者无可寻也。有可寻,必有境之可寄,物之可缘者也。有寄有缘之乐,有耽嗜,即有厌离,有欣羡,即有染著。……故凡乐之有可寻者,皆非人心之真乐也。人心之乐,非情非趣,非思非为,穷亦乐,通亦乐,忧亦乐,乐亦乐。中庸以喜怒哀乐并称,而喜怒哀乐总之乐也。空洞之体,无所不涉,无所不空。虚中之影,水中之相,吾乌从寻索之。

上述论证受到佛教的无所得空观的影响,可以说是很容易推测的。"乐"可谓是得自主人公的自净空化作业之究竟处,所以寻求的办法就是像"孔子发愤忘食"与"颜渊见其进,未见其止"那样做出无我之努力。

关于此寻乐的关键,必须提及的还有刘念台的"寻乐说"(《刘子全书》卷八)。他在谈论《论语》的时候解释《为政篇》的"贤哉回也"章,将"孔颜乐处"与《乐学歌》合在一起引用(《刘子全书》卷二九,第七叶),在《学言》(《刘子全书》卷十,第一三叶)也举了"孔乐处"的例子,强调根于心的工夫的重要性,举了孔子的发愤忘食、颜子的博文约礼等先例,并总结道:"后儒王心斋,著学乐歌,颇足以发其蕴。予谓:寻孔颜之乐易,寻吾心之乐难。学者试问自心之乐在何处,反求与孔颜有差别否。如此划然一下,鸢飞鱼跃,各在目前。"

"寻乐说"之概要,是首先端出"孔颜乐处"的公案,有答以"乐贫",又有答以非乐贫,乃"乐道"。但光是乐道仍不足以尽孔颜之本心,而终于引用《学乐歌》(原文如此),认为这实在是一箭双雕的学乐之公案,将一切都和盘托出。在这当中,"良知"二字是最为吃紧的。良知本来是常惺惺,从本体上说是"天理"之别名,本来不存在"人欲",但良知被欺骗之后,就出现了人欲。但实际上良知是不可能被欺骗的,自身知道这一点而自致良知,这就是"自慊"①,这就是人心最真实的"乐"的境地。孔子所云"饭疏食,饮水,曲肱而枕之,乐亦在其中矣",正是为自己的良知而感到自我满足,颜子之乐也是同样的。至于"致知"的工夫,孔子所云"不义而富且贵,于我如浮云",认为"义利"一关才是需要良知下判断的紧要之处,使这种判断明确化的就是"致知"的工夫。如此看来,道义是没有固定标准而完全依赖良知的判断的,良知所安处就是"义",良知所不安处就是"不义"。所以"义利"之关头就是最切实之处,致良知的工夫也就是最精密之处。学徒因此就要从当下的艰苦勤奋之中入手,将人欲之根本彻底斩断,使得良知之真面目彻底呈现出来。若如此,则"疏水曲肱"不管说成是"乐贫"也好、"乐道"也罢,其实都无妨,先人不肯将此处说得太分明,所以才设计了公案。关键还是自得。周子曰"无欲作圣"(《通书·圣学章》),这其实是过于高妙的说法,反而是王心斋更稳当一些。如此,念台下了结论:"人人此良知,人人此天理,人人此乐地。惟反求而自得之者,能识此

---

① 译者注:刘宗周原文作"自谦",作者亦沿用此写法。但为了避免读者理解偏差,此处还是依据惯例写作"自慊"。

中意。所谓'只可自怡悦，不堪持赠君'。即《学乐》一歌，亦岂有是处乎！"

刘念台在此所叙述的是，"乐学"是良知的自得自慊之处，为此就必须对何者是"义"、何者是"利"做出确切的判断，而为此就有必要彻底切断人欲之根基。这是万人都具有的良知可以做到的事情，而将此事告诉给人们并且鼓励学徒之精进的，便是《乐学歌》。其中对于"义利"的区分，很显然受到了《乐学歌》中"私欲一萌时，良知还自觉，一觉便消除，人心依旧乐"的影响，而此中看起来还蕴藏着主张甚至超过王阳明本人严密程度的"诚意"说的刘念台之端庄严肃的风格。

由此看来，《乐学歌》未必就如一部分士人所担心的那样，会造成轻视学习、一味走向寻求快乐的弊病，而毋宁说是成为人努力向学的润滑剂与推动力的成分更大一些。

最后，让我们来探讨一下《乐学歌》与《大成学歌》之间的关联性。根据王一庵的说明，后者的关键点在于，古代的帝王在君临天下时，不仅是君主，还是天下人之师。然而后世"君"与"师"之职责相分离（也就是说"道统"与"治统"相分离），孔子感慨自己不得治理天下之机会，遂毅然自任，以无位之人而为帝王之教师，不待时位而指导人们。这一点前面已经有所提及。但是宋儒张横渠便已经指出："朝廷以道学与政术为二事，此正自古之可忧者。"（《张子全书》卷一三《答范巽之书》）尧舜是政治上的最高责任人，也是学问、道义领域的指导者，所谓"治统"与"道统"一体化的国体才是最正确的——这样的思想在士人阶层当中为一部分人所接受并传承下来。对这种理想在一定程度上尝试进行实践的，则是明太祖。杨复所云"千百年道统，集于高皇"（《复所文集》卷七《周海门》），"高皇乃生民以来之首君，非仅开辟治统，道统亦开辟矣"（《复所文集·冬日记》，第二叶）；管东溟则认为除了天子设立的学宫外，凡是别立书院以倡道者，都是将孔子放在比帝王更尊贵的位置上(《大学测义》卷上,第五叶),而对此种做法加以痛斥。这都是基于治统、道统合一的理念。① 然而随着阳明学的流行,世间到了"轻天子国学、重庶人心学"(《大学测义》卷下,第六三叶)的地步,这乃是危害国家之根基的重大事态。如李见罗者也一边说道"自天子至庶人,有异等,无异学"(《正学堂稿》卷二〇,第九叶),一边认为学权应该归天子所掌握。然而治统、道统的一体路线,无论如何加强防御机制,在平等对待集大成者孔子与众人的良知心学所带来的以尊重人与学术自由作为旗帜的运动面前,也不得不受到严重的动摇。"颜子没而圣学亡"②——这样的横跨两千余年的道统论逐渐受到人们的冷淡,为腐败的官僚与长于才觉的宦官所蚕食的帝王权威也完全为"治统"所抛弃。如果说时世与孔子所身处的年代没有什么变化,那么不待时位而引导众人的人物的出现便也属必然。豪言壮语"出则为帝王师,处则为天下万世之师"的王心斋的活跃,便是对希望打破闭塞的社会现状的人们的一种回应。这场运动最终可能会动摇皇权的根基,并打破社会阶层的固化,此种结果并非不可预想。但是王心斋本人对此有多大程度的自觉,我们并不清楚。然而无论如何,他从创作《乐学歌》到《大成学歌》的飞跃,是他相信孔子可以在当时真正复活并以"见龙"自任的产物。保守的三教一致论者管东溟以极度厌恶的语气写道:

> 未闻有不士农不缁黄,借讲道以遨游者。不士农不缁

---

① 杨复所与管东溟都对明太祖的三教并存政策表达了赞同之意,不过杨复所并未将此固化为某种教义,而是自由地将三教的任何要点都灵活运用到自己的思想形成上,管东溟则把三教的统括之权威赋予了明太祖,并试图在此平衡之上进行思想管制,构筑尊重三教的基础。在这一点上,我们有必要注意二者赞美高祖的意图是完全相反的。

② 王阳明说"颜子没,而圣学之正派遂不尽传矣"(《传习录》卷上),王龙溪云"颜子没,圣学亡"(《龙溪集》卷二《水西同志会籍》)。

黄,而以讲道遨游天下,自心斋始也。……侵天子之道权,以
先觉觉后,作周流之题目,亦自心斋始也。(《续问辩牍》卷四
《答吴处士熙宇书》,第七二叶)

但是,亦有不少称许的声音,认为正因为王心斋是与充满了虚伪
的文明与习俗无缘的一介布衣,其才能有如此破格的活跃。例如,我
们可以举出邹南皋之语作为代表性的事例:

> 或问邹子曰:"泰州崛起田间,不事诗书一布衣,何得闻
> 斯道卓尔。"予曰:"惟不事诗书一布衣,此所以得闻斯道也。
> 盖事诗书者,理义见闻,缠缚胸中,有大人告之以心性之学,
> 彼日予既以知之矣。以泰州之天灵皎皎,既无闻见之桎梏,
> 又以新建明师证之,宜其为天下师也。窃尝论,新建有泰州,
> 犹金溪有慈湖,其两人发挥师传,亦似不殊。斯道不孤,德必
> 有邻。予于兹益信。"或曰:"泰州主乐,末世有猖狂自恣以为
> 乐体。奈何?"予曰:"此非泰州之过,学者之流弊也。夫流弊
> 何代无之,终不可以流弊而疑其学。"(《愿学集》卷八《书心斋
> 先生语略后》)

这里所说的流弊,指的是从其门派当中陆续出现颜山农、何心隐、徐波
石、邓豁渠等让官方感到头痛的人物,这已经超出了本章所涉及的范
围,故在此不加赘述。但是需要提醒各位注意的是,刚才提到的猛烈
抨击王心斋的代表性人物亦即管东溟的名字,却列在《明儒学案·泰
州学案》的序说之中。仅仅依据师资传承的谱系,是无法确切划定每
个思想家的类型的,这也正是鸟瞰明末思想界的困难之处。

在王心斋去世十二年之后,亦即嘉靖三十一年,异人邓豁渠到王

心斋的故地安丰场拜访王东厓，并这样描述其讲会的情形：

> 是会也，四众俱集，虽衙门书手，街上卖钱、卖酒、脚子之徒皆与席听讲，乡之耆旧，率子弟雅观云集，王心斋之风，犹存如此。(《南询录》，第六叶)①

---

① 在大约一百三十年之后的康熙二十四年，李二曲这样介绍王心斋的功绩："王心斋，一盐丁耳，偶有悟于圣贤之学，即以先觉自任，挺身号召，随机开导，万众咸集，人人意满，虽皂隶臧获，莫不欢若大梦之得醒，初曷尝藉名位?"(《二曲集》卷四二)

结　语
——关于"自然"

一

在以上共十章中，为从多种角度探讨阳明学的性质，解明其实态，而对反对王学者、试图折衷朱王者以及佛教人士的阳明学观均有涉及，以尝试展开立体的考察。而此处概览本书最初所提及的陈白沙之自然观对其后的思想界产生了何种影响，又带来了怎样的压力，以代结语。

明代中期的思想史从"心与理之不一致"这一看起来极为单纯朴素的问题出发，在对心与理各自的本质、功能和存在形式从根本上进行了重新探索后，将思维深化到确立个人主体的方法论，而最终觉醒于良知之灵明，终于发现了令心与理一致的方法。而这在不觉间令多年以来自认为主宰者的心自觉到了其虚伪性，而踏上将自己从对理的隶属之中解放出来的道路。此事又一次令人想到白沙提倡其自然观之语：

> 人与天地同体，四时以行，百物以生。若滞在一处，安能
> 为造化之主耶？古之善学者，常令此心在无物处，便运用得

转耳。学者以自然为宗，不可不着意理会。(《白沙集》卷三
《与湛民泽》第七书)

需要注意的是，在此文中主体乃是造化之主，而作为其主之心的无心
无执着之营为的枢纽被称作"自然"。一般来说，讲到自然，便会立刻
让人联想到老庄思想。而白沙之门人湛若水则称其师之"自然"乃是
继承自程明道，与老庄完全无关：

> 夫自然者，圣人之中路也。圣人所以顺天地万物之化，
> 而执夫天然自有之中也。夫路一而已矣。学者欲学圣人，不
> 先知圣人之中路，其可至乎？先师白沙先生云"学以自然为
> 宗"，当时闻者或疑焉。若水服膺是训，垂四十年矣，乃今信
> 之益笃。盖先生自然之说，本于明道明觉自然之说、无丝毫
> 人力之说。明道无丝毫人力之说，本于孟子勿忘勿助之说。
> 孟子勿忘勿助之说，本于夫子无意必固我之教。说者乃谓老
> 庄明自然，惑甚矣。(《甘泉集》卷二一，第三叶左)①

那么，老庄之自然究竟为何物呢？据胡敬斋所说，老庄之流的自然乃
是不循理之自然、一切弃而不管、旷荡不法而礼乐刑政皆无所用，"反
谓圣人不死、大盗不息，欲剖斗折衡，使民不争"。故而其一任冲漠自
在，毫不检束，导致道理与我全不相关，而不循天理之自然。此正可以
说是叛道者(《居业录》卷七，第四叶)。从此种见地出发，敬斋认定安
排作弄道理的白沙并非顺其自然者(《居业录》卷七，第一二叶)。然而

---

① 甘泉又云："夫忠信仁义淳和之心，是谓自然也。夫自然者，天之理也。理出于天然，故曰
自然也。在勿忘勿助之间，胸中流出，而沛乎丝毫人力不存。"(《甘泉集》卷一七《重刻白
沙先生诗集序》)

白沙追求的是从朱子学所谓的理的束缚中摆脱出来、不受理之制约的境地,故而其自然被敬斋认定为不自然,可以说是理所当然的。从朱子学的角度来说,自然的真伪之别在于是否包含纲常伦理,而杨复所则认为白沙所说的自然在这一点上并没有问题:

> 其学以自然为宗,乃其静中妙悟,不由师传。……至于进退辞受之际,截然不苟;纲常伦理之间,蔼然太和。形与性合,人与天侔,无事枸检之迹,而名教以端;不假事功之彰,而风声以达。(《家藏文集》卷二《白沙先生全集序》)

不过此文之中的"人与天侔,无事枸检之迹"之语蕴含着将人位与天位等量齐观、随己心之所欲以求从因袭中获得解放的意味,从这一点来说,不能否定其有可能导致纲常意识的弱化。前文中曾指出朱王之间对"存天理、去人欲"之语解释的不同,而此处亦可以发现类似的状况。那么,朱子学中(暂且不管天文历数等涉及自然科学的领域)又是如何使用"自然"之语的呢?

例如"敬时自然主一无适"(《朱子语类》卷一七)、"用心专一,读书子细,则自然会长进,病痛自然消除"(《朱子语类》卷一一五)等,在表达某种前提必然会导致某种结果之意时会使用此语。或者是如"各有自然之则"(《朱子文集》卷四六《答方耕道》)、"天者,理之自然,而人之所由以生者也"(《朱子文集》卷六七《尽心说》)、"天理民彝,自然之物则"(《朱子文集》卷七八《徽州婺源县学藏书阁记》)等例中,表达众人皆不得不承认的先验之理的意义。尤其是朱子学一系中,有着很强的强调理之自然性的倾向。如陈北溪所谓"即此所合做底浅深轻重,元有自然条理缝罅,非由人力安排,便是天命根原"(《北溪大全集》卷二二《答廖子晦》第二书)、胡祗遹所谓"穷理者,明辨其是非、成败、邪正之所以然,事事物物莫不各有自然之理,人自不察耳"(《紫山大全集》卷二五,第一一叶)、薛敬轩所谓"天地万事万物,各有自然之条理,人之处事,惟顺其条理而行,斯无难处之事矣"(《读书续录》卷五)等皆是如此。如此看来,可以说相对于"天理—自然"这一朱子学中的习惯用法,白沙提出了"造化主—自然"这一路径,而这导致其被朱子学者责骂为提倡似是而非的自然的人物。清儒刘廷诏挖苦陈白沙道:

> 学而至于自然,虽大贤以上犹难之。语其至,则圣人之"从心不踰矩"不是过,安可遽语夫自然耶?故谓为学有自然之序则可,谓学以自然为宗则不可。(《理学宗传辨正》卷一六"陈白沙"条,第九叶)

是否承认白沙之自然,关系到朱子学的命运。关于当时的情况,《皇明通纪》卷八中记载道:

> 陈白沙声名倾动一时,然其学专主静明心,以经书为糟粕,与程、朱异尚。以故当时推尊之者固多,而致訾议者亦不少。

所谓訾议白沙,乃是将其学说断定为禅,或是将其自然思想贬低为不过是无视名教纲常的本能之放纵而已。然而"为造化之主"的白沙之思想在其后通过王阳明而获得了不计其数的共鸣者。笔者曾另文[①]

---

① 参阅拙著《仏教と陽明学》第十四章。查毅斋云:"宇宙在我,万化由心,此人之所以为贵也。吾人果先立其大乎?抑自囿于小乎?"(《阐道集》卷八《登南岳记》)李见罗云:"全副精神,倒归一脉,则宇宙在乎手,造化生乎身,性命之机括在于我矣。"(《观我堂稿》卷一九,第四叶)林兆恩云:"我心是天地,造化在乎我。"(《林子全集·无生篇上》,第一一叶)

介绍过在进入明代之后，"宇宙在乎手，万化生乎身"这一《阴符经》之语开始流行；而这意味着天理优先的意识逐渐淡薄，而已心之创造功能逐渐活跃。换句话说，自程子以来所提倡的"天与心"之顺序发生了逆转。对于此种不预设天理的心来说，再怎么高喊理，也只会被视作虚妄虚饰之理。白沙提倡成为造化之主、以自然为宗，仅就此点而言，便已经失去了作为儒家的资格。顾宪成云：

> 白沙先生以自然为宗，近世儒者皆宗之，而不思不勉之说（《中庸》第二〇章）盈天下矣。不可道他不是，只要识得白然何也？天理也。行乎天理之不得不行，止乎天理之不得不止，所谓自然也。（《小心斋札记》卷一三，第四叶）

至于夏东岩，则以白沙对宋儒的批判为重蹈苏东坡批判程伊川之覆辙（《东岩集》卷一，第二叶）。王龙溪在白沙之学风中寻觅到了邵康节之面影，而或许在其看来，如下诗篇中的康节之诗魂亦流入到了白沙体内：

> 宇宙在乎手
> 万物在乎心
> 绵绵而若存
> 用之唯有勤
> （《伊川击壤集》卷八《宇宙吟》）

白沙亦有与此类似的思想。如前文所述，此种思想构成了明代思想史的基调之一，而陈于陛则担忧这一风潮将会破坏切近的纲常伦理：

近世高明之士,动称造化在手,天地万物在吾度内,实剽释氏之言,害道为甚。释氏云:"心生山河大地。"其实有此理,但圣贤不轻言之。此等学问一倡,则人且视天地为无何有,又况于两间伦物细微,皆看得没关系了。圣人之心极小,其立言极近。……彼高奇者,真名教罪人也。(《意见》"立教"条,第一叶)

尽管有此种警告,但明代思想史依然超出了白沙之温雅静坐的范围,而向着重视当下活机的方向迈进。

二

王阳明出现之后,自然改头换面成为良知,如所谓"若时时刻刻就自心上集义,则良知之体洞然明白,自然是是非非,纤毫莫遁"(《传习录》卷中《答聂文蔚》第二书),是是非非之判断皆被托付给良知之自然能力。而如"吾心良知之天理"之语的频繁使用,则表明天理之所在是在良知中得以确定。《大学问》中云"(天地万物一体之仁)根于天命之性,而自然灵昭不昧者也",《亲民堂记》中云"于凡事物之感,莫不有自然之明"。董从吾有"天理在何处?即是吾心本有之良知也"(《从吾语录》卷一,第十叶)之语,罗念庵则云:

白沙致虚,阳明致知,盖无所因袭而求以自得,此皆有意于圣学,不屑于世儒者也。(《念庵集》卷三《与徐大巡》)

而在由致虚前进到致知后,自然之生机看起来变得更为强韧。据说湛甘泉在南京时曾将自己的书堂命名为自然堂,并请邹东廓为其挥毫题匰。而东廓则认为此名称有与老庄思想混同之嫌,拒绝了甘泉的请求(《王一庵集》卷一,第三五叶)。虽然这只是一则逸话,但仍可以看出王门之中对"自然"之语的考虑是非常周全的。不过同时受到强调的是,一旦会得良知,便如所谓"人但要识得心体自然增减分毫不得"(《传习录》卷上),良知无往而不能自由自在、任其自然地处理各种事态。良知与自然化为一体,随其自然地焕发自身。就连聂双江亦将《中庸》之"发而中节"中的"节"解释为"盖节者,则也,犹节拍也。吾心自然之权度,一毫人力与不得"(《双江集》卷一四,第五叶。除此例以外,"自然"之语亦在此卷中频繁出现)。

不过自然与放纵只有毫厘之隔。由"孩提之不学而能"可至于"圣人之不勉而中",由"孩提之不虑而知"可至于"圣人之不思而得",这固然不错;然而若溺于此言,认为自然便可成为现成之圣人,则误矣(《小心斋札记》卷一,第十叶)。王龙溪云:

> 先师良知之说,仿于孟子,不学不虑,乃天所为,自然之良知也。惟其自然之良,不待学虑,故爱亲敬兄,触机而发,神感神应。(《龙溪集》卷六《致知议辩》)

而关于良知与自然之间的微妙关系,欧阳南野说道:

> 若只以不费力为自然,却恐流入恣情纵意去也。战战兢兢,临深履薄,何尝不用力?然皆良知自觉自修作用,何尝于本体上添得些子?又何尝不自然?今人不知良知,则自然亦正是安排耳。(《南野集》卷五《答沈思畏侍御》第二书)

据其所说,不做任何努力便谓此乃自然,其实只是放纵情意而已;而战战兢兢的细微工夫亦是良知的自我操作,故而才有磨炼而成的意义,只此便是自然。此处所论,乃是自然与良知的一体化。不过正如之前宪成提醒不可认为发自孩童者皆是良知,南野同样也表现出了这种反省:

> 孩提之爱亲者,良知也。而亦有恶怒其亲者,则不可谓之良。孟子之言,盖谓良知自孩提而已有,以见知之本良,非谓孩提所发,无非良知,而无复不良者也。良知自孩提而已有,故人皆可用其致知之功。然自孩提所发,已有不良者矣。故人不可不用致知之功,此圣贤教学之意也。(《南野集》卷二《答确斋兄轼》,第一八叶)

当时在王门之中,最为反对良知与自然合体之说的是《龙惕》的作者季彭山。关于彭山,黄宗羲认为其主张之重点在于"贵主宰而恶自然",并云其有鉴于当时诸君子单以流行为本体、玩弄光景而毫不关心将一气之升降阴阳归于一理,出于反省而作《龙惕》(《明儒学案》卷一三《季彭山小传》)。彭山有"自然者,流行之势也;流行之势,属于气者也。势以渐而重,重则不可反矣,惟理可以反之。故语自然者,必以理为主宰可也"(《明儒学案》卷一三《说理会编》)之语,而这乃是以自然为气、以主宰为理的二元论,不得不说其与以"气即性""理气一体"为大原则的阳明路线相比稍有偏离。不过当时亦有人对此说怀有同感,如张阳和便曾向其师龙溪询问道:

> 自良知之说一出,学者多谈妙悟,而忽戒惧之功,其弊流于无忌惮而不自知。忬(元忬)窃于彭山先生《龙惕》之书有取焉,亦救时之意也。(《龙溪集》卷五《云门问答》所引)

对此疑问,龙溪曾有回应,其大要为:

> 良知乃自然之明觉,警惕者自然之用。非乾主警惕、坤主自然,有二道也。学者谈妙悟而忽戒惧,至于无忌惮而不自知,正是不曾致得良知,非良知之教使然也。……夫学当以自然为宗。警惕,自然之用。戒慎恐惧,未尝致纤毫之力。有所恐惧,则便不得其正。①

与彭山之龙惕思想相对的乃是心斋之见龙思想,而心斋亦曾宣称自己持良知与自然一体之立场:

> 良知之体,与鸢鱼同一,活泼泼地,当思则思,思通则已。……要之自然天则,不着人力安排。(《王心斋遗集》卷一,第五叶)

不过较为稳健的邹东廓则同情彭山之苦心,而说过:

> 执事忧近时学者失自然宗旨,流于物欲,特揭龙德之警惕变化以箴砭之,可谓良工苦心矣。(《东廓集》卷五《复季彭山使君》)

之前所引用的彭山之语中有“以理为主宰”的说法,而若是顺着此语严密地推究下去,则最终将会接近朱子学的想法。随着良知说的普及,“自然”一词亦成为流行语,而这在一方面保证个人之本源性的自

---

① 参阅《龙溪集》卷九《答季彭山龙镜书》。

由的同时,也蕴含着轻易肯定人类之知觉、感应和欲望的危险性。在肤浅的感官论趁着良知与自然一体化之机而横流之际,不管良知家如何主张可以依靠良知之自制力来对此加以矫正,在朱子学一方看来,问题的根源都在于承认良知有创造理的权限,故而只要不返回到之前的格物致知论,便终究无法阻止此种低俗的自然论之横行。如此一来,当初胡敬斋反过来攻击极力主张"以自然为宗"的陈白沙是"将此道理来安排作弄,都不是顺其自然"(《居业录》卷七,第一一叶)这样的场面也必然会再次发生。敬斋云"圣人制作,只是因其自然之理,曷尝有一毫私意安排"(《居业录》卷五,第一叶),在圣人之制作中寻求理的根据。此种自然概念与在作为造化之主的心之运用中寻求理之根据的白沙相比,可以说是位于完全相反的一极。不过,攻击良知之不自然者最终似乎都不得不沿袭如上这种方法论。高忠宪云:

> 至于谈良知者,致知不在格物,故虚灵之用多为情识,而非天则之自然,去至善远矣。吾辈格物,格至善也。以善为宗,不以知为宗也。故"致知在格物"一语,而儒禅判矣。
> (《高子遗书》卷八上《答王仪寰二守》)

陆稼书云:

> 盖阳明致良知之学,苟无程朱格物之功,则所认为本心者未必是本心,所认为良知者未必是良知,自必有弊。而况(颜)山农、(罗)近溪专以自然为主,其弊又曷可胜道哉!
> (《问学录》卷一,第一叶)

同为朱子学者的吕晚村在谈到《中庸》(第二六章)中所引的"维天之

命,于穆不已"之语时,就"自然"一词的用法提醒道:

> 有云:"天者,自然之谓也。然专言自然而不言不已,则
> 必专以气质为性。"先生曰:"即自然二字,便有正义,有邪说。
> 谓性之善本固有自然,非由外铄,此正义也。若谓一切动止
> 无非自然,即邪说矣。"(《四书讲义》卷二四,第一叶)

正是因为意识到了"自然"之语所具有的这种矛盾性,才有人告诫道不可轻易地谈论自然(顾允成《小辨斋偶存》卷三,第三叶),以及若不矫正变化气质而贵自然,便是容忍好色之自然、好财之自然(《黄陶庵集》卷一四《繇古录》,第一叶)。

如此一来,关于自然的论争不得不回归到朱子学,而难以遮掩良知之格调低下的印象。高忠宪在说出"天在人身,为天聪天明,为良知良能。率其自然便是道,参不得丝毫人为"(《高子遗书》卷七,第七叶)的同时,又说道"天然完全,何故要修? 只缘有生以后,为气禀所拘,自家局小了他;为物欲所蔽,自家污坏了他,失了他原初本色,故须要修"(《高子遗书》卷四,第三三叶),便可作为此事之证。

三

顾宪成曾通览如上所述的自然概念之表里优劣,并将自觉的自然与盲目的自然进行了巧妙的对比。其云:

> 良能不学而能,概以不学而能为良能,又不得。(同样
> 地)良知不虑而知,概以不虑而知为良知,又不得。何也? 孩
> 提之童,无不知爱亲也;及其长也,无不知敬兄也。是固不学

而能、不虑而知也。乃孩提之童，无不知甘食也；及其长也，无不知悦色也。是亦不学而能、不虑而知也。二者几无以异矣。然而自爱亲敬长充之，则为圣为贤，至于与天地同流；自甘食悦色充之，则为愚为不肖，至于违禽兽不远。其究有霄壤之判焉，（虽云"不学而能，不虑而知"）夫岂得一一而良之？况乎知诱物化，日增一日，则甘食悦色，日熟一日。向之所谓不学不虑者，非惟无益，而反有害。甘食悦色，日熟一日，则爱亲敬长，日生一日。向之所谓不学不虑者，绝不见分毫之足恃也。今欲转生为熟，转熟为生，将必由学而入邪？抑亦可以安然无所用力而致邪？将由虑而入邪？抑亦可以漠然无所用心而致邪？有志者愿细参之。（《小心斋札记》卷十，第一一叶）

在摆明对于学、虑的态度之后，宪成又回到白沙所谓自然的问题，说到近世学者皆宗白沙之自然，以致（《中庸》第一二章中的）"不勉而中，不思而得"之说盈于天下。虽然不能说这些都不正确，但需要首先弄清楚何为自然。自然乃是天理。行乎天理之不得不行，止乎天理之不得不止，这便是自然。因此不思不勉可以是自然，思勉亦可以是自然。故而湛甘泉才提出"随处体认天理"的口号，以发明自然之说（《小心斋札记》卷一三，第四叶）。[1]

宪成的这一结论与之前的忠宪之说一样，都试图通过甘泉而将白

---

[1] 白沙先生以自然为宗，近世儒者皆宗之，而不思不勉之说盈天下矣。不可道他不是，只要识得自然何也？天理也。行乎天理之不得不行，止乎天理之不得不止，所谓自然也。……是故不思而得，不勉而中，自然也。未能不思而得，则有思；未能不勉而中，则有勉。其思其勉都是自家真个要求出头，不容自己，如有痒要搔，如有痛要护，亦自然也。……故湛甘泉又拈出随"处体认天理"一语，正发明自然之说也。

沙之自然观向朱子学靠拢。然而此种给人以与心学妥协之感的表现不可能就此为朱子学者所容忍。吕晚村云：

> 如白沙、甘泉教人随处体认天理，岂非至言。但究其所为天理者，只是昭昭灵灵之心体而已。所谓"江门风月钓台深"（《白沙集》卷十《江门钓濑与湛民泽收管》），犹是金溪（陆象山）弄精神也。（《四书语录》卷六，第一六叶）

据此处所说，虽然朱子学中亦主张随处体认天理，但白沙师徒所说的"天理"之内涵与朱子学完全不同，只是无视于天的心之灵性而已。到此地步，白沙、阳明出现的意义已被完全否定，而明代思想史只不过是对完全没有意义的思索和言行之玩弄而已。不过在明末，折衷朱王而树立起独自的哲学的刘念台曾回顾明代思想史，并评价白沙云：

> 白沙先生之学，以自得为宗。他自言"如舟之有舵，操纵在手，全不费力"，看来也只是下得深造之功，所以能如此。筑阳春台，一坐三年，为却何事？吾辈如何下得这般工夫！倘无此工夫，虽宝山在前，终成当面错过。（《刘子全书》遗编卷二，第五叶）

心学（良知、自然）以成为造化之主为第一义，入其门者须有邹南皋所谓"良知如彼教家屠毒鼓，可以生人，可以杀人。精于良知全体者可生，溺于良知偏见者可以死"（《存真集》卷二《三祀志序》）的觉悟。良知可谓是双刃剑。理学虽然可能会令人思维僵化，但却很少令人成为恶魔。然而心学维持自身的规范意识较为薄弱，故而可能会导致人们认不清坠落之际的界限，以至于一直堕落为恶魔。吕新吾曾云良知说"在情上立跟脚,认端绪作根本,不思良知之上有性、性之上有天"
(《去伪斋文集》卷四《答孙冢宰立亭书》),此语虽然可谓戳中了良知说
的弱点,但导致此种看法形成的根源,则是良知说无视客观的格物致
知,故而其知不过是知觉、情识而已的认识。然而若是从一开始便将
知觉、情识贬斥为理性以下之物,则人类之整体存在方式亦必然会产
生偏向、歪曲。阳明曾云,喜怒哀乐爱恶欲之七情皆是人心合有的。
就如日光为云所蔽,良知亦有可能为七情所蔽。然而只要七情顺其自
然之流行,便皆是良知之作用,不可分别其善恶。需要注意的是不可
执着于七情。若有所执着,便会成为欲,乃是良知之蔽(《传习录》卷
下)。① 人之庸常的存在方式便是自然。陶石篑云:"夫尧舜相传所为
中者,何谓哉? 不过庸而已。庸者,自然而常然,大同而无异者。"(《歇
庵集》卷七《尧舜以来相传之意》)而李卓吾则托之音乐之节律,说道:

> 盖声色之来,发于情性,由乎自然,是可以牵合矫强而致
> 乎? 故自然发于情性,则自然止乎礼义,非情性之外复有礼
> 义可止也。惟矫强乃失之。故以自然之为美耳。又非于情
> 性之外,复有所谓自然而然也。……莫不有情,莫不有性,而
> 可以一律求之哉? 然则所谓自然者,非有意为自然,而遂以
> 谓自然也。若有意为自然,则与矫强何异? 故自然之道,未
> 易言也。(《焚书》卷三《读律肤说》)

似这般,发源于白沙的自然论经由良知之说,而在彻底地率由情性而
生的赤裸裸的人类形象中找到了其归结点。方以智亦在注《庄子》之

---

① 七情顺其自然之流行,皆是良知之用,不可分别善恶。但不可有所着。七情有着,俱谓之
欲,俱为良知之蔽。

际云"真自然不说自然"(《药地炮庄》卷一,第十叶)。若是煞有介事地去说,则自然反而会成为不自然。

当时所流行的佛教典籍之一乃是《楞严经》,而此经之主题之一,便是要去除无视因缘而执着于自然的自然外道之主张。为此经中对待自然之态度极为慎重,而云"如是精觉妙明,非因非缘,亦非自然、非不自然,无非不非,无是非是,离一切相,即一切法"(卷二之二)。其中所谓"非自然"云云亦与卓吾、方以智之说一样,意指排除对自然之凝滞。

据通润之解释,"自然者,言内外法,无劳造作,不假修成,悉本无因,自然而有",而"因缘者,因谓种子,缘谓助发,言内外法必由众缘成就,方能办果"(《楞严经合辙》卷二,第一六六叶,《续藏经》本)。所谓自然外道,乃是在心中立一神我,以之为常在不灭而无视因果、妄计外物之一派,也可以说是设立超越万物的固定实体者。觉性虽是本具,但若以其为定体、超出万象之一物,便不可能发挥左右逢源之力用。元贤所云"道本自然,而自然不是道。有自然可宗,则自然亦法尘也。盖有可说、有可安、有可证、有可宗,则言思未绝,能所不忘,非妄而何?是故智者不作诸见"(《元贤广录》卷二九,第三七叶,《续藏经》本),亦是在提醒稍有差池便可能堕入自然外道。

以自然为宗而为其所执,其代表者便是老庄。故而袁中道云"漆园吏(庄子),自然外道也"(《珂雪斋集》卷二四《寄杨侍御》,第三一叶)。此处可再反过头来,回想起王门之自然观。其表述之一,是论述对待缺陷世界之心态的王龙溪之言:

> 忘好恶方能同好恶,忘是非方能公是非。盖好恶是非,原是本心自然之用,惟作好恶、任是非,始失其本心。所谓忘者,非是无记顽空。率其明觉之自然,随物顺应,一毫无所

作,无所任,是谓忘无可忘。(《龙溪集》卷一《三山丽泽录》)

据此处所说,当忘掉作好恶、任是非的作为,而将一切均交付给明觉之
自然时,忘便不会落入无记顽空,反而能够生出顺应各种场合的是非
好恶。龙溪另有一言,乃是对阳明之语的敷衍:

> 先师云:"心之良知谓之圣。"良知者,性之灵也,至虚而
> 神,至无而化,不学不虑,天则自然。揲其端,夫妇之愚可以
> 与知;要其至,圣人有所不能尽。譬诸日月丽天,贞明之体终
> 古不息,要在致之而已。(《龙溪集》卷二《白鹿洞续讲义》)

此处则谓良知之性灵在愚夫愚妇身上亦可以天则自然地发挥效用。
从上引两言中可以很明显地看出,良知之自然乃是统一了遮显门与表
显门的永久不变之心力。且如前文所论,白沙在其自然论之初所述的
"人与天地同体"之信念乃是阳明学的基本框架。正是在"古之欲明明
德于天下,是最初一大志愿,合下以天地万物一体为己任"(《龙溪集》
卷八《大学首章讲义》)的理念之下,良知包摄了三纲领八条目,在天然
自有之中就此而显现自身。在这一意义上,可以说在白沙那里还并不
完全明确的运用把柄之具体方略终于明晰,而以自然为宗的意义更加
厚重。

后　记

迄今为止，笔者已在所发表的各种论著中即时表明了自己对于阳明学的理解态度。然而这些作品均不得不在受到各种局限的情况下执笔，故而其中未必能够详尽阐述笔者意见之全貌，也未能严密地列出笔者主张之根据。因此对于笔者来说，有朝一日须要整理出一部能够解决此问题的关于阳明学的专著，此乃多年来的课题。

其实有关阳明学或是《传习录》，历来已有各种解说、注释书籍之类出版，而笔者亦并非未曾反省过在此情况下再令拙著问世的做法相当于屋上架屋。而且之前笔者尚未确立起能够充满自信地回答"何为阳明学"这一问题的视角，资料之储备亦迁延不进，故而难以轻易燃起执笔的冲动。最令人踌躇的是，不管是承认还是否认良知说，此学说都在明清时期产生了预想之外的广泛影响，故而对其传播之广及其复杂性进行归整之际的方法论之确立乃是一个难题。若是只阅读阳明本人的作品以及王门最主要的诸子之文集，虽能够理解良知说之妙味，却难以体会到其毒味。而如果良知只是单纯散播妙味的学说，便不会令明末的思想界如此活泼，又如此陷入混乱。

真正的美酒必有毒味。只有将实践主体逼入"道高一尺，魔高一丈"之境地，令其面临自身之解体，才称得上是美酒。对于甘于安稳无事的生活之人来说，这实在是令人嫌弃的浊酒；反过来，对于那些势必要谋划重建人生的人来说，则是天赐的醇酒。而在两者之间,还散布着诸多酌情区分妙味与毒味、试图适可而止地找到安居之处的人们。除此之外,在中国思想史上不时现身的正统与异端之间的应酬又为此种情势添加了别样的色彩,有时甚至会将政治权力亦牵扯进来。如果说这便是明末思想界的热闹繁杂的风景,那么要理清良知说在其中所呈现的真实样态,实在可以说是无比艰巨的任务。

在此种不明朗之状况之中,要确定阳明学之方位,除了从内侧构建良知之骨骼外,还必须从外侧解明针对良知的种种批判、反抗及妨碍的特征。或许这些批判阳明学的潮流其实亦是从因良知说而决口的堤防中涌出,而如果是这样,那么良知说在培育自身的同时,反过来亦开拓了用泥土遮挡自身的道路。这便是为什么妙味与毒味乃是一体。而笔者虽在一定程度上涉猎了用泥土遮挡良知说的一方所留下的资料,但储备越多,便越是有被卷入暴风雪之中的感觉。而要将这些反对论都归入恰当的位置,以更加鲜明地突出良知说特征和功能的本书之目标最终能实现多少,笔者亦多少有些心中没底。然而若是考虑到由此得以补足历来的阳明学研究中所欠缺的一些东西,那么亦当有资格感受到相应的喜悦。

在执笔之初,笔者曾打算将中国学术界的动向亦反映到本书之中。然而考虑到中国学界亦有人开始反省只用唯物、唯心两论来分析中国思想的做法并不合理,且又恐篇幅之增大,故而放弃了这一计划。

此外,本书中引用自原典的文字原则上使用训读,而较为难解者则翻译为现代日语,并在注释之中列出原文,特此说明。①

如今专著刊行之困难年甚一年,而山本实先生继前作《陽明

---

① 译者注:本书翻译过程中对于引用文字皆尽量查找并给出原文,少数未能查到原文者则由原书中的日语翻译转译回文言文,并出译者注加以说明,或是直接译为白话。

学の開展と仏教》之后，又接受本书之出版工作，在此再次致以衷心
感谢。

平成三年(1991 年)十一月十六日

荒木见悟

"海外中国研究丛书"书目

79. 德国与中华民国 [美]柯伟林 著 陈谦平 陈红民 武菁 申晓云 译 钱乘旦 校
80. 中国近代经济史研究:清末海关财政与通商口岸市场圈 [日]滨下武志 著 高淑娟 孙彬 译
81. 回应革命与改革:皖北李村的社会变迁与延续 韩敏 著 陆益龙 徐新玉 译
82. 中国现代文学与电影中的城市:空间、时间与性别构形 [美]张英进 著 秦立彦 译
83. 现代的诱惑:书写半殖民地中国的现代主义(1917—1937) [美]史书美 著 何恬 译
84. 开放的帝国:1600年前的中国历史 [美]芮乐伟·韩森 著 梁侃 邹劲风 译
85. 改良与革命:辛亥革命在两湖 [美]周锡瑞 著 杨慎之 译
86. 章学诚的生平与思想 [美]倪德卫 著 杨立华 译
87. 卫生的现代性:中国通商口岸健康与疾病的意义 [美]罗芙芸 著 向磊 译
88. 道与庶道:宋代以来的道教、民间信仰和神灵模式 [美]韩明士 著 皮庆生 译
89. 间谍王:戴笠与中国特工 [美]魏斐德 著 梁禾 译
90. 中国的女性与性相:1949年以来的性别话语 [英]艾华 著 施施 译
91. 近代中国的犯罪、惩罚与监狱 [荷]冯客 著 徐有威 等译 潘兴明 校
92. 帝国的隐喻:中国民间宗教 [英]王斯福 著 赵旭东 译
93. 王弼《老子注》研究 [德]瓦格纳 著 杨立华 译
94. 寻求正义:1905—1906年的抵制美货运动 [美]王冠华 著 刘甜甜 译
95. 传统中国日常生活中的协商:中古契约研究 [美]韩森 著 鲁西奇 译
96. 从民族国家拯救历史:民族主义话语与中国现代史研究 [美]杜赞奇 著 王宪明 高继美 李海燕 李点 译
97. 欧几里得在中国:汉译《几何原本》的源流与影响 [荷]安国风 著 纪志刚 郑诚 郑方磊 译
98. 十八世纪中国社会 [美]韩书瑞 罗友枝 著 陈仲丹 译
99. 中国与达尔文 [美]浦嘉珉 著 钟永强 译
100. 私人领域的变形:唐宋诗词中的园林与玩好 [美]杨晓山 著 文韬 译
101. 理解农民中国:社会科学哲学的案例研究 [美]李丹 著 张天虹 张洪云 张胜波 译
102. 山东叛乱:1774年的王伦起义 [美]韩书瑞 著 刘平 唐雁超 译
103. 毁灭的种子:战争与革命中的国民党中国(1937—1949) [美]易劳逸 著 王建朗 王贤知 贾维 译
104. 缠足:"金莲崇拜"盛极而衰的演变 [美]高彦颐 著 苗延威 译
105. 饕餮之欲:当代中国的食与色 [美]冯珠娣 著 郭乙瑶 马磊 江素侠 译
106. 翻译的传说:中国新女性的形成(1898—1918) 胡缨 著 龙瑜宬 彭珊珊 译
107. 中国的经济革命:20世纪的乡村工业 [日]顾琳 著 王玉茹 张玮 李进霞 译
108. 礼物、关系学与国家:中国人际关系与主体性构建 杨美惠 著 赵旭东 孙珉 译 张跃宏 译校
109. 朱熹的思维世界 [美]田浩 著
110. 皇帝和祖宗:华南的国家与宗族 [英]科大卫 著 卜永坚 译
111. 明清时代东亚海域的文化交流 [日]松浦章 著 郑洁西 等译
112. 中国美学问题 [美]苏源熙 著 卞东波 译 张强强 朱霞欢 校
113. 清代内河水运史研究 [日]松浦章 著 董科 译
114. 大萧条时期的中国:市场、国家与世界经济 [日]城山智子 著 孟凡礼 尚国敏 译 唐磊 校
115. 美国的中国形象(1931—1949) [美]T.克里斯托弗·杰斯普森 著 姜智芹 译
116. 技术与性别:晚期帝制中国的权力经纬 [英]白馥兰 著 江湄 邓京力 译